세계
예술 지도

Published by arrangement with Thames & Hudson Ltd, London,
A Journey Through Art © 2018 Thames & Hudson Ltd, London
Text © 2018 Aaron Rosen
Illustrations © 2018 Lucy Dalzell
This edition first published in Korea in 2018 by Bookstory
Korean edition © 2018 Bookstory

예술과 **역사**가 함께하는
청소년 인문 교양

세계 예술 지도

애런 로즌 지음 | **루시 달젤** 그림
신소희 옮김

북스토리

차례 CONTENTS

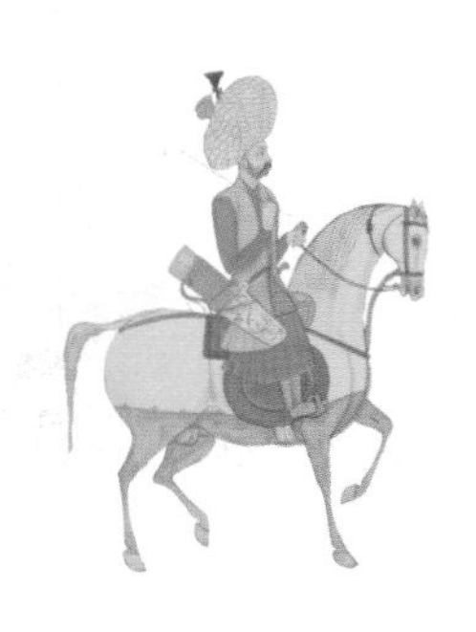

• 전 세계 미술 여행을 시작하며 6

선사 시대와 고대 미술의 발자취

나왈라 가반뭉(기원전 35000년경) …10
빛바랜 도시, 테베(기원전 1250년) …14
호사스러운 니네베(기원전 700년) …18
도시국가, 아테네(기원전 450년) …22
새로운 시대, 로마(기원후 1년) …26
신비로운 테오티우아칸(300년) …30
숲 속의 거대한 아잔타(500년) …34
치열한 성지, 예루살렘(700년경) …38
바이킹의 무역항, 헤데비(900년) …42

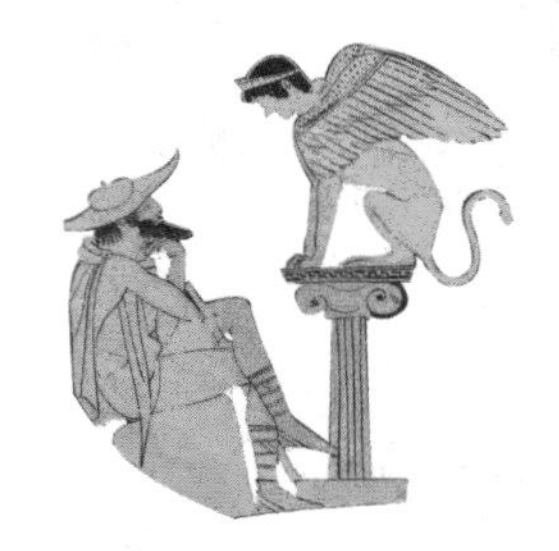

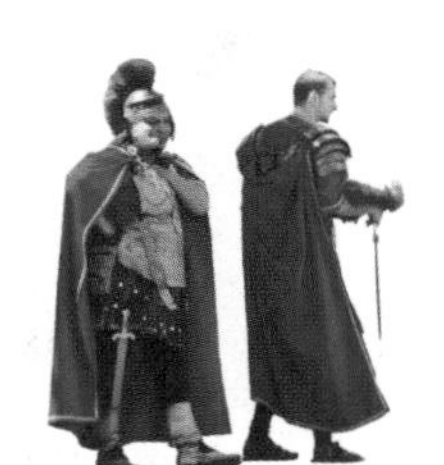

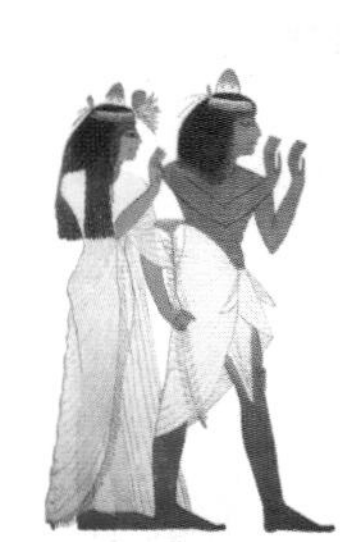

중세와 근세 미술의 찬란한 업적

부유한 도시, 카호키아(1100년) …48
황금빛 수도, 앙코르(1150년) …52
그레이트 짐바브웨(1300년) …56
명나라의 수도, 북경(1400년) …60
찬란한 왕국, 그라나다(1450년) …64
르네상스의 도시, 피렌체(1500년) …68
전설의 대학 도시, 팀북투(1550년) …72
자유의 도시, 암스테르담(1650년) …76
지상의 천국, 이스파한(1700년) …80

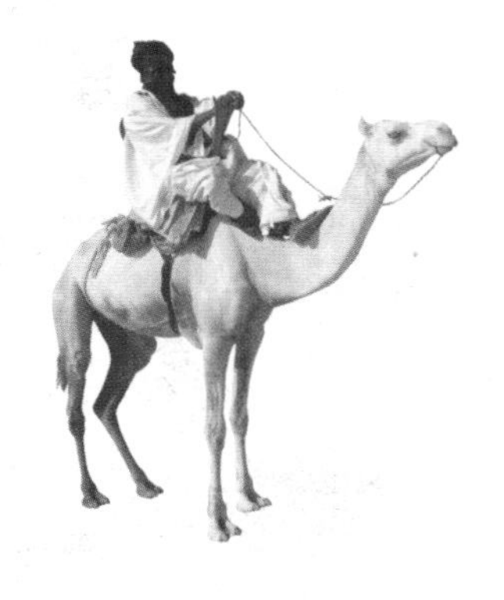

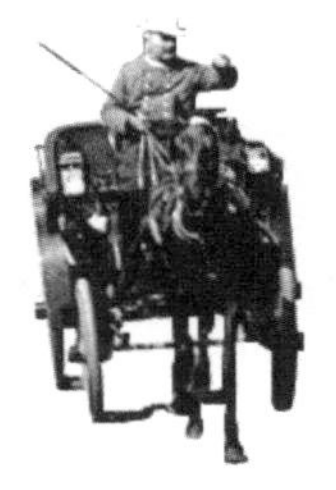

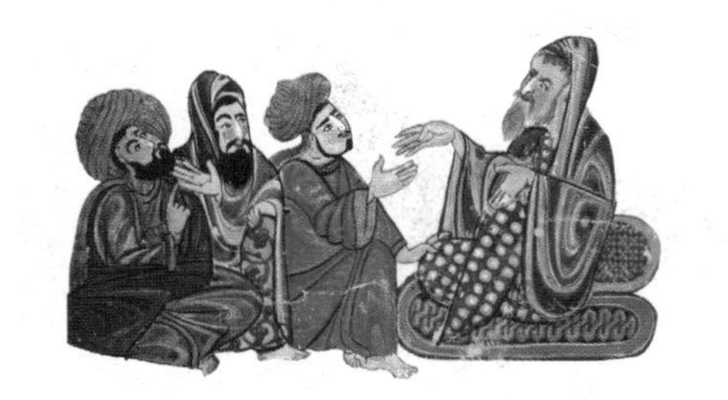

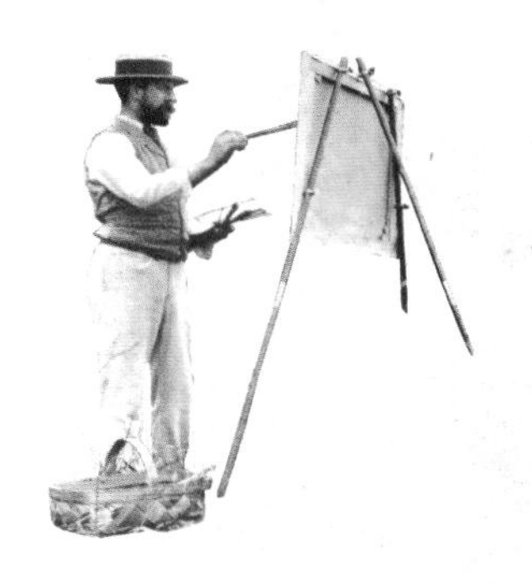

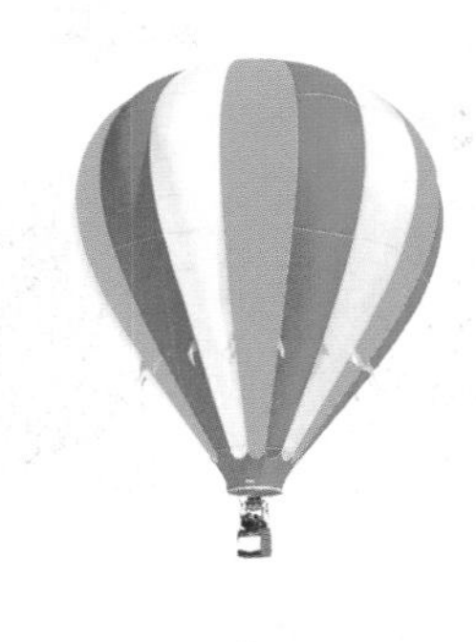

격동하는 근대와 파격적인 현대의 미술

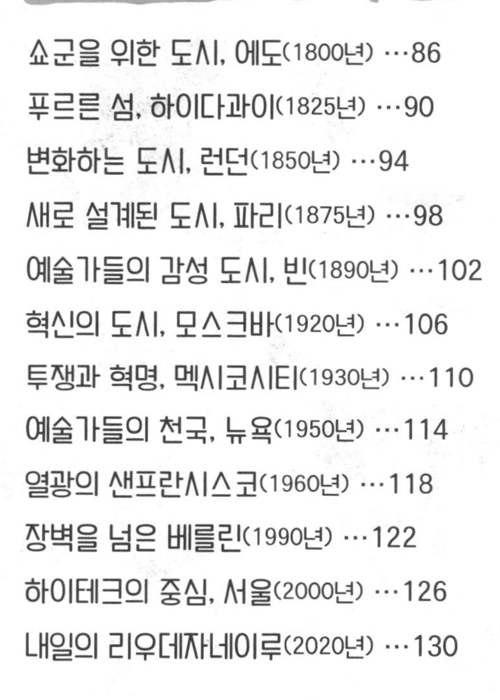

쇼군을 위한 도시, 에도(1800년) …86

푸르른 섬, 하이다과이(1825년) …90

변화하는 도시, 런던(1850년) …94

새로 설계된 도시, 파리(1875년) …98

예술가들의 감성 도시, 빈(1890년) …102

혁신의 도시, 모스크바(1920년) …106

투쟁과 혁명, 멕시코시티(1930년) …110

예술가들의 천국, 뉴욕(1950년) …114

열광의 샌프란시스코(1960년) …118

장벽을 넘은 베를린(1990년) …122

하이테크의 중심, 서울(2000년) …126

내일의 리우데자네이루(2020년) …130

• 전 세계 미술 여행을 마무리하며 134

쉽게 이해하는 용어 설명 136
이 책에 쓰인 도판의 저작권 138
한눈에 용어 찾아보기 140
작가 소개 142
지은이의 말 143

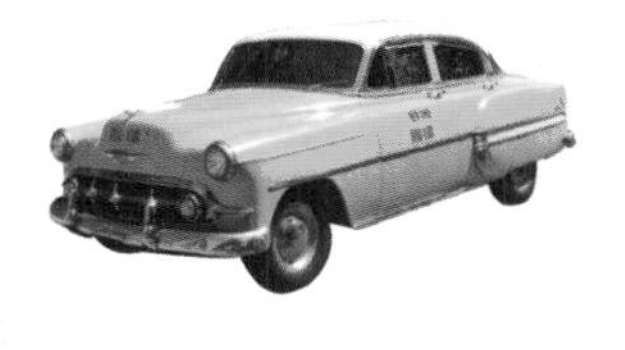

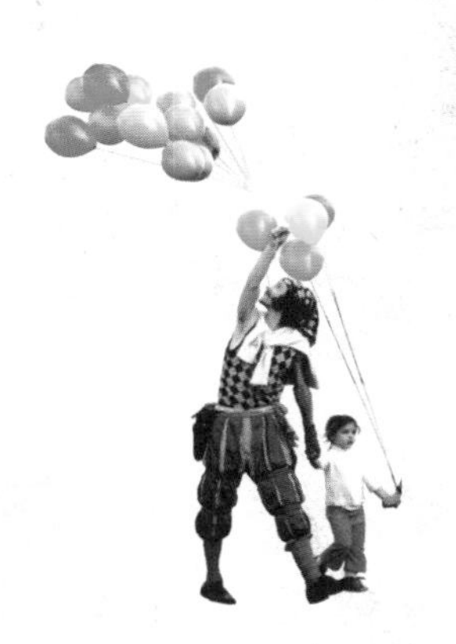

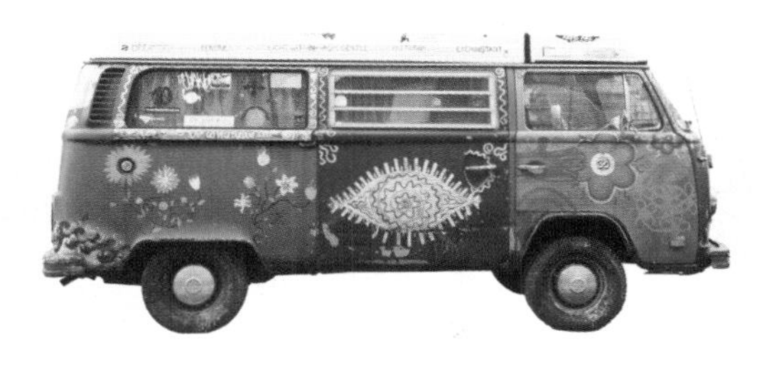

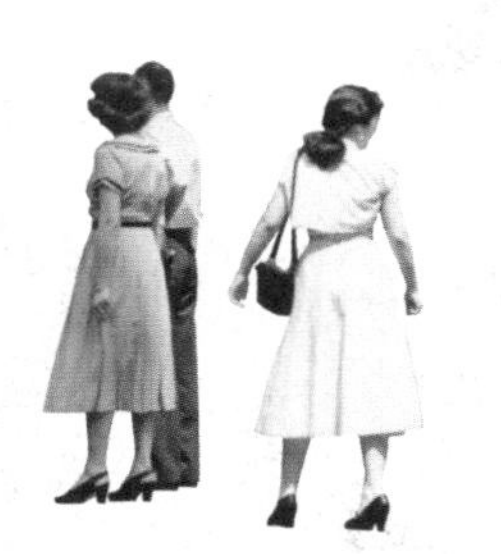

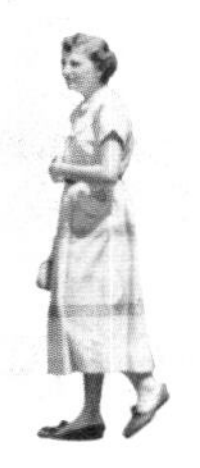

전 세계 미술 여행을 시작하며

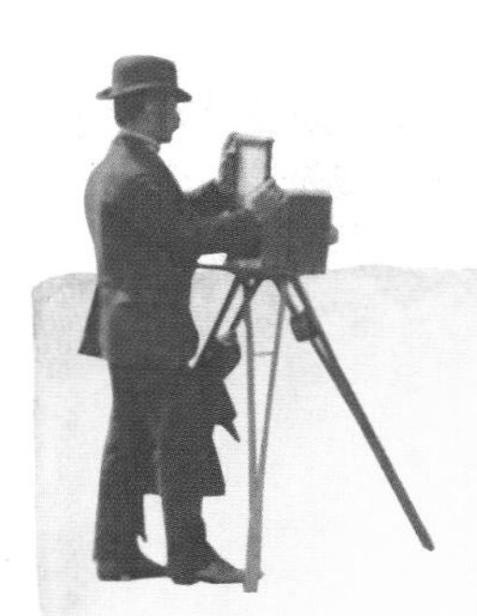

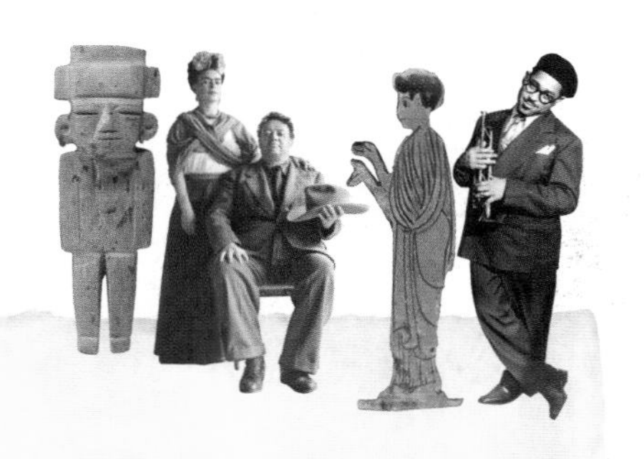

자, 이제부터 모험을 시작해봅시다. 이 책은 시간을 달리고 전 세계를 지나는 여행이 될 겁니다. 수만 년 전 오스트레일리아 북부에서 출발해 오늘날의 브라질 리우데자네이루에서 끝나는 여행이지요. 도중에 (남극을 제외한) 세계의 모든 대륙을 통과하게 될 거예요. 여행하면서 여러분은 정글을 헤치며 나아가고, 대상(隊商)을 따라 사막을 통과하고, 돛대 꼭대기에서 바다를 내다보는 자신의 모습을 상상할 수 있을 겁니다.

하지만 무엇보다도, 이 여행은 사람들에 관한 것이 될 거예요. 우리는 너무 자주 미술작품을 마치 보물처럼, 혹은 미술관의 하얀 벽에 걸려 있기 위해 생겨난 것처럼 여기곤 합니다. 그래서 미술작품 뒤에 있는 문화에 관해선 잊어버리지요. 미술은 단순히 아름다움의 문제가 아닙니다. 종교와 정치, 사람들의 생활 방식 등 이 세상 모든 것을 반영하고 또 그것들에 영향을 미치니까요.

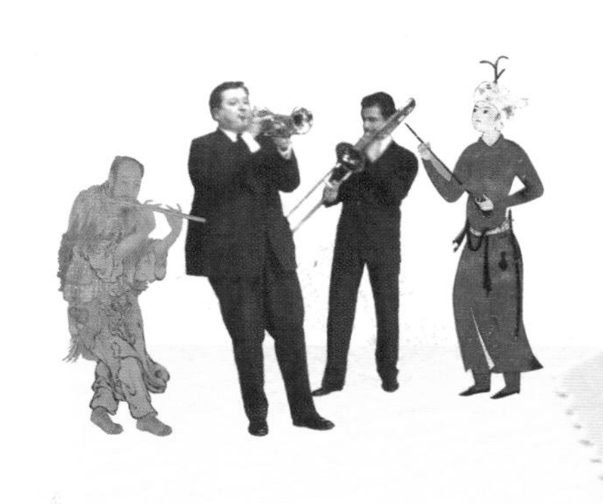

이 책에서 선택된 장소와 시대는 각기 다른 문화권의 놀라운 순간들을 잘 보여줍니다. 그렇다고 해서 이 장소들이 선택된 시대 이전에는 흥미롭지 않았다거나 그 이후로 별 볼 일 없어졌다는 이야기는 아닙니다. 사람들은 종종 모든 국가에는 황금기가 있다고 말하지요. 하지만 그건 사실 너무 단순한 표현이에요. 모든 문화는 어느 시대든 연구할 가치가 있습니다. 문화를 서로 경쟁하는 것으로 생각해선 안 됩니다. 북아메리카의 카호키아에 있는 대형 고분부터 그리스 아테네의 아크로폴리스까지, 모든 장소에는 그곳만의 사연과 흥미진진한 수수께끼가 존재한답니다.

이 책이 여러분에게 각자 나름의 미술 여행을 시작하는 계기가 되어주길 바랍니다. 내가 이 책에 그려 넣은 경로마다 여러분이 직접 천 개를 더 그려 넣을 수 있을 겁니다. 아프가니스탄의 헤라트에서 터키의 이스탄불까지, 혹은 과테말라의 티칼에서 페루의 쿠스코까지 말이죠.

– 애런 로즌

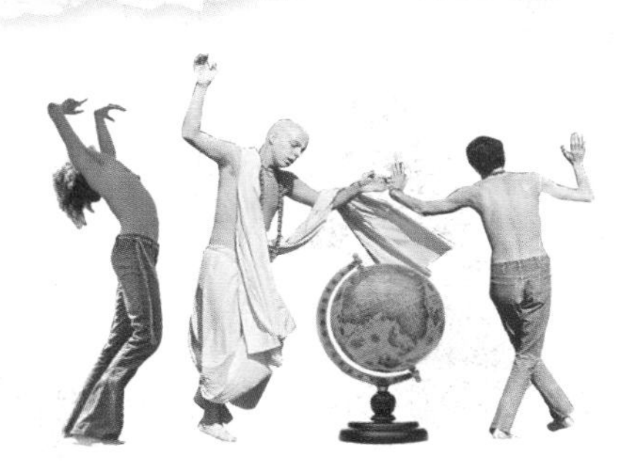

북대서양

북태평양

• 테오티우아칸
(300년)

남태평양

남대서양

선사 시대와 고대 미술의 발자취

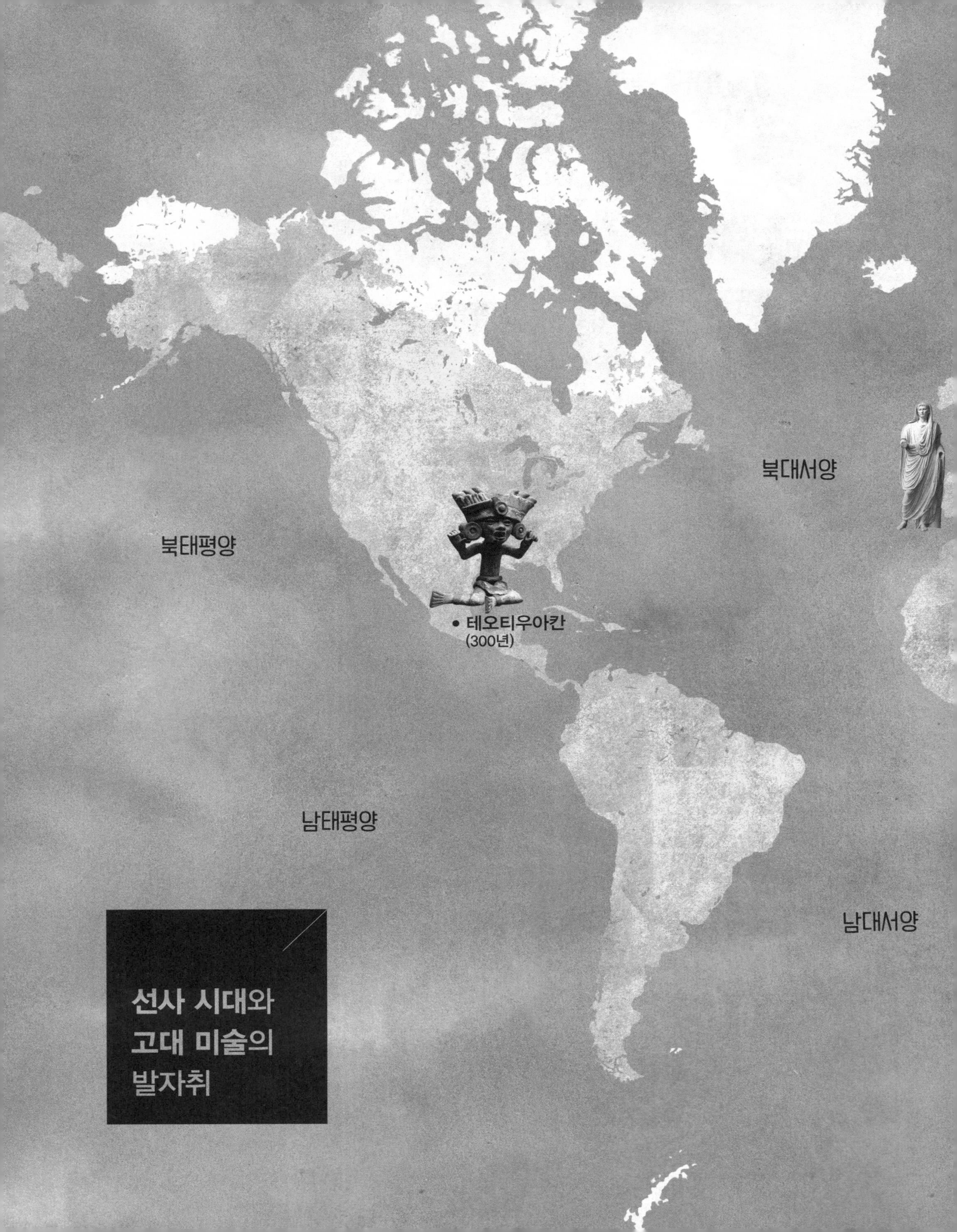

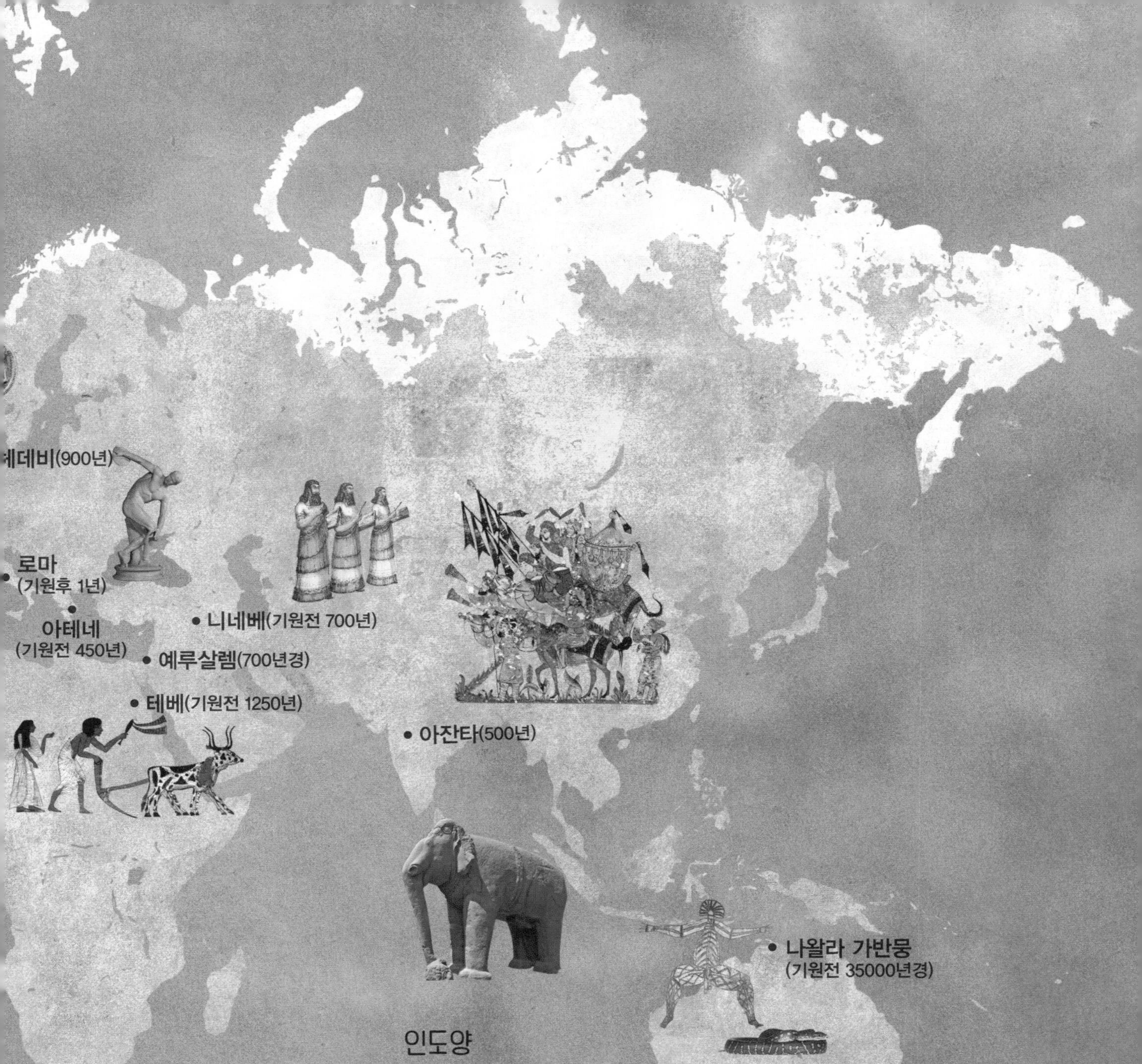
로마
(기원후 1년)
아테네
(기원전 450년)
니네베(기원전 700년)
예루살렘(700년경)
테베(기원전 1250년)
아잔타(500년)
나왈라 가반뭉
(기원전 35000년경)
인도양

남극해

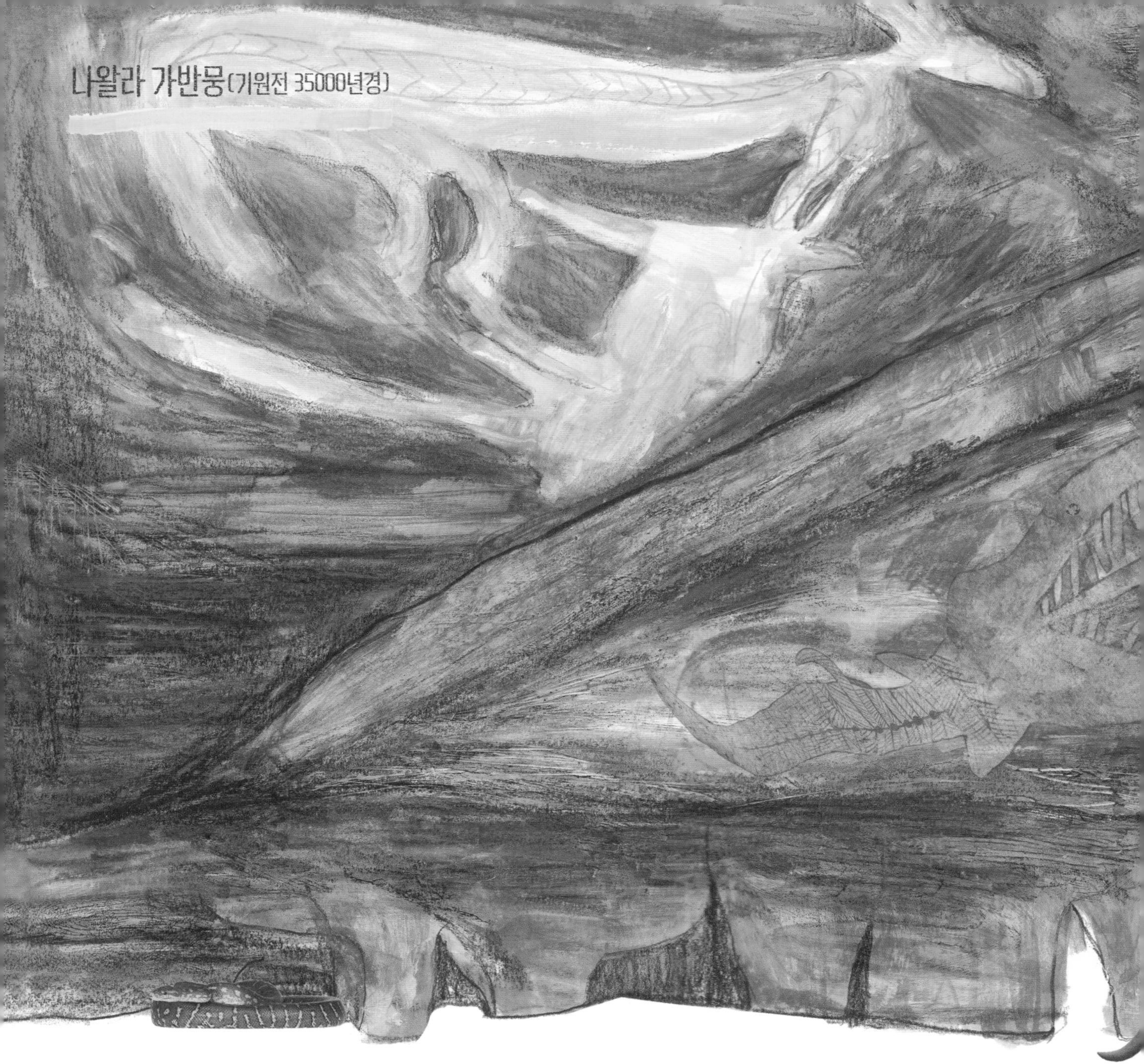
나왈라 가반뭉(기원전 35000년경)

동굴 속의 궁전

오스트레일리아 원주민인 애버리지니는 약 5만 년 전부터 이 대륙 전역을 돌아다니며 살아왔습니다. 원주민 사회가 남긴 가장 오래된 자취 일부는 오스트레일리아 북부 나왈라 가반뭉의 사암 동굴에서 발견되었습니다. 이곳에서 작업하던 고고학자들은 최근 35000년이나 된 돌도끼를 발견했답니다. 같은 형태의 도끼로는 세계에서 가장 오래된 유물이지요. 나왈라 가반뭉은 '바위 속의 구멍'이라는 뜻입니다. 자오인 족의 한 여성 장로가 설명한 것처럼 이 외진 동굴은 한마디로 '궁전 같은 곳'이었어요. 천장과 벽, 기둥에는 온갖 그림들이 그려져 있었습니다. 세계 창조부터 원주민들이 사냥했던 거대한 동물, 유럽인들의 도

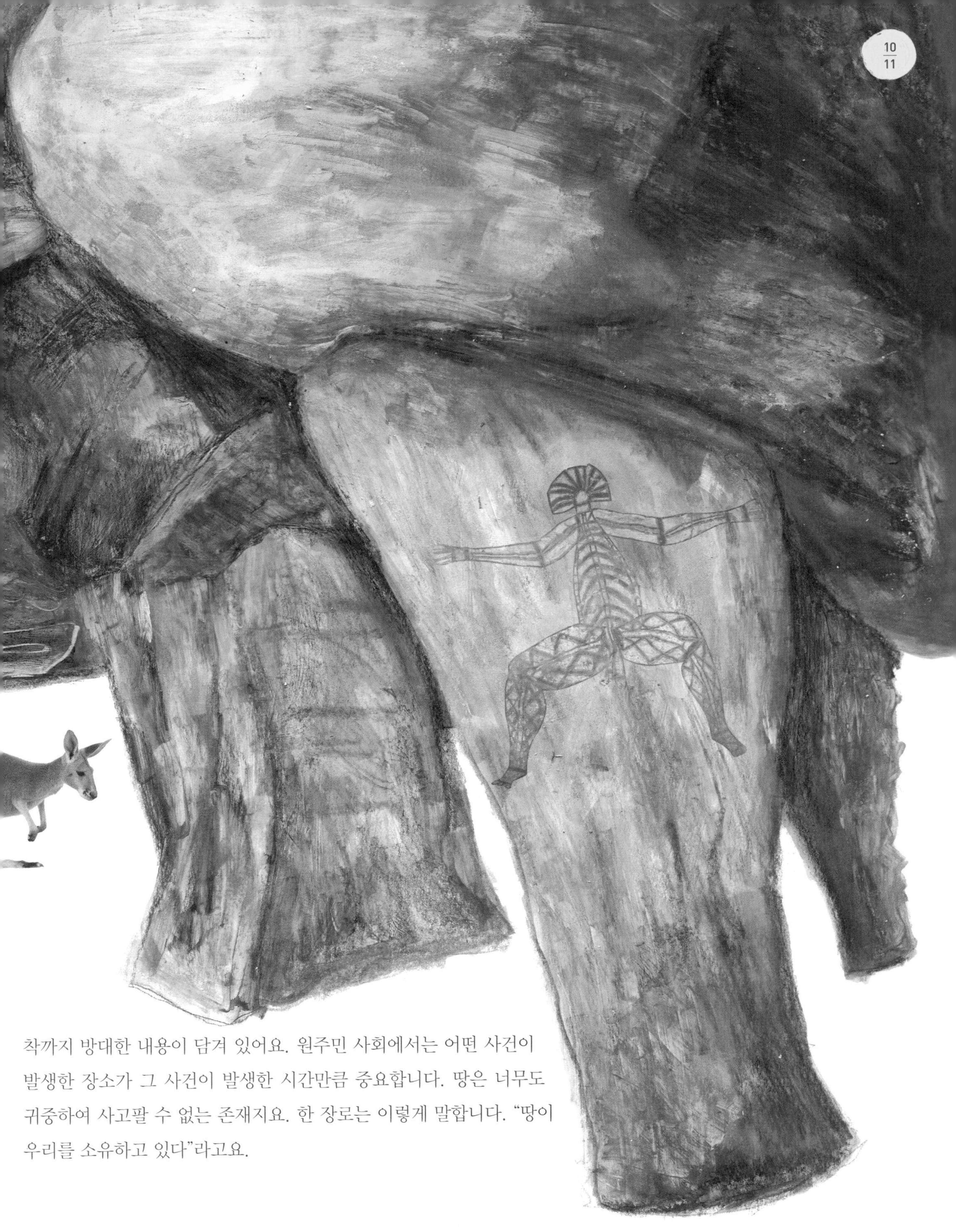

착까지 방대한 내용이 담겨 있어요. 원주민 사회에서는 어떤 사건이 발생한 장소가 그 사건이 발생한 시간만큼 중요합니다. 땅은 너무도 귀중하여 사고팔 수 없는 존재지요. 한 장로는 이렇게 말합니다. “땅이 우리를 소유하고 있다”라고요.

미술작품을 넘어 꿈을 그리다

애버리지니에게 미술은 단순한 장식이 아니라 종교 의식과 전설, 역사에 관한 주요 지식을 계승하고 전수하는 방식이었지요. 원주민 사회에서 지식은 큰 존경과 권위의 이유가 되었습니다. 미술 창작에 쓰이는 전설, 상징, 기법들은 올바른 방식으로 터득해 적용해야 했습니다. 예를 들어 어느 문화 집단에서는 어떤 동물을 그릴 권리를 특정한 사람들이 독점했지요. 심지어 직선을 교차시켜 긋는 소묘의 한 기법을 특별한 집단이 독점하기도 했습니다. 또한 다른 사람의 그림을 따라 그리는 건 심각한 불법 행위로 여겨졌답니다.

바라문디는 바위그림에 흔히 등장하는 소재입니다. 지금도 오스트레일리아의 강과 호수에 서식하는 이 물고기는 인기 있는 식재료이기도 하지요. 이 그림에서 엄마와 아이는 바라문디와 함께 헤엄치며 바위 표면을 떠다니는 것처럼 보이네요.

〈바위그림 : 여자와 아이와 물고기〉, 작자 미상, 아넘랜드

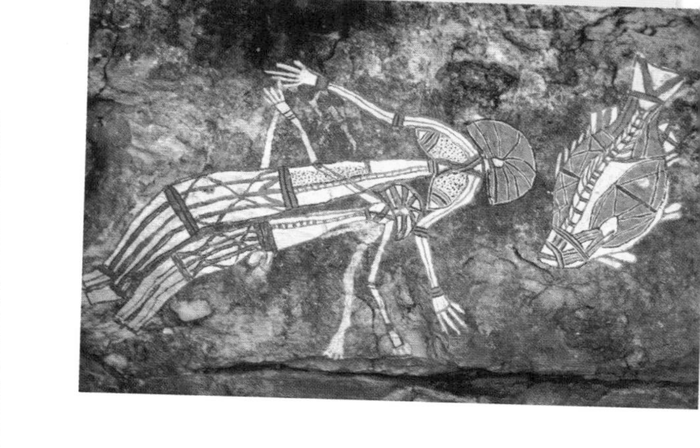

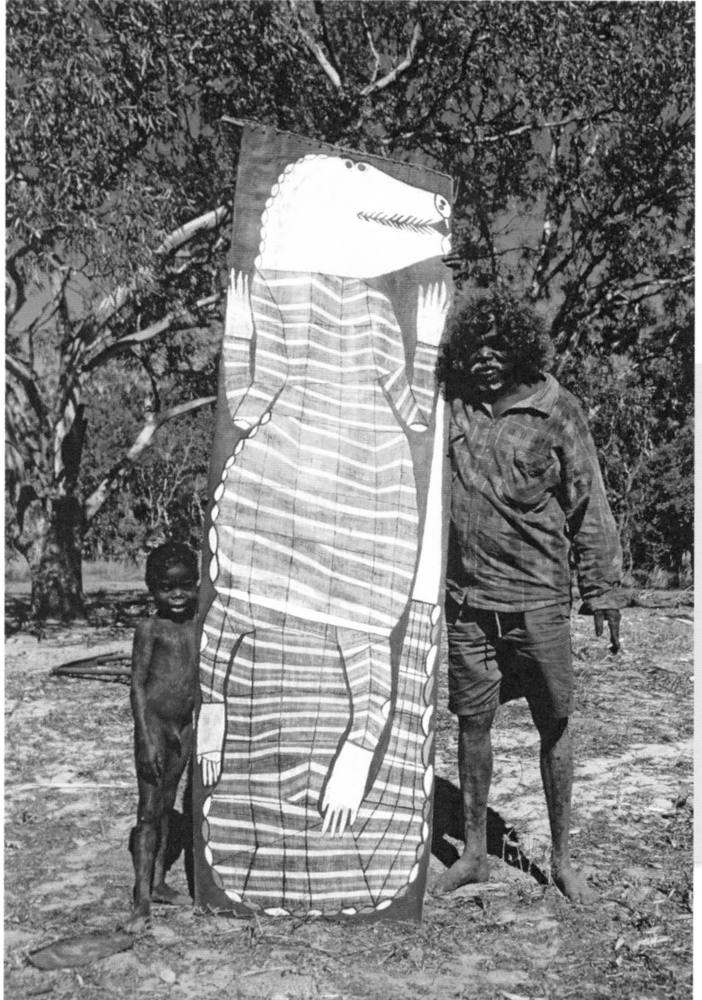

지미 은지미누마(사진 속 오른쪽)는 다른 여러 애버리지니 예술가들처럼 바위뿐만 아니라 나무껍질에도 그림을 그렸습니다. 이 나무껍질 그림은 강과 시냇물을 창조했다는 신성한 무지개 뱀을 묘사한 것입니다. 원주민 사회에서도 아주 존경받는 사람들만이 이 뱀을 그릴 수 있었답니다.

〈무지개 뱀〉, 지미 은지미누마, 아넘랜드

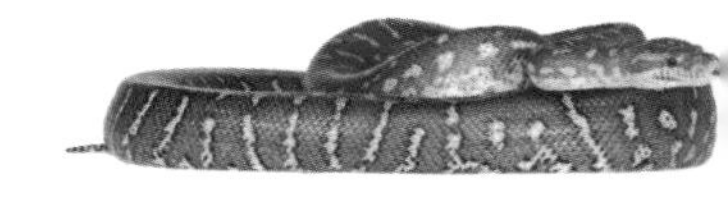

유럽인들은 질병을 비롯한 온갖 골칫거리들을 오스트레일리아로 가져왔지요. 애버리지니는 어려운 결정을 내려야만 했습니다. 그들은 전통문화를 이어가기 위해 미술을 필요로 했지만, 그들의 전통이 잘못된 방식으로 사용되는 건 바라지 않았거든요. 애버리지니 미술작품들은 흔히 두 가지의 의미를 갖고 있습니다. 그들의 공동체 안에서만 적용되는 내적 의미와 모든 사람들을 위한 외적 의미지요.

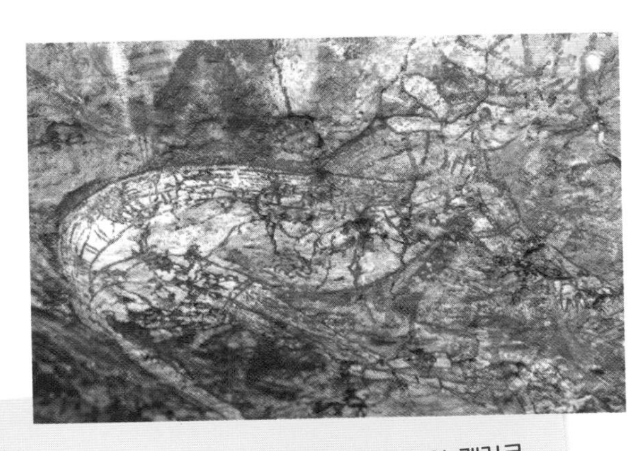

아넘랜드의 노울랜지 암벽에서 발견된 이 캥거루 그림은 마치 엑스레이 사진처럼 보입니다. 이 그림은 애버리지니가 사냥한 동물들의 내장 기관을 얼마나 잘 파악하고 있었는지, 그리고 그들이 동물을 어떤 방법으로 죽였는지 생생히 보여줍니다.

〈캥거루 바위그림〉, 작가 미상, 아넘랜드

애버리지니 종교의 중심은
과거와 현재를 이어주는 꿈입니다.
이 세상이 시작될 때 위대한 창조자들은
땅과 그 위의 모든 것을 만들었습니다.
그런 다음 스스로 산, 나무, 강 등
풍경의 일부가 되었지요.
미술과 노래와 춤은 모두 꿈 이야기를
전하는 데 쓰인답니다.

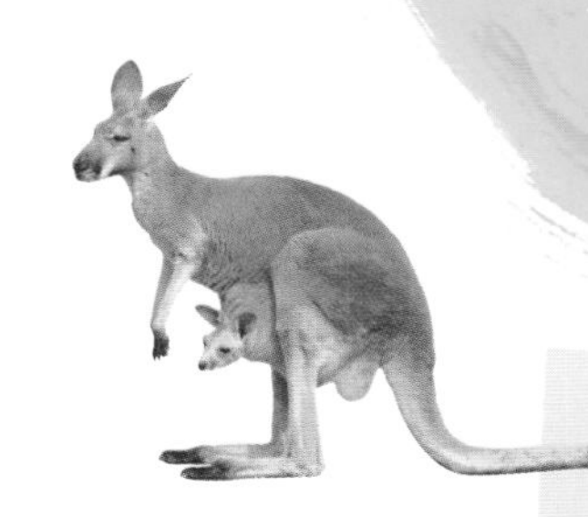

데이비드 말랑기는 애버리지니 미술가 중에서도 가장 유명한, 그리고 가장 먼저 미술관에 작품이 전시된 사람입니다. 말랑기의 그림은 오스트레일리아 1달러짜리 지폐에 (본인의 허가 없이) 인쇄된 적도 있다고 하네요. 이 사진 속에서 그는 나무껍질 그림에 쓸 천연 황토 물감을 섞고 있습니다.

〈물감을 섞는 데이비드 말랑기〉

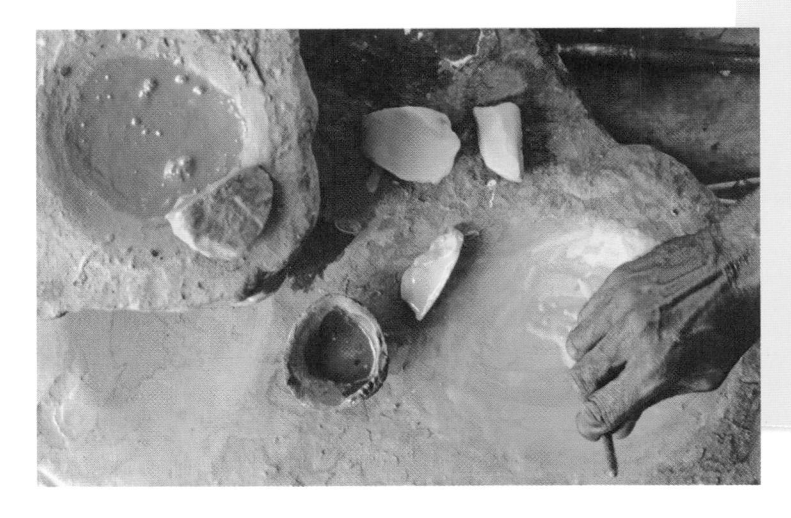

빛바랜 도시, 테베 (기원전 1250년)

파라오들이 세운 도시

테베는 이집트 종교와 문화의 핵심이었습니다. 유명한 나일 강이 테베의 유적을 둘로 가르며 흐릅니다. 동쪽 강변에는 파라오들이 지은 궁전과 성역이 있습니다. 서쪽 강변은 죽은 자들의 도시로 왕들의 무덤과 사원이 있지요. 많은 파라오들이 웅장한 건물을 계속 지었습니다.

하지만 가장 인상적인 랜드마크를 남긴 것은 제19왕조의 람세스 2세였지요. 그는 67년간 통치하면서 많은 돈을 들여 여러 대형 기념물을 세웠는데, 대부분 자신을 기념하기 위한 것이었습니다. 그의 유산이 얼마나 장엄했던지 이후로도

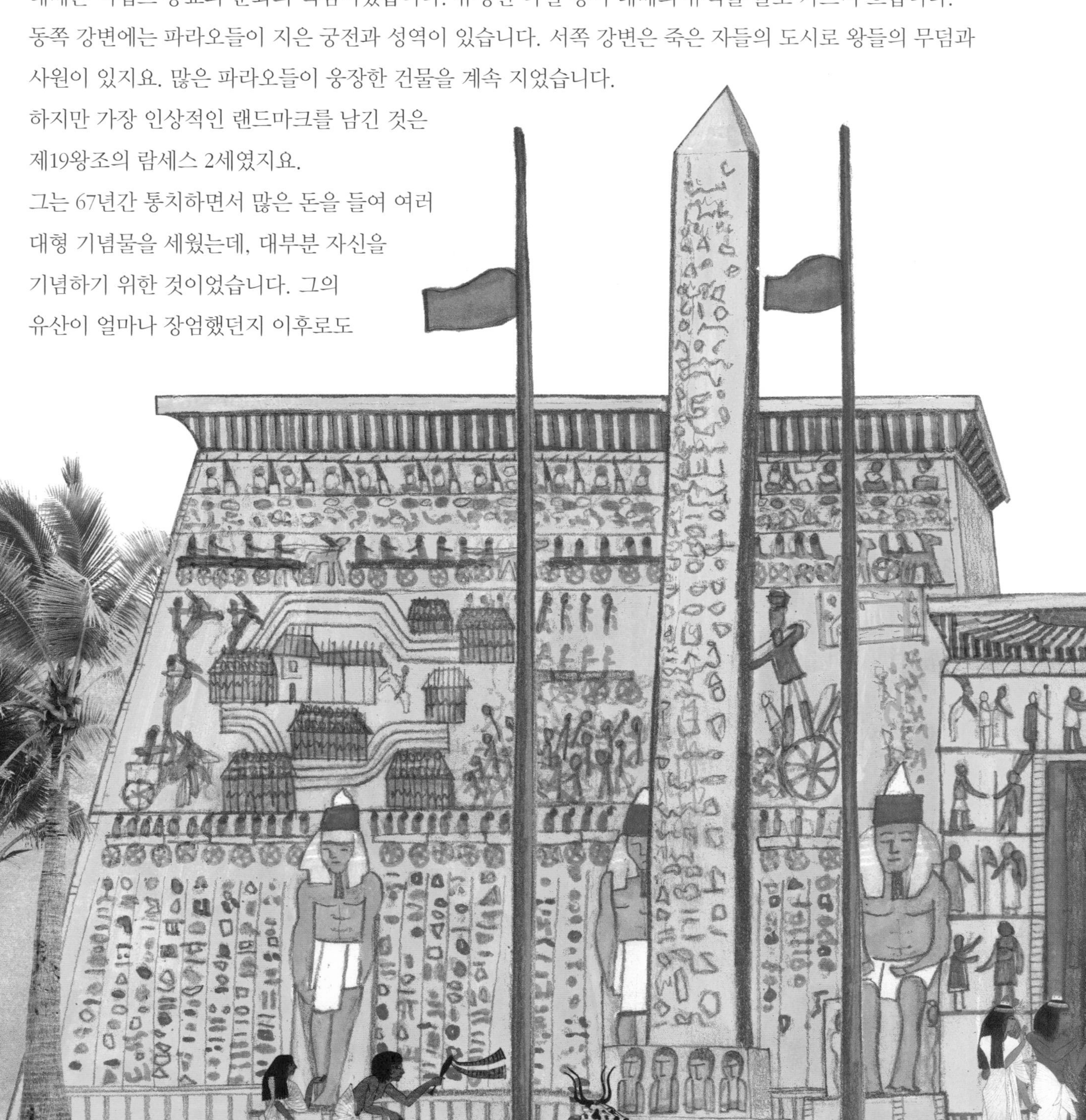

이집트 사원에는 보통 높이 솟은 대문과 그 양옆으로 높고 비스듬한 탑문이 있었습니다. 이 사원에는 람세스 2세의 거대한 석상과 오벨리스크라고 불리는 높은 돌기둥 두 개가 있었지요. 두 기둥 중 하나는 현재 파리에 있답니다.
〈룩소르 사원의 탑문〉, 기원전 13세기

아홉 명의 이집트 왕들이 그와 같이 람세스라는 이름을 썼답니다. 다만 문제는 람세스가 너무 많은 돈을 쓴 나머지 이집트가 파산의 위기를 맞았다는 것이지요.

람세스는 모든 사람들이 영원히 자신의 위대함 앞에 무릎 꿇기를 바랐지만, 이 세상에 영원한 건 없지요. 현재로부터 2천 년 전 로마 제국 시대에도 이미 테베의 폐허는 관광지로 유명했습니다. 그 전에는 고대 그리스의 역사가들이 테베의 빛바랜 영광을 찬양했지요. 이 도시의 이름은 이집트어로 '와셋'이었고, 테베라는 이름은 그리스인들이 새로 지은 것이랍니다.

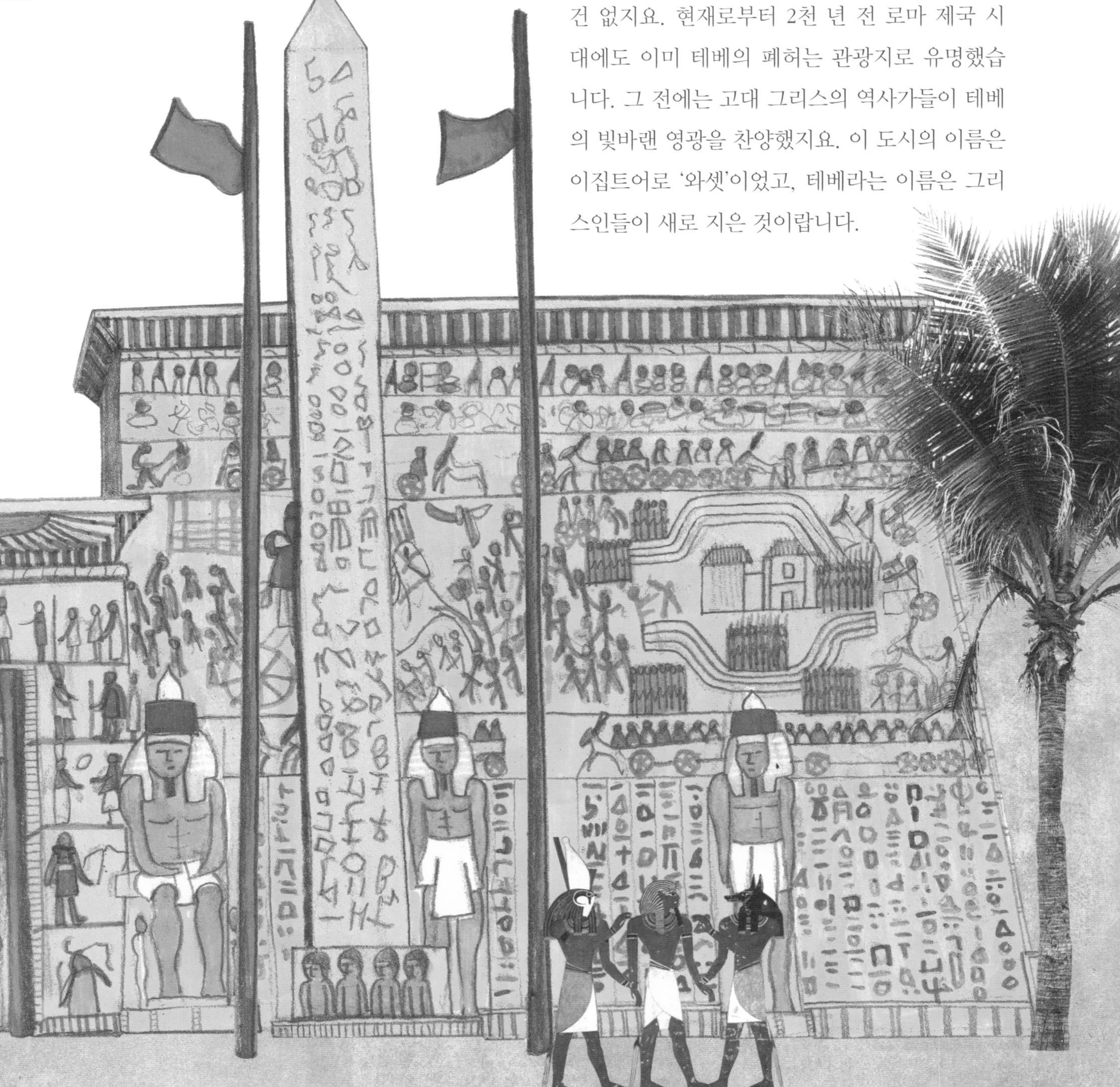

종교와 함께 꽃핀 이집트 미술

이집트의 종교의식은 파라오와 귀족들이 엄격히 지켜온 비밀이었습니다. 하지만 이집트 왕국이 가장 강성했던 기원전 16세기 이후로는 종교의식이 좀 더 공개적으로 변했답니다. 테베에서는 매년 수십 가지의 대중 축제가 열렸습니다. 모든 축제의 중심은 태양신 '아문-라'였지요. 여러 의식 동안 '아문-라'의 신성한 초상이 여러 사원들로 옮겨지며 나일 강을 여러 차례 건너갔답니다.

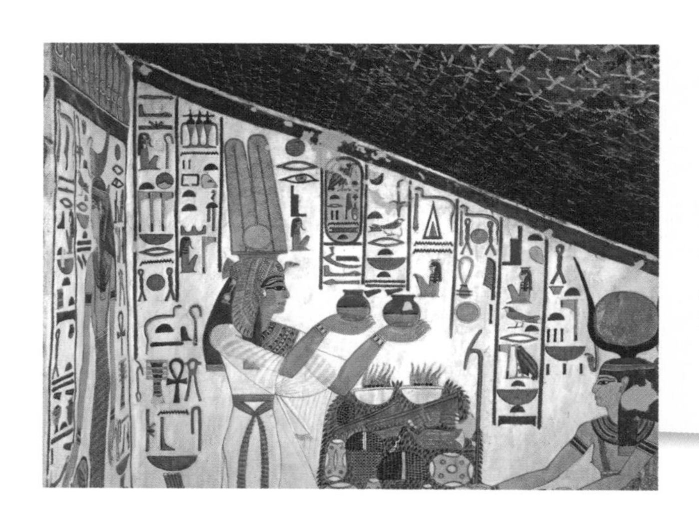

람세스 2세는 많은 아내와 백 명 이상의 자식을 두었습니다. 하지만 그의 첫 번째 왕비였던 네페르타리는 특별한 존재였지요. 그녀의 무덤은 여왕의 뺨과 옷 주름에 명암을 넣는 등 당시의 최신 기법이 사용된 벽화들로 가득하답니다.

〈'여왕의 계곡'에 있는 네페르타리 무덤〉, 기원전 13세기

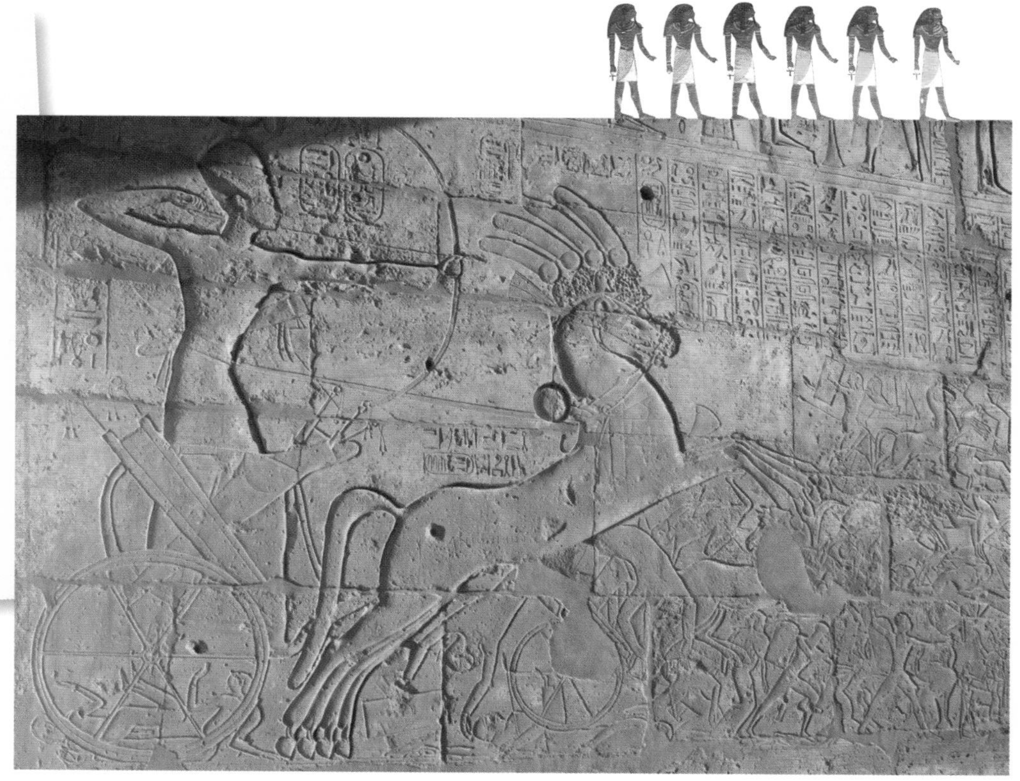

라메세움은 람세스 2세를 위한 신전입니다. 그는 자신의 가장 위대한 승리였던 시리아 카데시에서의 전투를 기념하여 거대한 조각을 제작하게 했습니다. 이집트 군대는 히타이트 왕국의 기습을 받았지만, 람세스와 그의 경비병들이 용감히 적군을 물리쳤답니다.

〈라메세움의 카데시 전투 부조〉, 기원전 1274년

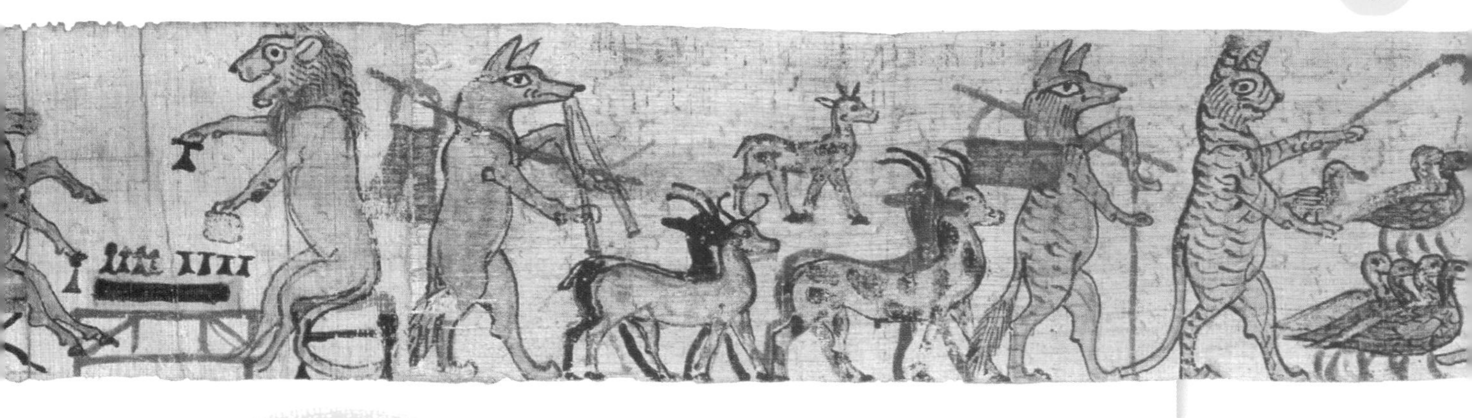

이 그림은 신문의 풍자만화처럼 유머러스한 의미를 담고 있습니다. 사자가 가젤을 잡아먹기는커녕 둘이 함께 이집트에서 인기 있던 보드게임인 '세넷'을 하고 있어요. 그리고 고양이는 거위 떼를 죽이는 대신 마치 거위 지기처럼 몰고 가는 중입니다.

〈풍자적 파피루스〉, 기원전 1250년

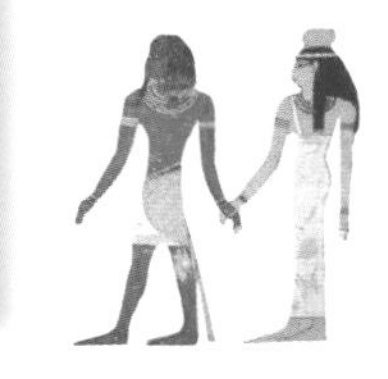

히에로글리프

히에로글리프는 본래 상형문자, 즉 각각 하나의 단어나 음절, 혹은 글자를 나타내는 단순한 형태의 그림을 뜻합니다. 고대 이집트인들에게 히에로글리프는 '신의 언어'였답니다. 1799년에 같은 문장이 각각 이집트 상형문자와 그리스어로 새겨진 돌 하나에서 발견될 때까지 히에로글리프 해석은 수수께끼로 남아 있었습니다. '로제타 스톤'으로 알려진 이 돌 덕분에 마침내 전문가들이 이집트 상형문자를 해독할 수 있었지요.

테베의 성직자들은 보통 건축가이면서 미술가이기도 했습니다. 이집트 미술은 종종 비현실적이라고 이야기하지요. 하지만 당시의 미술가들은 그림이 완벽하여 실제로 살아 움직이길 바랐습니다. 조각품들을 깨워 일으키기 위해 '입 열어주기'라는 특별한 의식을 거행하기도 했지요. 거의 모든 그림이 히에로글리프를 새겨야만 완성된다고 여겨졌습니다. 언어에는 미술적 힘이 있다는 믿음 때문이었지요. 우리는 이집트 미술이 평면적이며 밋밋하다고 생각하지만, 이집트인들은 전혀 그렇게 생각하지 않았답니다!

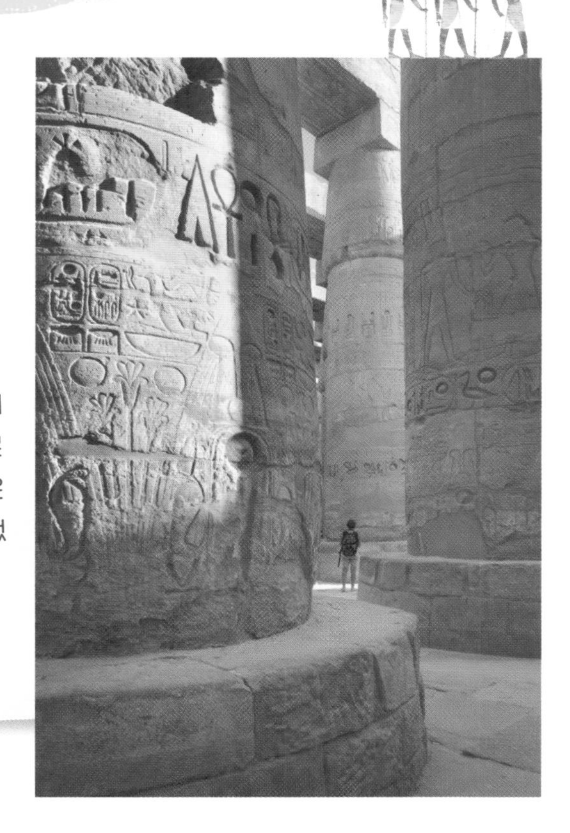

람세스 2세와 그의 아버지가 만든 이 방에는 기둥이 무려 134개나 세워져 있습니다. 지붕을 받치는 데 필요한 수를 훨씬 넘어서지요. 이것은 방문객들이 마치 장엄하고 신비로운 숲 속에 들어온 것처럼 느끼게 하려는 의도였습니다. 히에로글리프로 뒤덮인 이 기둥들은 본래 화려하게 채색되어 있었다고도 해요.

〈카르나크의 대열주실〉, 기원전 1280~1270년

호사스러운 니네베(기원전 700년)

아시리아 왕국의 웅장한 수도

아시리아 왕국은 지구에서 가장 먼저 문명이 발생한 지역 중 하나인 메소포타미아를 장악했습니다. 기원전 9세기부터 기원전 7세기까지, 아시리아 왕국은 그때까지 세상에 존재했던 가장 강력한 세력이라고 할 수 있었지요. 그들의 군대는 세계 최고로 거대하고 복잡한 조직이었습니다. 아시리아 군인들은 중동 지역을 휩쓸었고 심지어 강대한 이집트 왕국마저도 정복했답니다. 성경에 등장하는 예언자 이사야는 무시무시한 광경을 다음과 같이 묘사합니다.

“보라 그들이 빨리 달려올 것이로되/ 그중에 곤핍하여 넘어지는 자도 없을 것이며 조는 자나 자는 자도 없을 것이며…… 그들의 화살은 날카롭고…… 그들의 소리 지름은 어린 사자들과 같을 것이라.” (이사야서 5장 26~29절)

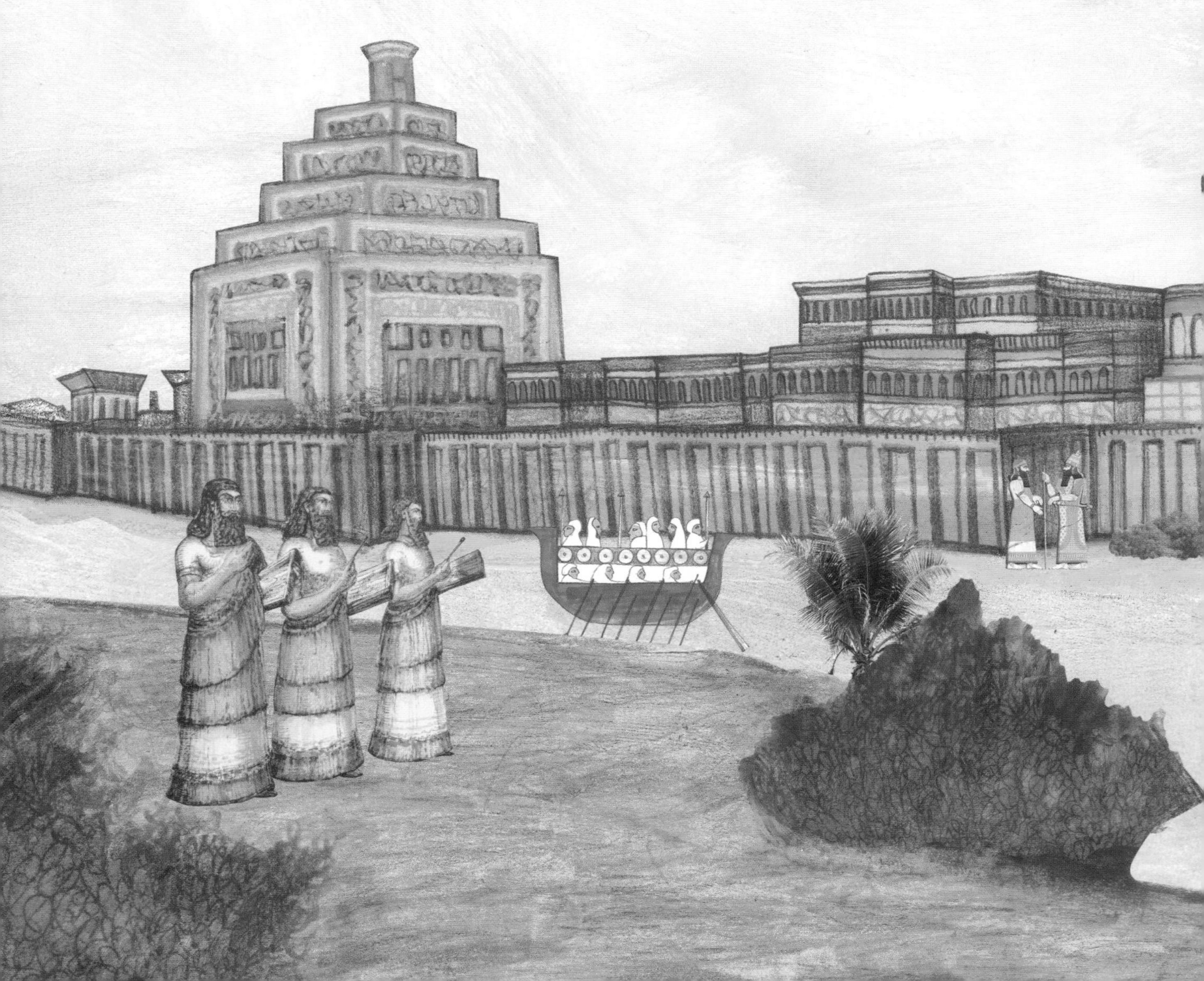

니네베는 두께가 15미터에 이르는 성벽으로 둘러싸여 있고, 수문 15개와 운하를 통해 티그리스 강의 지류로 이어져 있었습니다. 센나케리브 왕이 지은 궁전은 너무나 호화로웠기에 왕은 그곳을 '무적의 궁전'이라고 불렀습니다. 궁전 내부는 왕 자신의 위대한 승리를 묘사한 조각들로 가득했지요. 이후에 아슈르바니팔 왕 또한 선조와 경쟁할 만큼 호화로운 궁전을 지었는데, 그곳에는 세계 최초이자 최대의 도서관이 있었습니다. 아시리아의 군사적 승리도 놀라웠지만, 이 제국이 세계 역사에 남긴 가장 큰 공헌은 무엇보다 미술과 문학에 관련된 것이랍니다.

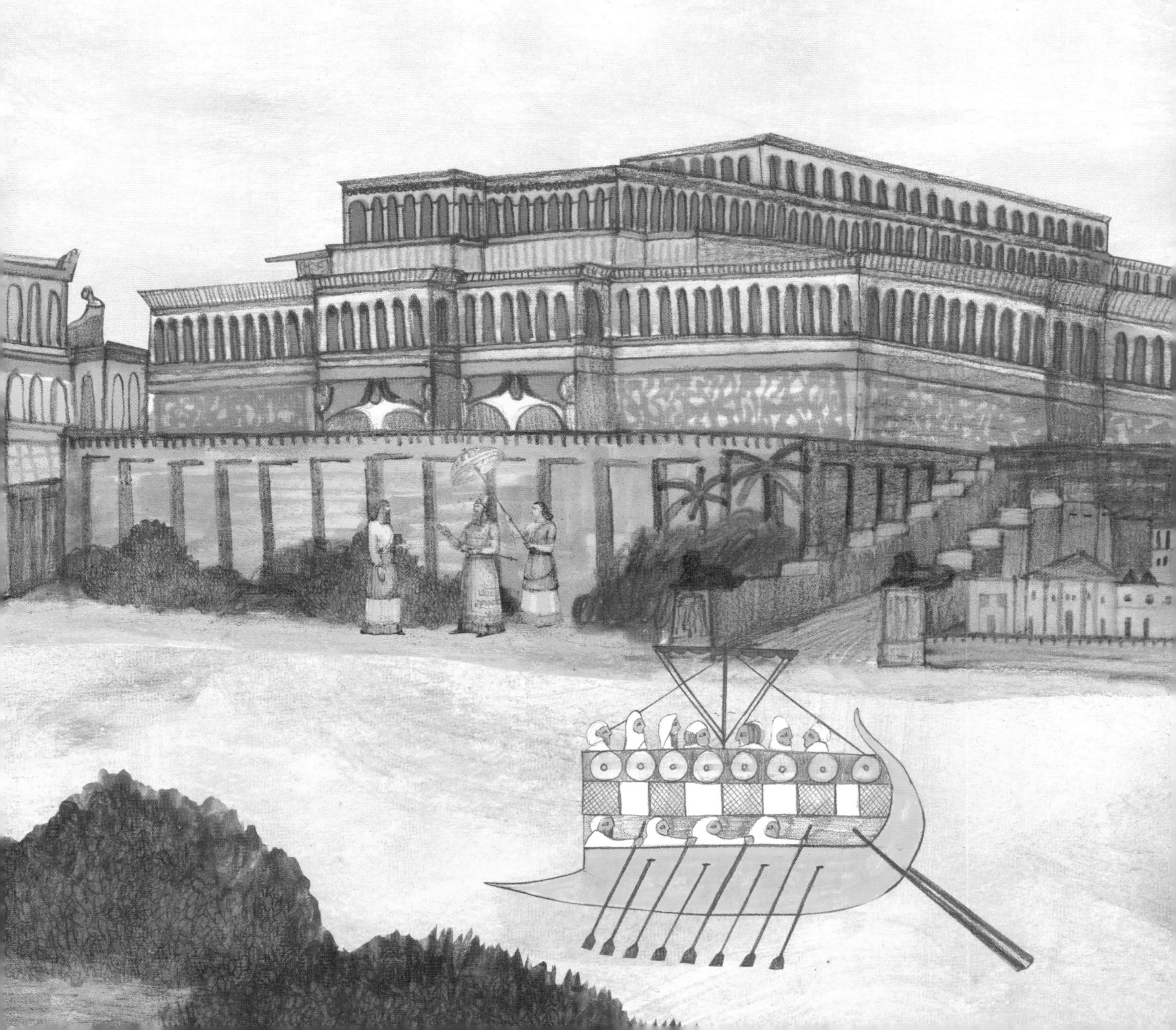

역사 기록의 수단이 된 미술

아시리아인들은 기록을 남기길 좋아했습니다. 미술은 그들에게 전투에서의 승리를 자세히 기록할 좋은 수단이 되었지요. 높이가 2미터인 돌덩이에 새겨진 부조들이 그 사실을 잘 보여줍니다. 얼핏 보기에는 단조로운 조각들이지만, 찬찬히 들여다보면 각 조각마다 아주 다양한 내용이 담겨 있음을 알 수 있습니다. 이 부조들은 기습 공격과 포위, 항복 등 수백 가지의 역사적 사건들을 묘사했으며, 본래는 더욱 실감이 나도록 화려하게 채색되어 있었지요. 아시리아인들은 또한 글쓰기도 좋아했습니다. 파피루스나 종이가 없었던 시대라 그들은 대체로 점토판에 글을 썼습니다. 서기들은 쐐기문자를 사용했는데, 이것은 갈대를 깎아 만든 펜을 부드러운 점토판에 눌러 생기는 작은 쐐기 자국들로 이루어진 문자 체계였습니다. 니네베에 있던 아슈르바니팔 왕의 도서관에는 군사 전략, 마술, 설화 등 내용별로 분류된 수만 개의 점토판이 있었답니다.

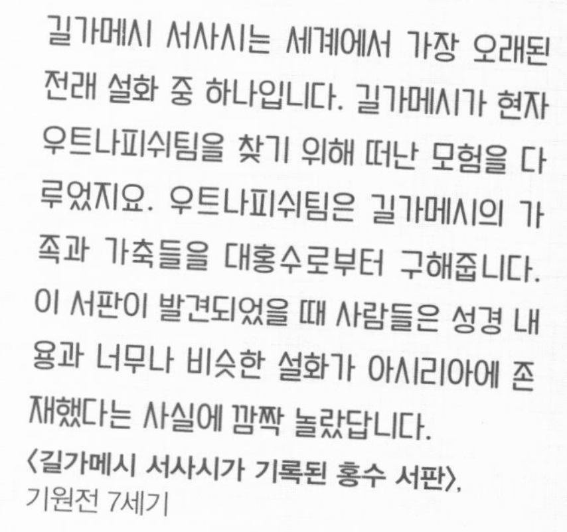

길가메시 서사시는 세계에서 가장 오래된 전래 설화 중 하나입니다. 길가메시가 현자 우트나피쉬팀을 찾기 위해 떠난 모험을 다루었지요. 우트나피쉬팀은 길가메시의 가족과 가축들을 대홍수로부터 구해줍니다. 이 서판이 발견되었을 때 사람들은 성경 내용과 너무나 비슷한 설화가 아시리아에 존재했다는 사실에 깜짝 놀랐답니다.

〈길가메시 서사시가 기록된 홍수 서판〉, 기원전 7세기

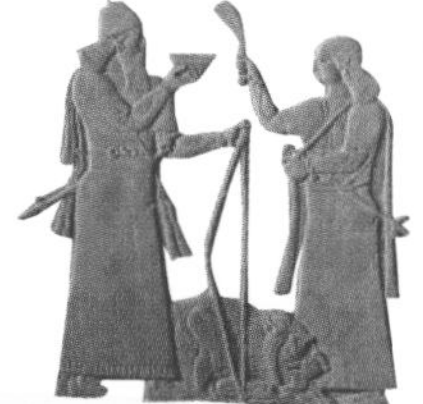

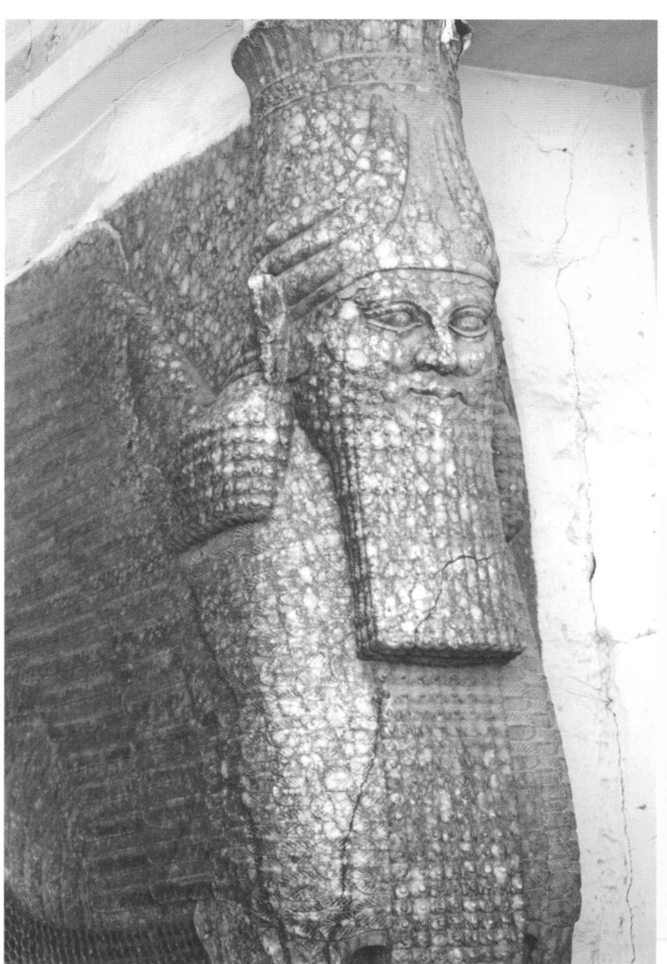

라마수는 외부 방문객을 두렵게 만들기 위해 니네베 성문에 세운 거대 석상입니다. 사람 머리에 독수리 날개, 황소의 몸을 하고 있지요. 안타깝게도 이 사진이 촬영된 후 2015년에 IS가 석상의 얼굴 부분을 훼손했습니다.

〈니네베 네르갈 성문의 라마수 석상〉, 기원전 8세기

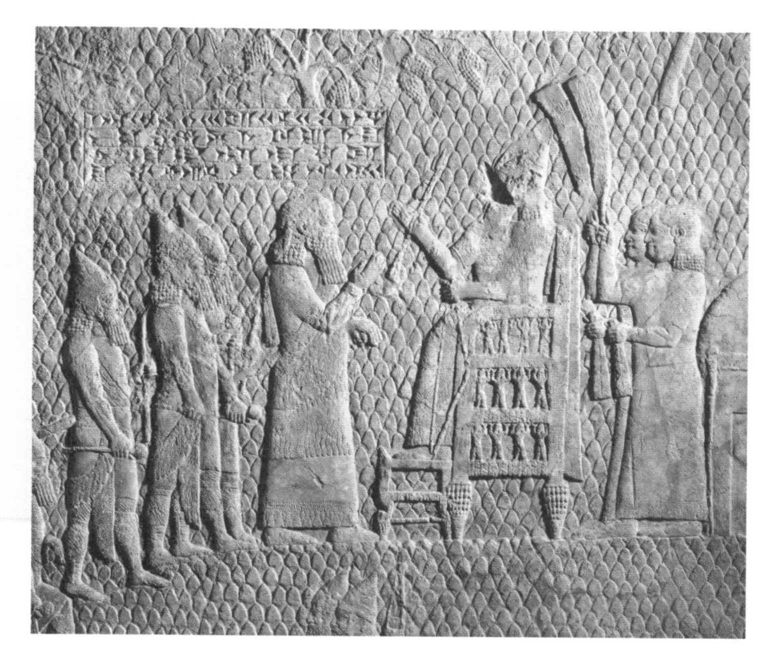

이 부조는 유대 왕국의 포로들과 함께 있는 아시리아의 왕을 묘사한 것입니다. 아시리아의 왕은 자신이 예루살렘의 왕을 '새장에 갇힌 새처럼' 가두어놓았다고 자랑스럽게 적어두었습니다. 하지만 성경에 기록된 내용은 다릅니다. 성경에는 신이 예루살렘을 구해주었다고 적혀 있거든요!

〈니네베 남서 궁전의 라키시 부조〉
기원전 700~692년

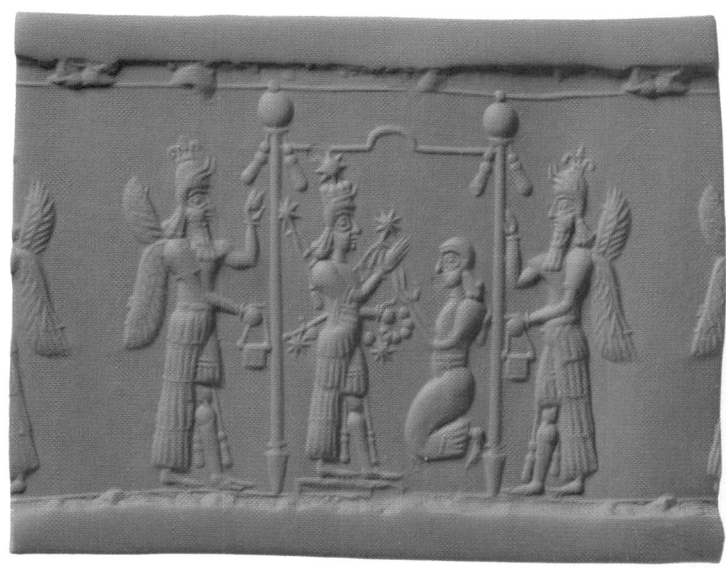

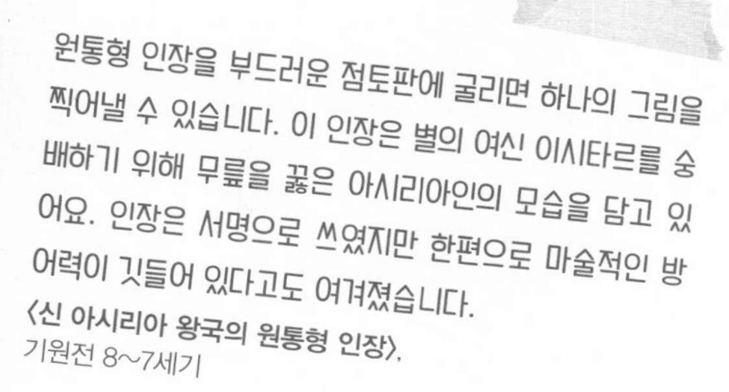

원통형 인장을 부드러운 점토판에 굴리면 하나의 그림을 찍어낼 수 있습니다. 이 인장은 별의 여신 이시타르를 숭배하기 위해 무릎을 꿇은 아시리아인의 모습을 담고 있어요. 인장은 서명으로 쓰였지만 한편으로 마술적인 방어력이 깃들어 있다고도 여겨졌습니다.

〈신 아시리아 왕국의 원통형 인장〉,
기원전 8~7세기

니네베의 유적은 매우 위태로운 상황에 직면해 있습니다. 2014년에 이슬람 무장 테러 단체인 IS가 이라크의 도시 모술을 점령한 뒤 니네베로 옮겨갔기 때문이에요. 이로 인해 라마수 석상을 비롯하여 수천 년 넘게 보존되어온 유적들이 파괴되었습니다. 고대 아시리아인들은 도시를 악의 세력으로부터 보호하기 위해 이 거대한 석상들을 만들었지만, 유감스럽게도 석상들의 힘으로 이러한 현대의 위협을 막아낼 수는 없었지요.

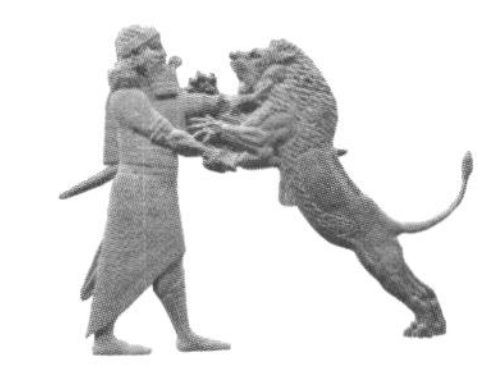

도시국가, 아테네(기원전 450년)

민주주의의 기원

고대 그리스인들은 여러 면에서 현대 세계를 형성한 민족이었습니다. 오늘날 서구의 언어와 정치 체계, 건축에는 그들의 흔적이 뚜렷이 남아 있지요. 그리스에는 아테네 외에도 스파르타, 코린트, 테베 등 여러 도시국가들이 있었습니다. 그리스어로 도시국가는 폴리스(polis)라고 했는데, 이는 영어로 '정치'를 뜻하는 politics의 기원이 되었지요. 아테네 시민들은 정치적 결정을 내려야 할 때마다 한자리에 모였고, 자신들이 도시에 거주하는 모든 사람들을 대표한다고 여겼습니다. 그리스어로 '민중'은 demos라고 했는데 이로부터 영어로 '민주주의'를 뜻하는 democracy가 나왔답니다.

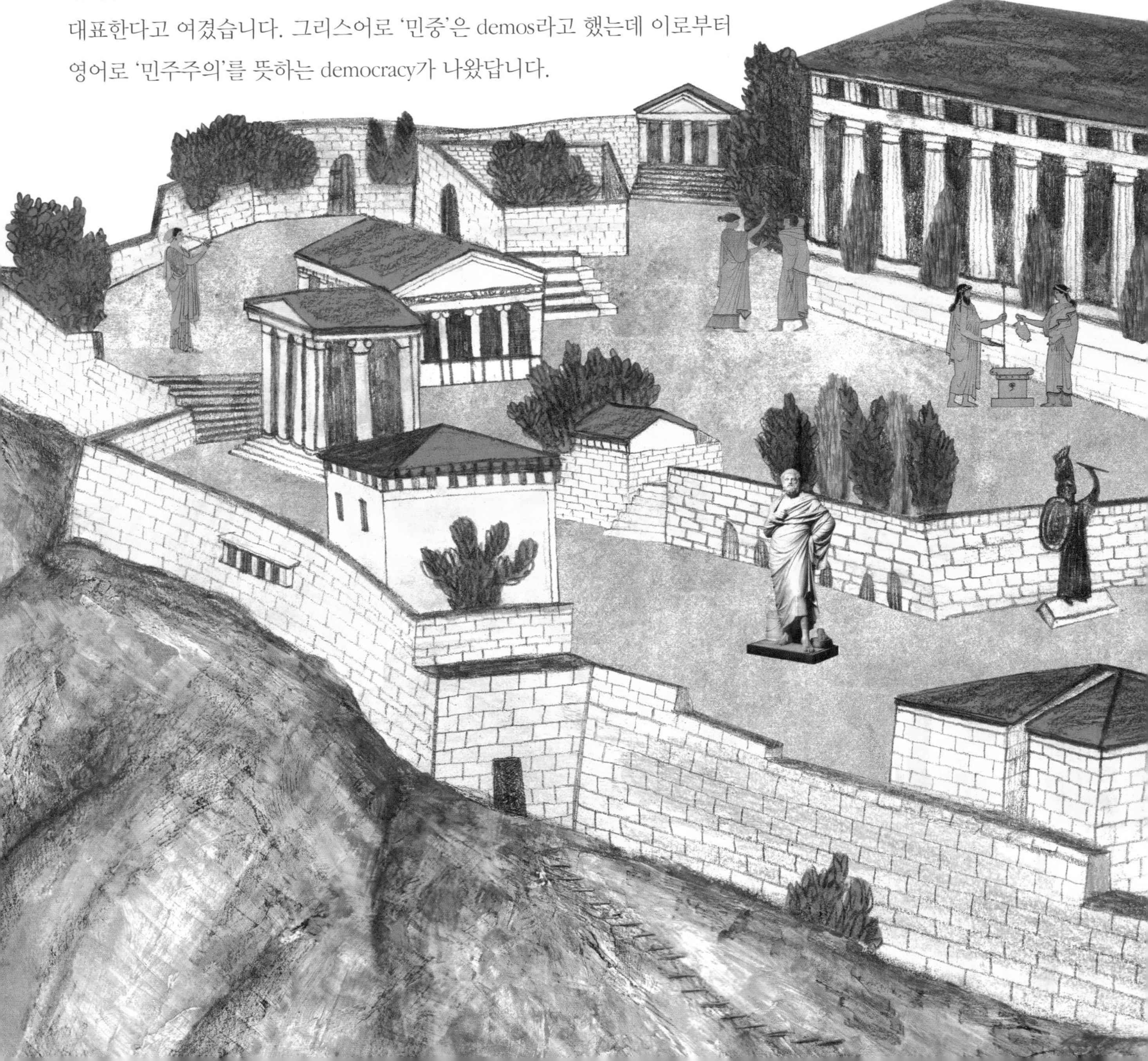

파르테논 신전의 기단은 가운데가 살짝 위로 솟아 있고, 기둥들 또한 살짝 중간 부분이 굵으며 안쪽으로 기울어져 있습니다. 이는 실수가 아니라 건축가들의 의도였는데, 이처럼 교묘한 처리로 착시 현상이 나타나 건물 전체가 완벽하게 균형 잡힌 것처럼 보인답니다.

〈파르테논 신전〉, 익티노스, 칼리크라테스, 피디아스, 기원전 447~438년

고대 그리스에서는 부유한 남성에게만 투표권이 있었습니다. 반면 오늘날 우리는 정치적 결정을 내릴 때면 모든 사람들의 목소리가 반영되어야 한다고 생각하지요. 민주주의의 의미는 시대가 지나면서 바뀌었으나, 서구 문명에서 중요한 여러 개념과 제도가 그러하듯 민주주의 또한 고대 그리스로부터 기원한 것입니다. 아테네의 유산은 이후로 수천 년간 이어졌지만, 이 도시의 황금기는 짧았습니다. 기원전 5세기 초에 그리스인들은 역사에 남은 일련의 육상전과 해전을 치러 페르시아인들을 물리쳤습니다. 아테네 역사상 가장 유명한 정치가인 페리클레스의 통치 아래 시민들은 평화롭고 부유한 시기를 누렸지요. 미술과 건축 문화가 꽃피었고 아이스킬로스, 소포클레스, 에우리피데스 같은 극작가들이 앞다투어 걸작 비극을 써냈습니다. 소크라테스는 장터에서 철학 강의를 하며 특유의 대화법인 '산파술'로 유명해졌습니다. 그는 '음미되지 않는 삶은 살 가치가 없다'고 말했는데, 이는 다시 말해 삶을 흥미롭게 만드는 건 바로 호기심이라는 뜻이지요!

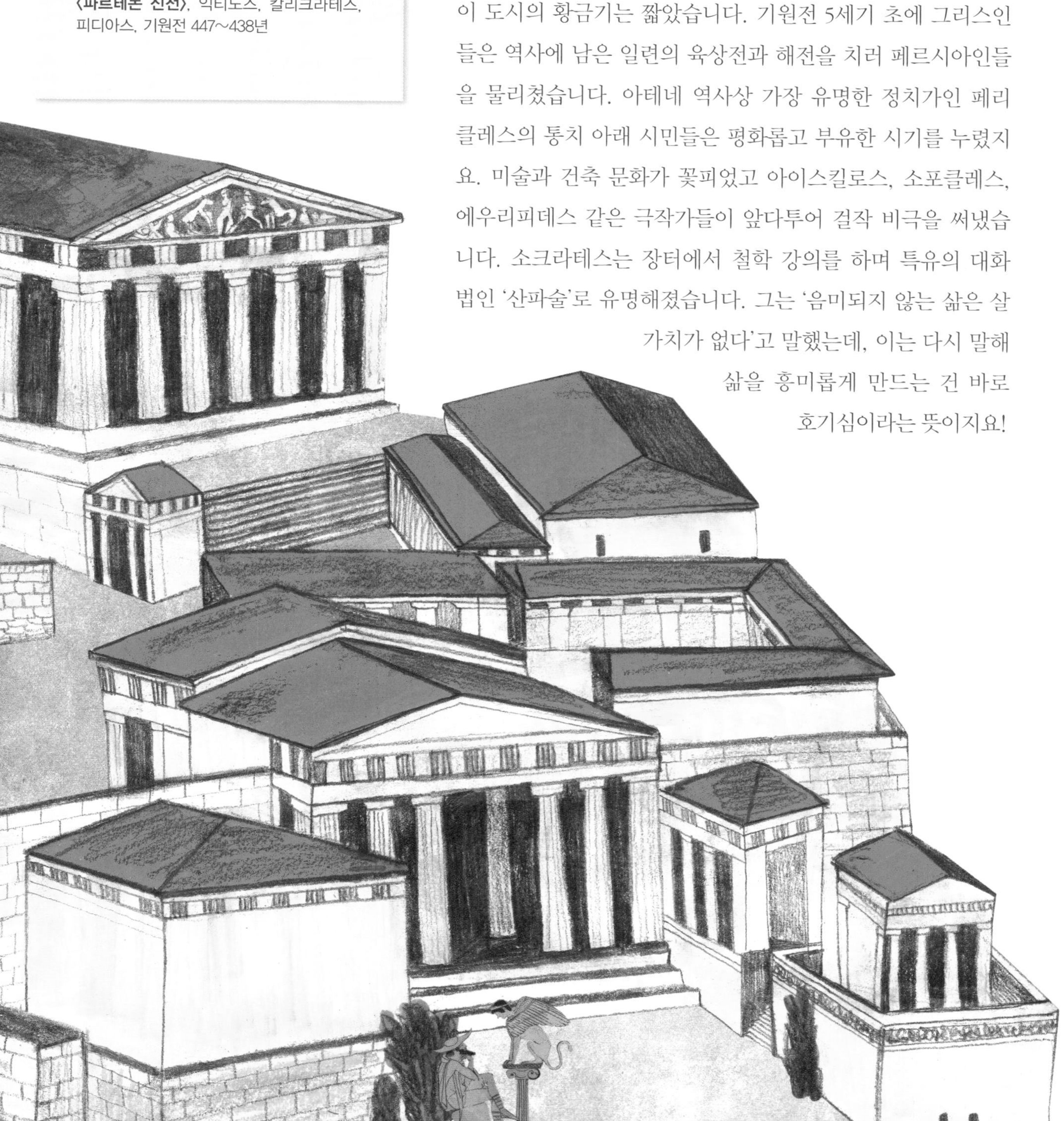

건축이 빛나는 그리스 미술

아크로폴리스는 아테네 전체에서 가장 높은 곳에 위치했습니다. 아테네 사람들은 그곳이 도시를 대표하는 신전을 짓기에 최적의 장소라고 생각했지요. 방어하기 편리했고 멀리서부터 오는 적군을 관측하기에도 좋았기 때문입니다. 하지만 이 신전들은 페르시아인들이 아크로폴리스를 약탈했을 때 파괴되어 슬픈 기념물처럼 도시 위로 솟은 채 남아 있었습니다. 아크로폴리스를 재건하고 예전보다 더욱 근사하게 만들 필요가 있었지요. 아테네 사람들은 지혜와 전쟁의 여신 아테나와의 특별한 관계를 드러내고 싶었습니다. 아테나는 이 도시의 수호신이자 아테네라는 이름의 유래이기도 했거든요. 파르테논은 아크로폴리스에서 가장 중요한 신전이었는데, 피디아스는 이 신전을 위해 황금과 상아로 장엄한 여신상을 제작했습니다. 또한 상징적 의미에서 페르시아 군의 무기를 녹여 전사 복장을 한 또 하나의 아테나 여신상을 만들었지요. 아쉽게도 이제는 두 여신상 모두 사라졌지만, 로마 예술가들이 만든 복제품들은 아직 남아 있답니다.

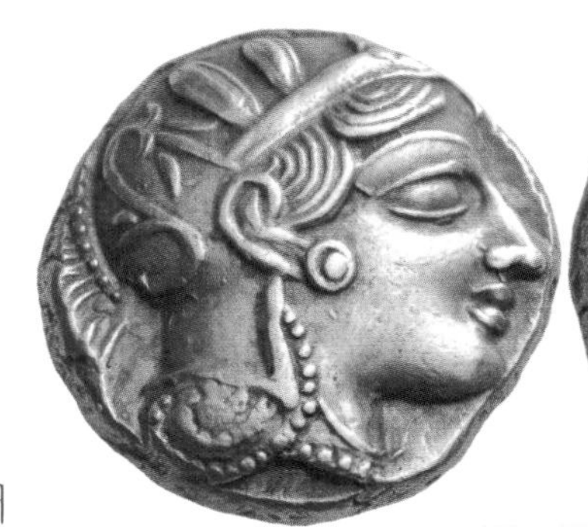

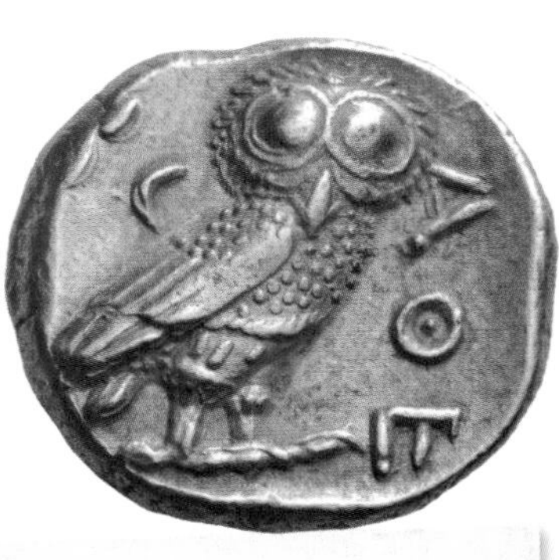

은광이 있었던 아테네에서는 고대 세계를 통틀어 가장 정확한 중량의 은화가 만들어졌습니다. 은화 앞면에는 지혜의 여신 아테나가, 뒷면에는 아테나를 상징하는 올빼미가 새겨져 있지요. 그리스의 여러 도시에서는 고유의 주화를 만들었는데, 승리의 여신 니케나 미노타우루스 등 다양한 도상을 새겼습니다.

〈아테네의 4드라크마 은화〉, 기원전 5세기

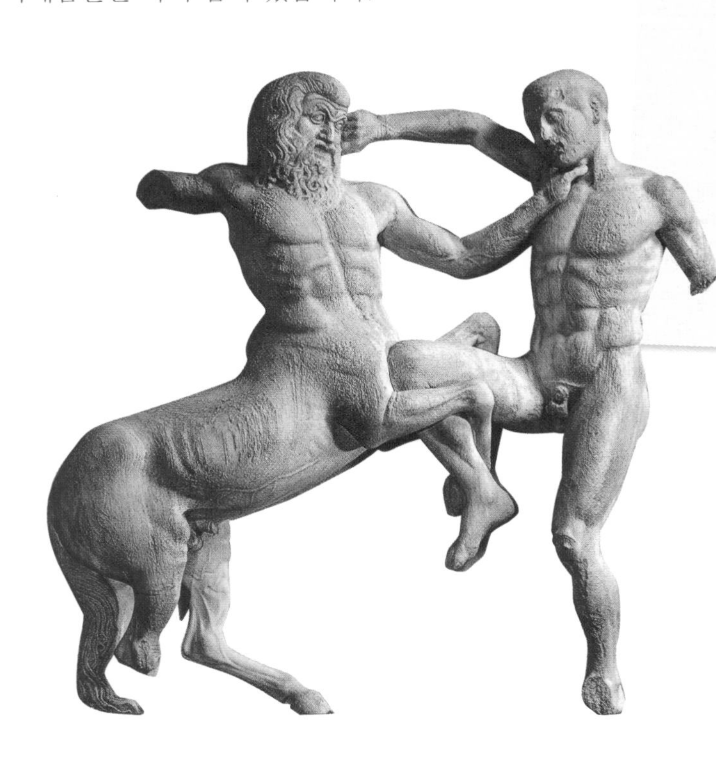

피디아스와 그의 일꾼들은 파르테논 신전의 기둥머리에 모두 92개의 부조를 남겼습니다. 이 조각은 그리스 신화의 내용을 묘사하고 있는데, 상반신은 인간이고 하반신은 말인 켄타우로스의 무리가 결혼식장에서 싸움을 시작하는 장면입니다. 라피트족 사람 하나가 술 취한 켄타우로스를 물리치고 있습니다.

〈남쪽 소간벽(小間壁) 31번 부조〉, 피디아스, 기원전 447~438년

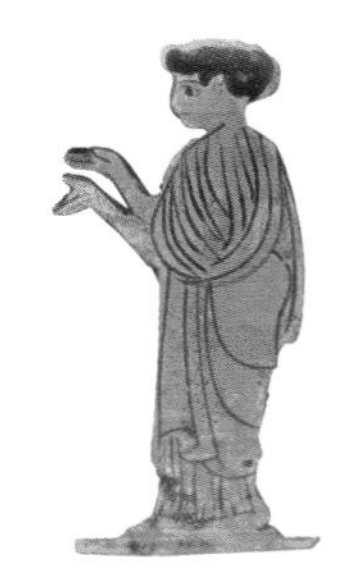

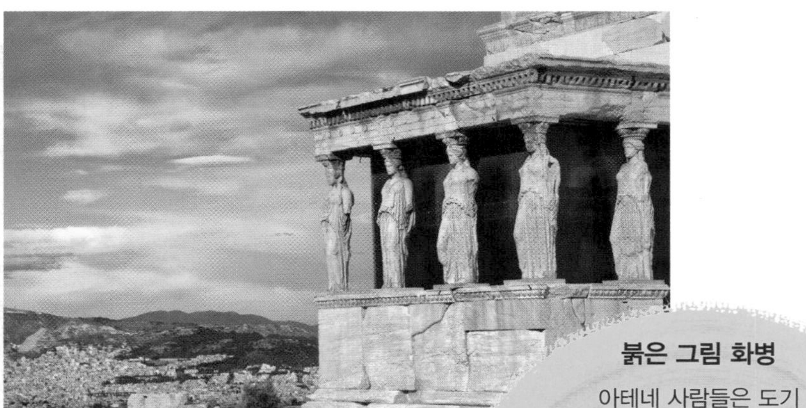

아크로폴리스에는 에렉테움 신전도 있습니다. 신화에 따르면 바다의 신 포세이돈과 전쟁의 여신 아테나는 둘 다 아테네가 자신에게 봉헌되길 원했습니다. 그래서 둘 중 누가 더 아테네에 근사한 선물을 줄 수 있는지 겨루기로 했지요. 포세이돈은 샘 하나가 솟아나게 했고, 아테나는 올리브나무 한 그루가 자라나게 했습니다. 승리는 아테나에게 돌아갔지만, 아테네 사람들은 에렉테움에 성소를 두 곳 만들어 두 신 모두를 기념했답니다.

〈에렉테움〉, 므네시클레스, 기원전 421~405년

붉은 그림 화병

아테네 사람들은 도기 그림과 채색에 뛰어났습니다. 가장 유명한 종류 두 가지는 검은 그림 화병과 붉은 그림 화병이었지요. 도상을 붉은색으로 남겨두고 배경을 검게 칠하는 붉은 그림 화병이 더 나중에 생겨났는데, 검은 그림 화병보다 제작이 쉬웠기 때문에 예술가는 이야기 내용을 더욱 자세하고 풍부하게 묘사할 수 있었습니다.

아테네에 내려오는 전설에 따르면 예전에 이 도시에서는 젊고 아름다운 남녀를 크레타 왕국에 바쳐야 했습니다. 그들은 미노타우루스라는 무시무시한 짐승의 희생물로 바쳐졌지요. 반은 인간이고 반은 황소인 이 짐승은 복잡한 미로 안에 가두어져 있었습니다. 테세우스는 영리하게도 실뭉치를 써서 미로를 빠져나가는 길을 찾아냈고 미노타우루스를 죽인 뒤 아테네로 돌아왔답니다.

〈테세우스와 미노타우루스〉, 도키마시아의 화가, 기원전 480년

오늘날 파르테논의 모습은 처음 지어졌을 때와는 아주 다르게 보입니다. 원래는 화려하게 채색되어 있었지만 지금은 눈부시게 흰 대리석 신전으로 알려져 있지요. 하지만 이 신전의 놀라운 규모와 뛰어난 설계는 예나 지금이나 그대로입니다. 파르테논은 현대 건축가들에게도 많은 영감을 주었고, 영국박물관이나 미국 대법원 건물에도 파르테논의 영향이 드러난답니다.

새로운 시대, 로마(기원후 1년)

벽돌의 도시에서 대리석의 도시로

기원전 1세기 로마는 파멸의 위기에 처했습니다. 수 세기를 이어져온 로마 공화국이 혼란에 빠진 것입니다. 율리우스 카이사르는 로마의 권력을 손에 넣었지만 얼마 뒤인 기원전 44년에 친구였던 브루투스와 여러 원로원 의원들에게 암살당했습니다. 카이사르가 죽자 그의 지지자들은 그의 적들과 싸웠습니다. 지지자들 쪽이 이기자 이젠 그들 사이에서 싸움이 일어났지요. 결국 카이사르의 조카뻘인 젊은 옥타비아누스가 일인자 자리에 올랐습니다. 기원전 27년에 원로원은 옥타비아누스에게 아우구스투스라는 이름을 주었고, 로마는 공화국이 아닌 제국이 되었습니다. 아우구스투스는 모든 권력을 손에 쥐었지만 카이사르와 달리 현명하게도 '민중의 하인'을 자처하기로 했습니다. 그는 자신을 황제가 아닌 '제1시민'으로 불렀습니다.

막시무스 경기장(오른쪽 그림)은 10만 명을 수용할 수 있는 규모로, 전차 경주를 위해 특별히 건축된 대형 경기장이었습니다. 아우구스투스는 지중해 건너편의 이집트에서 거둔 승리를 기념하기 위해 이집트의 오벨리스크를 가져와 경기장 한가운데 세웠답니다.

〈전차 경주 모자이크〉, 2세기,
루그두눔(현재 프랑스 리옹)

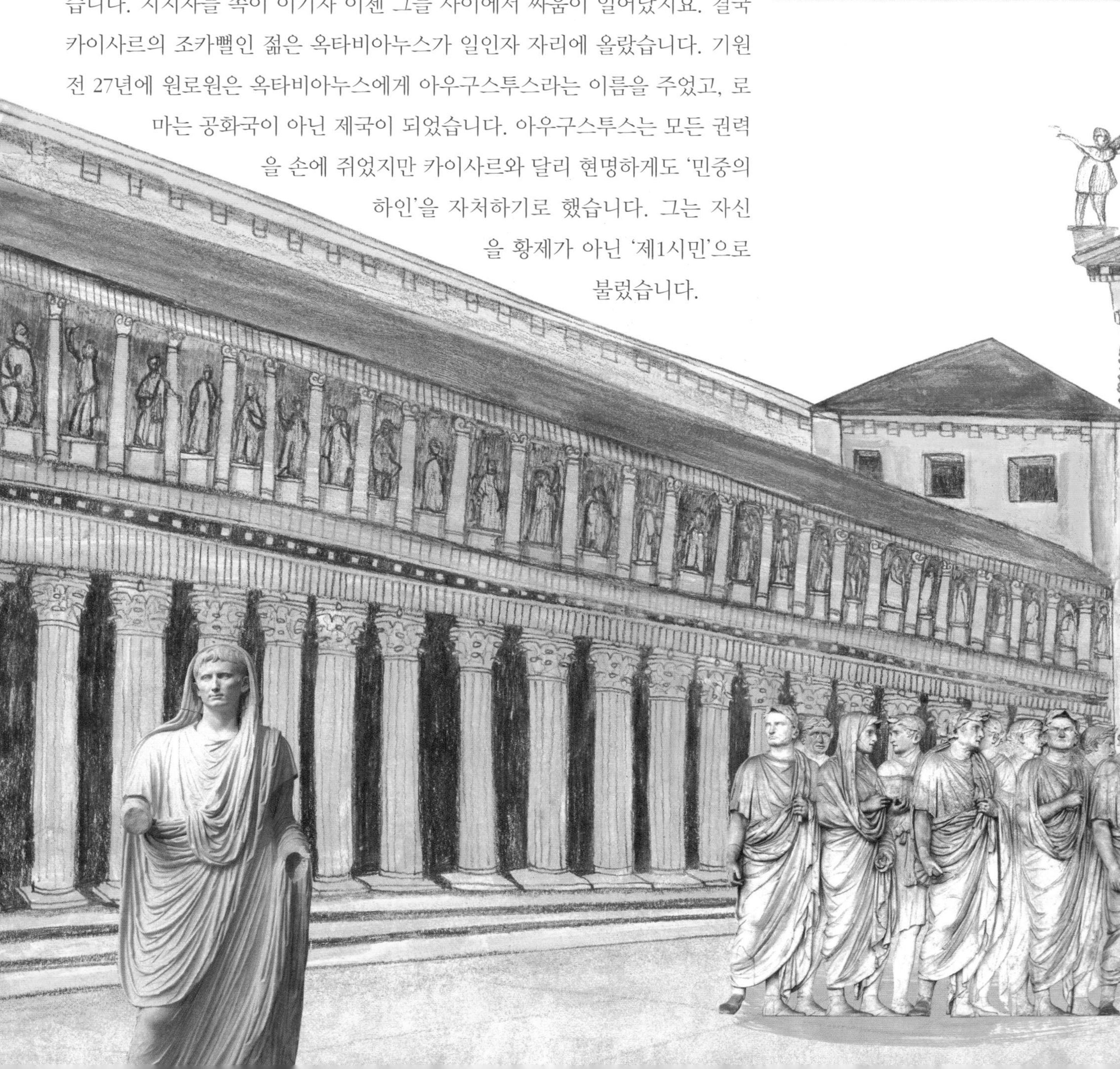

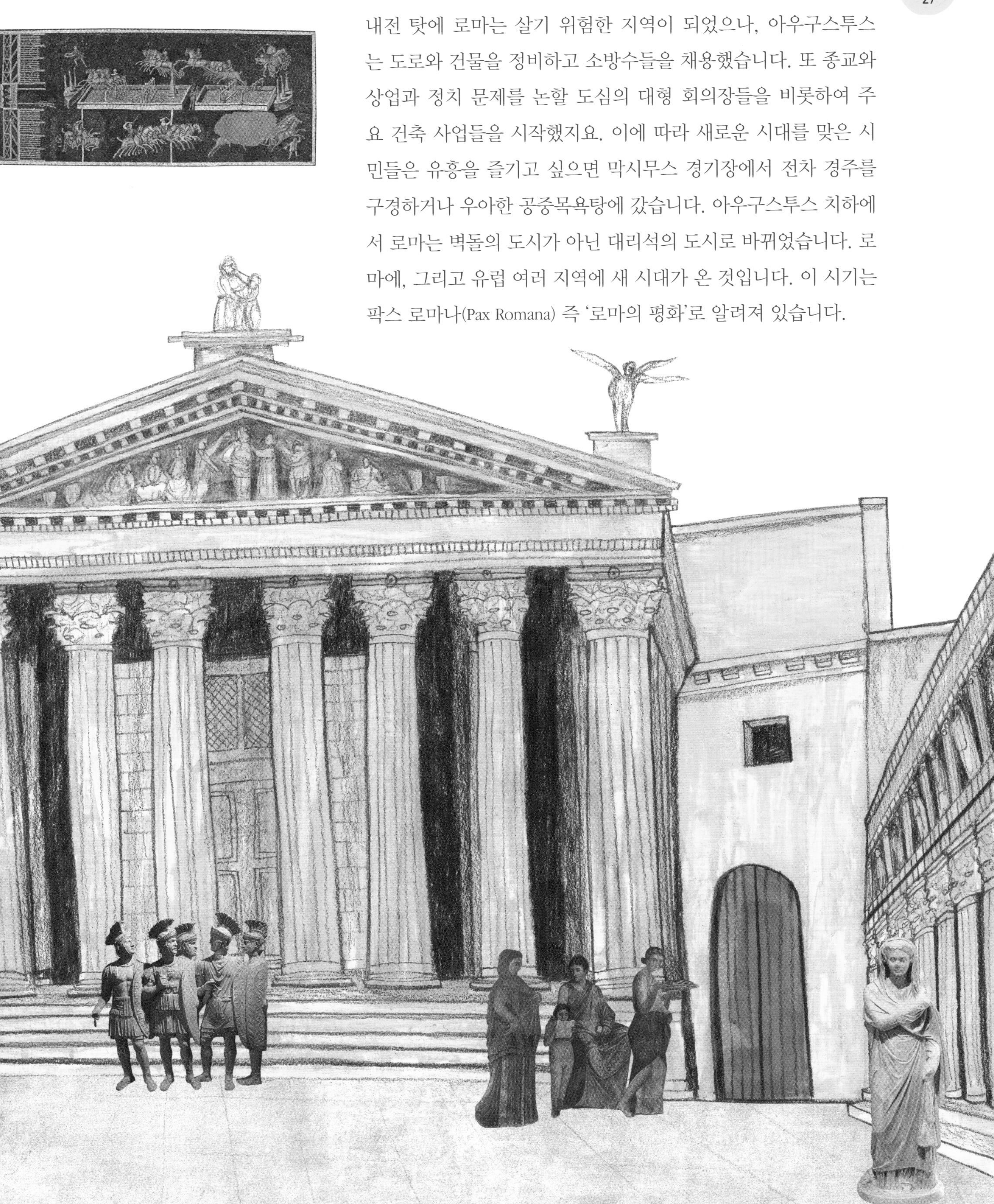

내전 탓에 로마는 살기 위험한 지역이 되었으나, 아우구스투스는 도로와 건물을 정비하고 소방수들을 채용했습니다. 또 종교와 상업과 정치 문제를 논할 도심의 대형 회의장들을 비롯하여 주요 건축 사업들을 시작했지요. 이에 따라 새로운 시대를 맞은 시민들은 유흥을 즐기고 싶으면 막시무스 경기장에서 전차 경주를 구경하거나 우아한 공중목욕탕에 갔습니다. 아우구스투스 치하에서 로마는 벽돌의 도시가 아닌 대리석의 도시로 바뀌었습니다. 로마에, 그리고 유럽 여러 지역에 새 시대가 온 것입니다. 이 시기는 팍스 로마나(Pax Romana) 즉 '로마의 평화'로 알려져 있습니다.

제국의 전성기를 기념하다

아우구스투스는 예술이 제국의 성공에 중요하다는 것을 잘 알았습니다. 그는 호라티우스와 베르길리우스 같은 시인들을 지원하여 로마의 위대함을 찬양하는 서정시와 서사시를 쓰게 했습니다. 조각가들은 로마와 고대 그리스 역사의 중대한 순간들을 묘사했습니다. 그리스 걸작들을 본떠서 정교한 복제품을 만들기도 했지요. 로마의 조각가들은 초상 분야에 특히 뛰어났습니다. 아우구스투스는 항상 완벽하고 젊은 얼굴로 묘사되었고, 이후에도 여러 로마 황제들은 그의 초상을 본보기 삼아 자신의 초상을 제작했습니다. 실제로는 전혀 다르게 생긴 경우에도 말이지요.

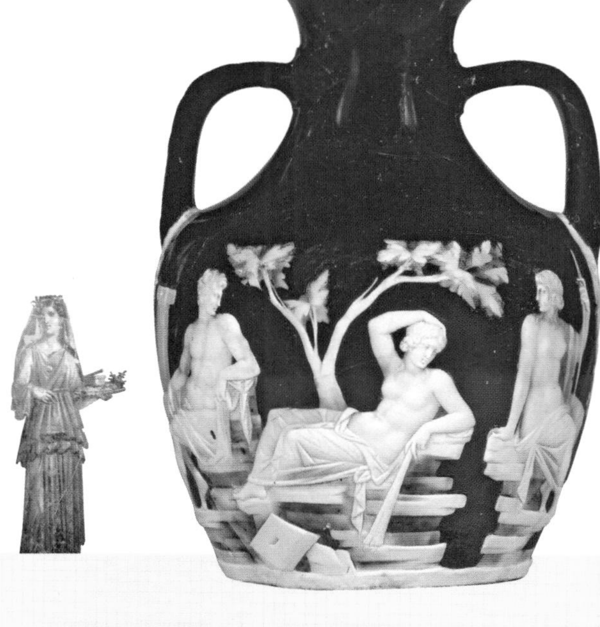

포틀랜드 화병은 카메오 기법을 사용했습니다. 유리를 한 층 깎아내 그 아래 새겨진 문양이 드러나게 하는 기법이지요. 18세기 중 영국에 들어온 이 화병은 위대한 도공 조사이어 웨지우드에게 영감을 주었고, 그는 이 화병의 기법을 오랫동안 연구하여 복제품을 만들었습니다. 이 화병은 19세기에 파손되었지만 다행히도 웨지우드의 정교한 복제품 덕분에 복원이 가능했습니다.

〈포틀랜드 화병〉, 1~25년

아라 파치스, 즉 '평화의 제단'은 아우구스투스 치하의 새로운 전성기를 기념한 작품입니다. 신성한 행렬을 묘사한 이 조각은 파르테논 신전의 조각들과 달리 사실적으로 표현되었기에 로마의 실제 정치인들을 알아볼 수 있습니다.

〈아라 파치스의 황가 행렬 부조〉, 기원전 13~9년

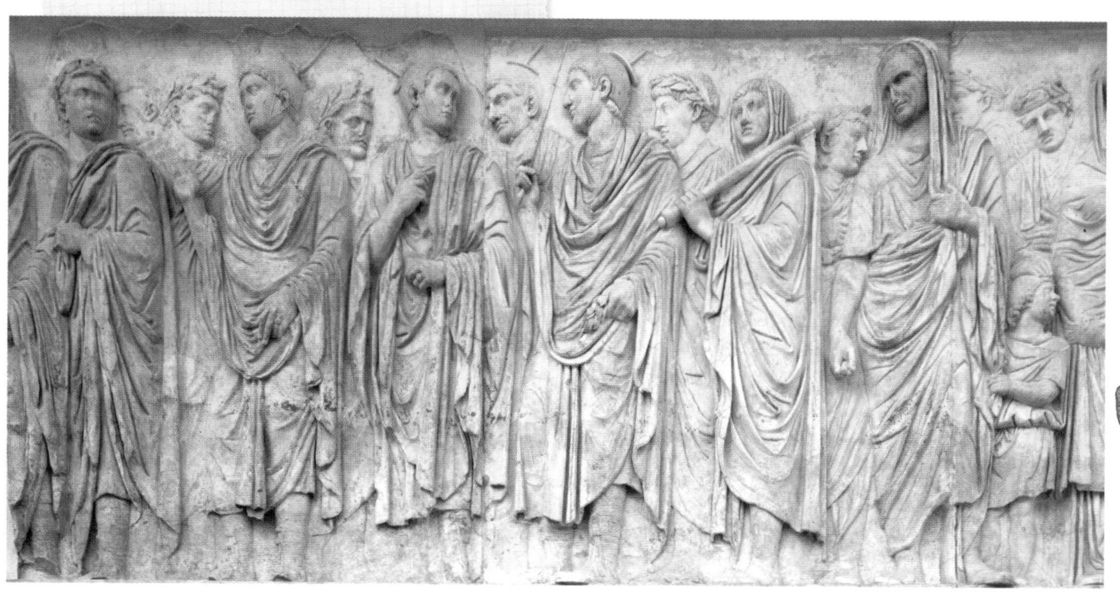

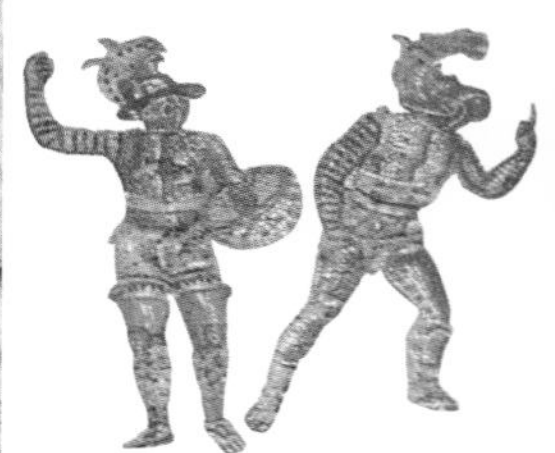

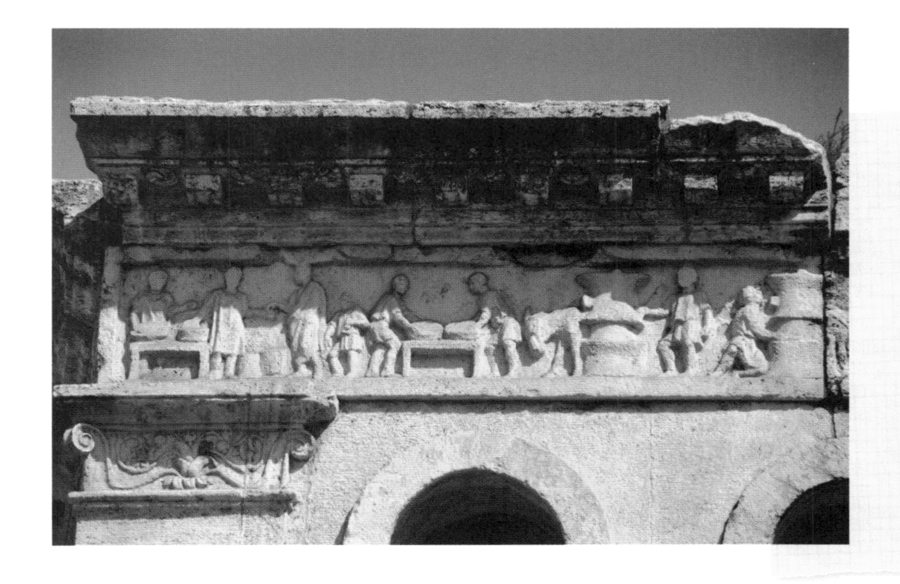

로마 제국에서는 점점 더 많은 시민들이 신분 상승을 시도할 수 있게 되었습니다. 부유한 제빵사였던 에우리사케스는 자신의 직업을 자랑스러워했고, 건축가를 고용하여 자신의 웅장하고 개성적인 무덤을 설계하게 했습니다. 사진에 보이는 구멍들은 빵을 보관하는 용기와 비슷한 모양을 하고 있습니다.

〈제빵사 에우리사케스의 무덤〉, 기원전 30년경

아우구스투스의 자세는 그리스 조각가 폴리클레이토스의 <창을 든 남자>에서 따온 것입니다. 아우구스투스는 창을 드는 대신 자신의 군대에게 연설할 때처럼 한쪽 팔을 치켜든 모습을 하고 있습니다. 갑옷에는 그의 군사적 · 외교적 승리들을 상징하는 그림들이 새겨져 있지요.

〈프리마 포르타의 아우구스투스상〉, 1세기

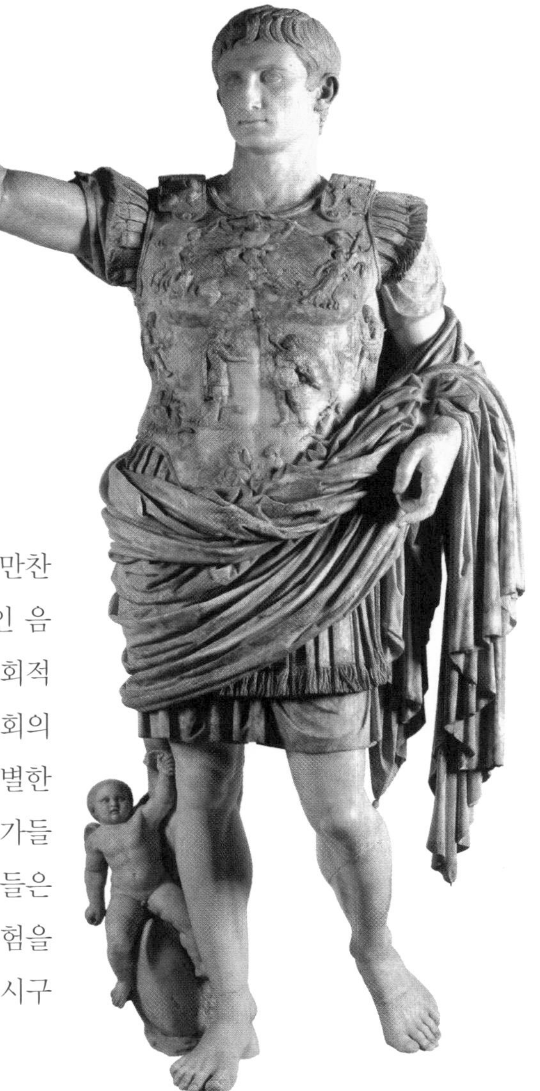

부유한 로마인들이 무엇보다도 좋아한 것은 친구들과의 사치스러운 만찬이었습니다. 그들은 긴 의자에 기대 누워 공작새나 가재처럼 이국적인 음식을 먹으며 음악가와 곡예사의 공연을 구경했습니다. 이런 연회는 사회적 신분을 과시하고 공고히 할 기회였습니다. 식기 하나에 이르기까지 연회의 모든 세부 사항이 손님들을 감동시켜야 했지요. 고급 유리그릇은 특별한 자랑거리였습니다. 유리에 공기를 불어넣는 새로운 기법 덕분에 예술가들은 전에 없던 형태와 색조의 그릇을 만들 수 있었습니다. 또한 건축가들은 대리석 같은 전통적 소재 외에도 콘크리트 같은 신소재를 도입하는 실험을 했습니다. 무한한 가능성의 시대였고, 로마인들은 시인 호라티우스의 시구절인 '오늘을 즐겨라(carpe diem)'에 따를 준비가 되어 있었습니다.

신비로운 테오티우아칸(300년)

신들의 도시

메소아메리카(고대에 공통된 문화를 지녔던 멕시코와 중앙아메리카 일부 지역)에 있었던 이 신비로운 도시의 본래 이름이 무엇이었는지 우리는 영원히 알 수 없을 것입니다. 도시가 파괴된 지 한참 뒤에 폐허를 발견한 아즈텍 사람들은 크게 감동해서 이곳에 '테오티우아칸'이라는 이름을 지어주었습니다. '신들이 태어난 장소'라는 뜻이지요. 전성기의 테오티우아칸은 세계 최대의 도시 중 하나로 인구가 20만에 달했습니다. 상업으로 부유해진 이 도시는 중앙아메리카 전역의 미술과 건축에 영향을 미쳤답니다.

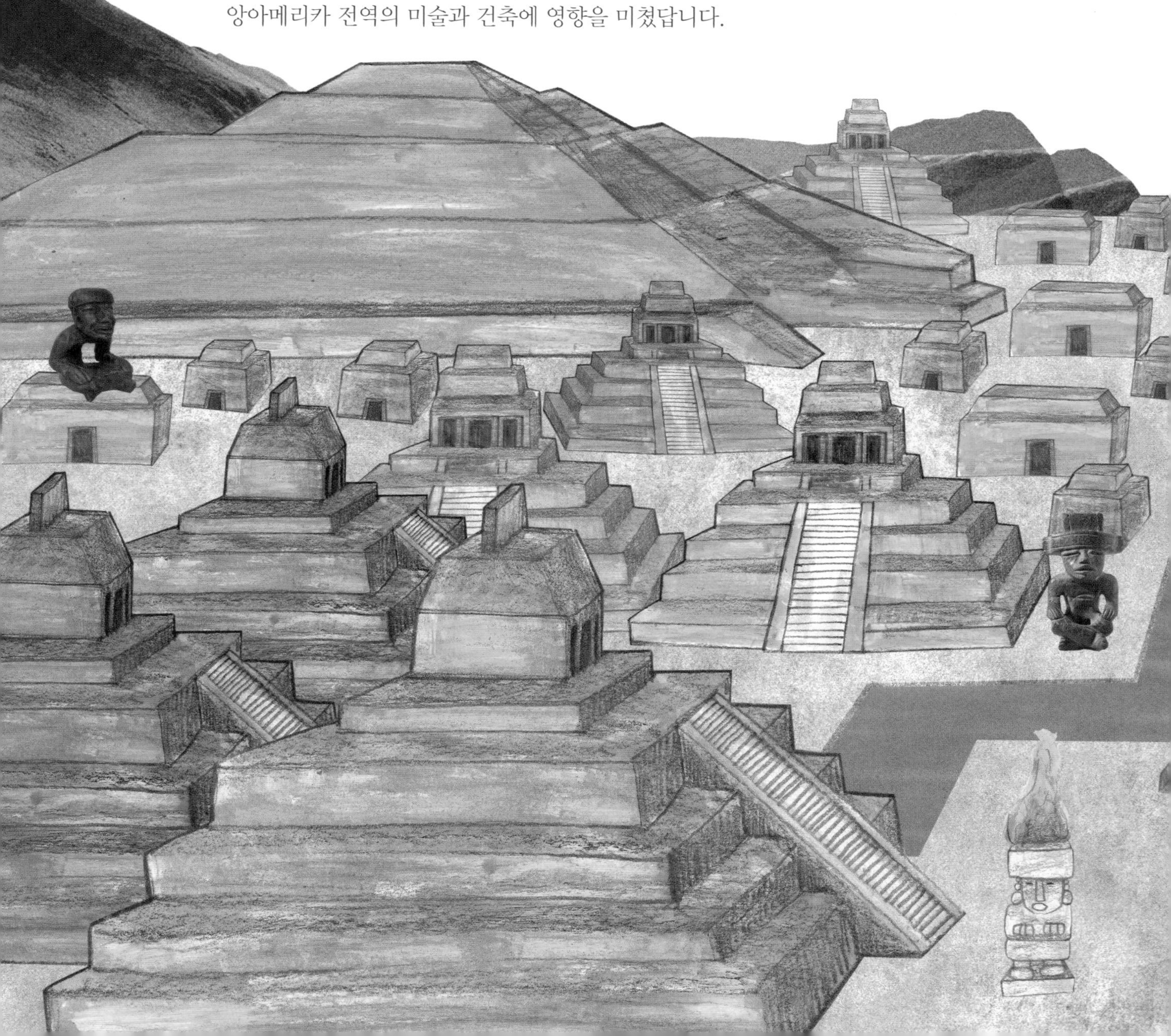

도로들은 정확한 격자 형태로 배치되었습니다. '죽은 자의 거리'는 도시 한 가운데를 관통하는데, 이 무시무시한 이름은 길 양쪽의 건축물들이 무덤으로 추측되었기 때문에 지어진 것이지요. 이후에 고고학자들은 이 수백 개의 건축물이 사실 가정집이었음을 알게 되었습니다. 여러 가족들이 연결된 아파트에 살면서 마당을 공유했던 것이지요. 이는 현대의 아파트 단지와 크게 다르지 않았어요. 심지어 하수도로 쓰이거나 식수를 공급할 도랑들도 갖춰져 있었습니다. 테오티우아칸 사람들은 문자 기록을 전혀 남기지 않았지만, 그들이 놀라운 도시 계획의 본보기를 남긴 것은 확실합니다. 아즈텍 사람들이 이곳을 신들에게 어울릴 도시라고 생각했던 것도 당연한 일이지요.

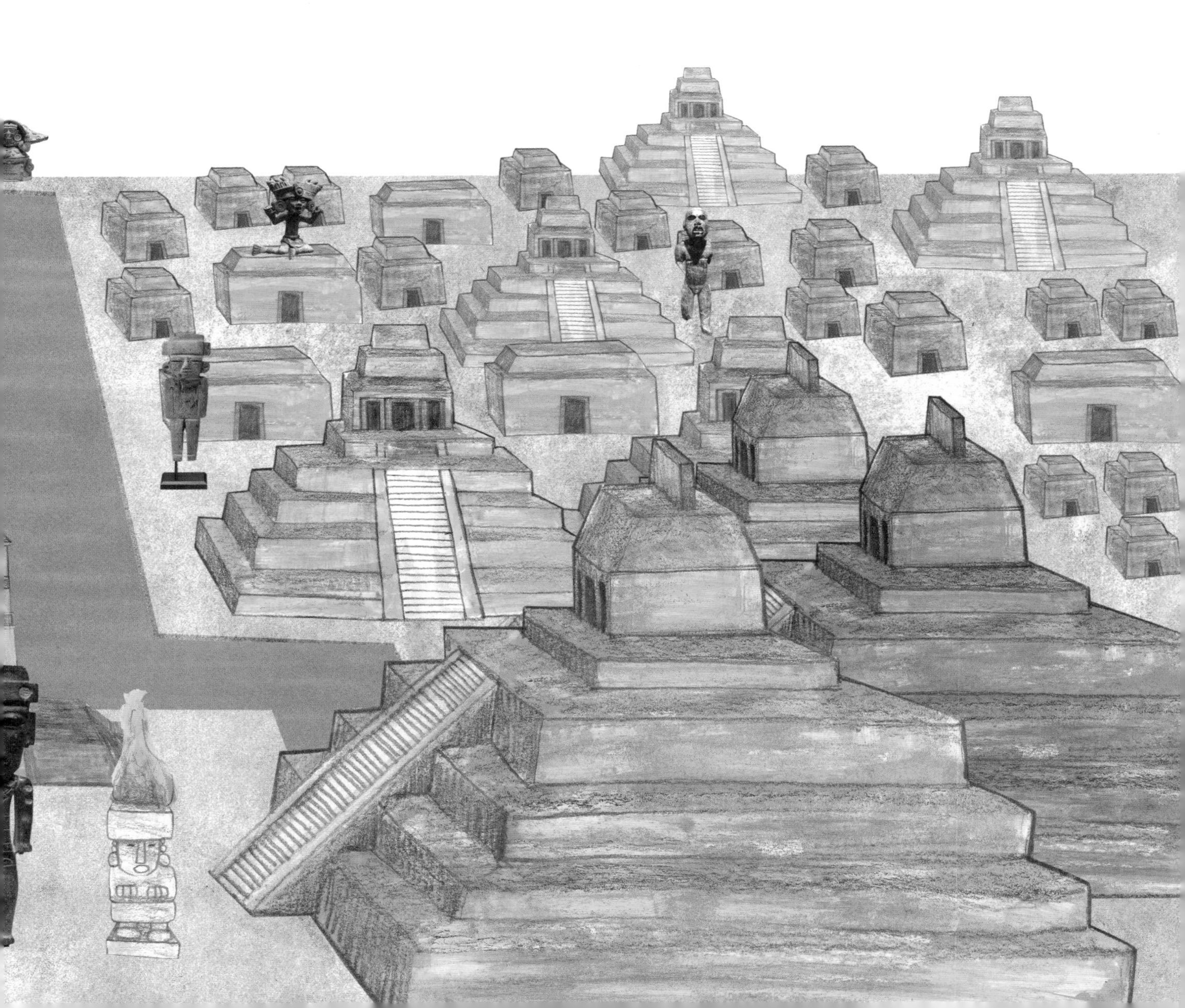

깃털 달린 뱀이 지배하는 곳

테오티우아칸 사람들은 자연 풍광에 영감을 받았습니다. '죽은 자의 거리'는 신성한 산 세로 고르도(Cerro Gordo)를 향해 직선으로 뻗어 있습니다. 태양의 피라미드와 달의 피라미드는 그 뒤에 있는 산비탈들과 닮았습니다. 도시를 설계한 사람들은 별과 행성의 위치에 따라 신성한 건축물들의 자리를 정했습니다. 초기의 고고학자들은 이 도시의 종교생활을 평화로운 사제들이 주관하는 점잖은 것이었으리라 상상했습니다. 하지만 최근의 발견에 따르면 테오티우아칸 사람들은 깃털 달린 뱀의 신전에서 인간 제물을 바쳤던 것으로 보입니다.

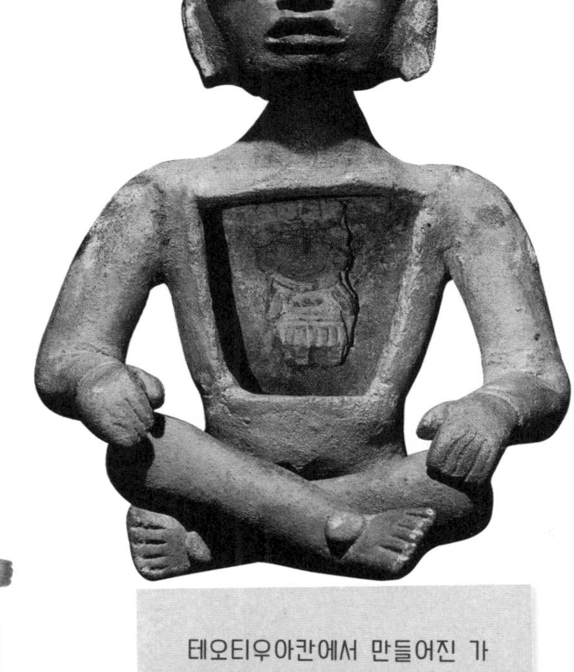

태양의 피라미드는 고대 아메리카 문명이 남긴 최대의 건축물 중 하나입니다. 본래는 회반죽을 바르고 붉게 채색했던 것으로 추측되며, 천연 동굴 위에 지어져 있습니다. 테오티우아칸 사람들은 바로 이곳에서 최초의 생명이 나왔다고 믿었습니다. 마치 아즈텍 사람들이 그들의 신 케찰코아틀이 생명을 창조했다고 믿었듯 말이지요.

〈태양의 피라미드〉, 200년경

테오티우아칸에서 만들어진 가장 매혹적인 미술작품들의 일부는 '기생 조상(host figure)'으로 분류됩니다. 조각상의 가슴 부분에 또 하나의 작은 조각상이 들어 있는 형태지요. 이런 조각상의 의미에 관해서는 전문가들도 의견이 엇갈립니다. 한 인간의 '영적 쌍둥이' 즉 육체 안의 영혼일 수도 있고, 어쩌면 수호신의 존재를 나타낼 수도 있지요.

〈테오티우아칸 조상〉, 1~750년

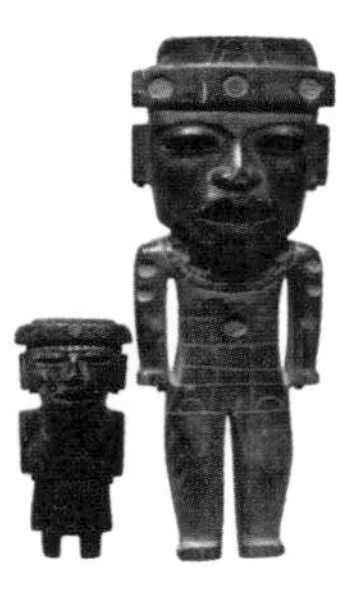

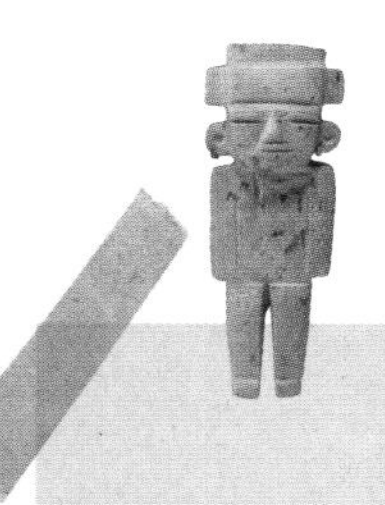

테오티우아칸에서 발견된 이 벽화의 주제는 폭풍의 신과 풍요의 여신입니다. 몇몇 고고학자들은 이 여신이 테오티우아칸의 종교에서 가장 중심적인 존재였다고 믿는답니다.

〈위대한 여신 벽화〉, 200년경

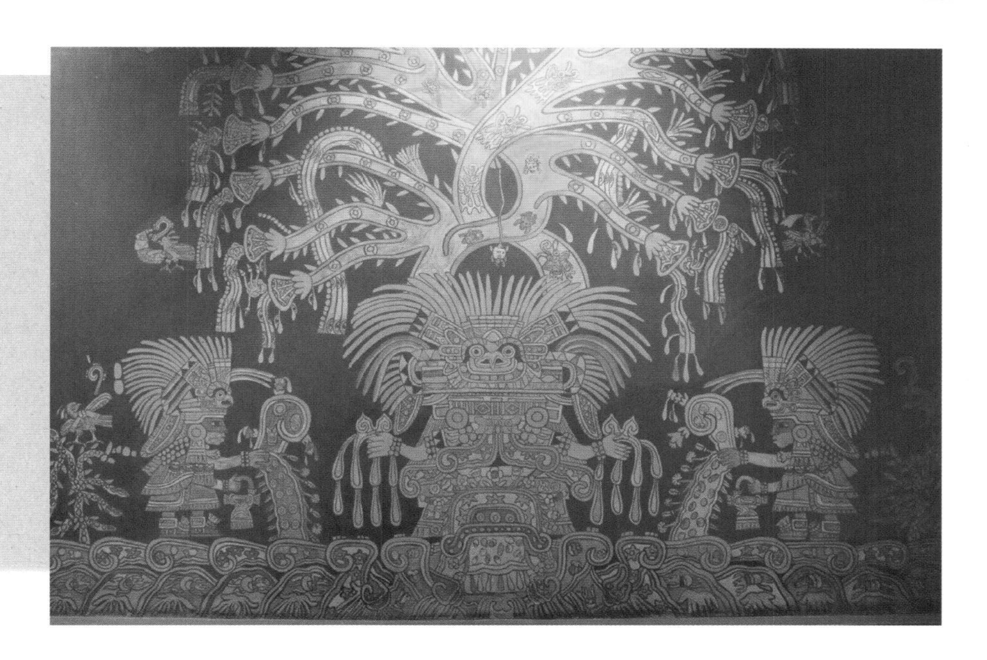

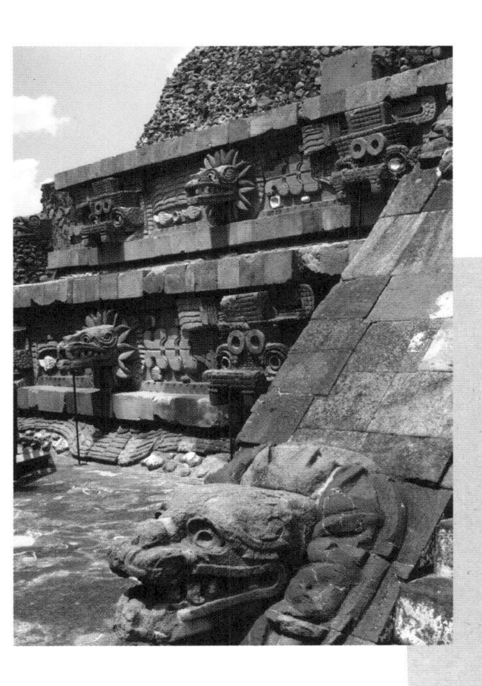

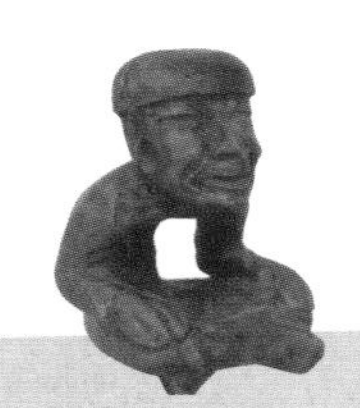

깃털 달린 뱀의 무시무시한 얼굴은 이 도시의 전사들에게 중요한 상징물이었습니다. 신전의 선반 형태 구조는 이후의 여러 문명에서 모방되었지요. 최근에 고고학자들은 신전 아래 수은이 고여 있는 것을 발견했습니다. 어쩌면 테오티우아칸 사람들은 이 은빛 액체 금속을 신비의 호수로 여겼을지도 모릅니다.

〈깃털 달린 뱀 신전의 석조 두상〉, 200년경

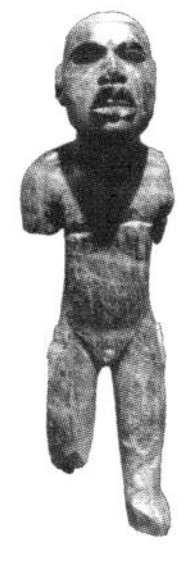

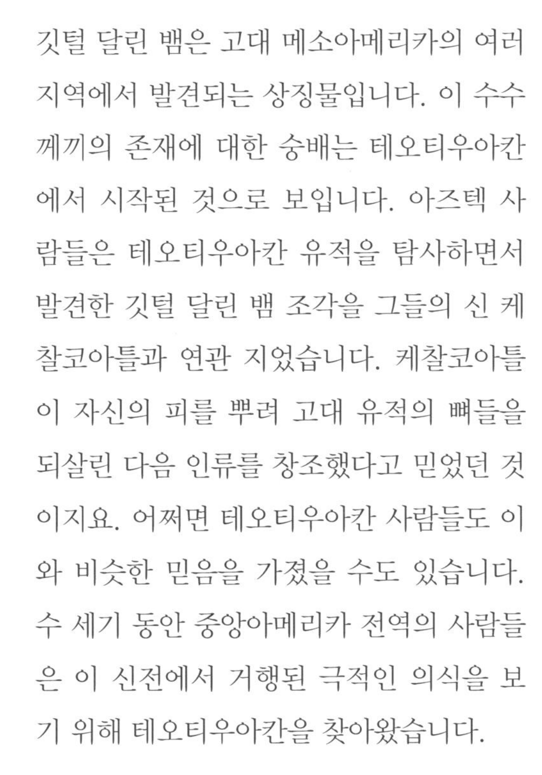

깃털 달린 뱀은 고대 메소아메리카의 여러 지역에서 발견되는 상징물입니다. 이 수수께끼의 존재에 대한 숭배는 테오티우아칸에서 시작된 것으로 보입니다. 아즈텍 사람들은 테오티우아칸 유적을 탐사하면서 발견한 깃털 달린 뱀 조각을 그들의 신 케찰코아틀과 연관 지었습니다. 케찰코아틀이 자신의 피를 뿌려 고대 유적의 뼈들을 되살린 다음 인류를 창조했다고 믿었던 것이지요. 어쩌면 테오티우아칸 사람들도 이와 비슷한 믿음을 가졌을 수도 있습니다. 수 세기 동안 중앙아메리카 전역의 사람들은 이 신전에서 거행된 극적인 의식을 보기 위해 테오티우아칸을 찾아왔습니다.

숲 속의 거대한 아잔타(500년)

정글 깊이 숨겨진 사원

19세기 초에 어느 영국 군인들이 인도 중부의 숲 속으로 호랑이 사냥을 떠났습니다. 그때 갑자기 그들의 눈앞에 말발굽처럼 강줄기를 에워싸며 구부러진 가파른 절벽이 나타났지요. 군인들은 바위 위로 우거진 덤불과 뿌리를 제거하며 나아간 끝에 우연히 고대의 동굴 수십 곳으로 이어지는 입구를 발견했습니다. 이곳은 바로 거대한 아잔타 석굴이었습니다. 바위벽을 파내서 만든 방과 사원들이 30여 개에 이르렀지요. 불교 승려들이 아잔타에서 살기 시작한 것은 기원전 2세기였다고 하는데, 그들은 인도에서 불교가 쇠락할 때까지 900년 넘게 이곳에 머물렀습니다. 아잔타의 전성기는 500년 무렵이었는데, 그 당시 고대 인도에서 강성했던 굽타 왕조의 수도 파탈리푸트라로 이어지는 교역로와 가까웠던 덕분이었지요.

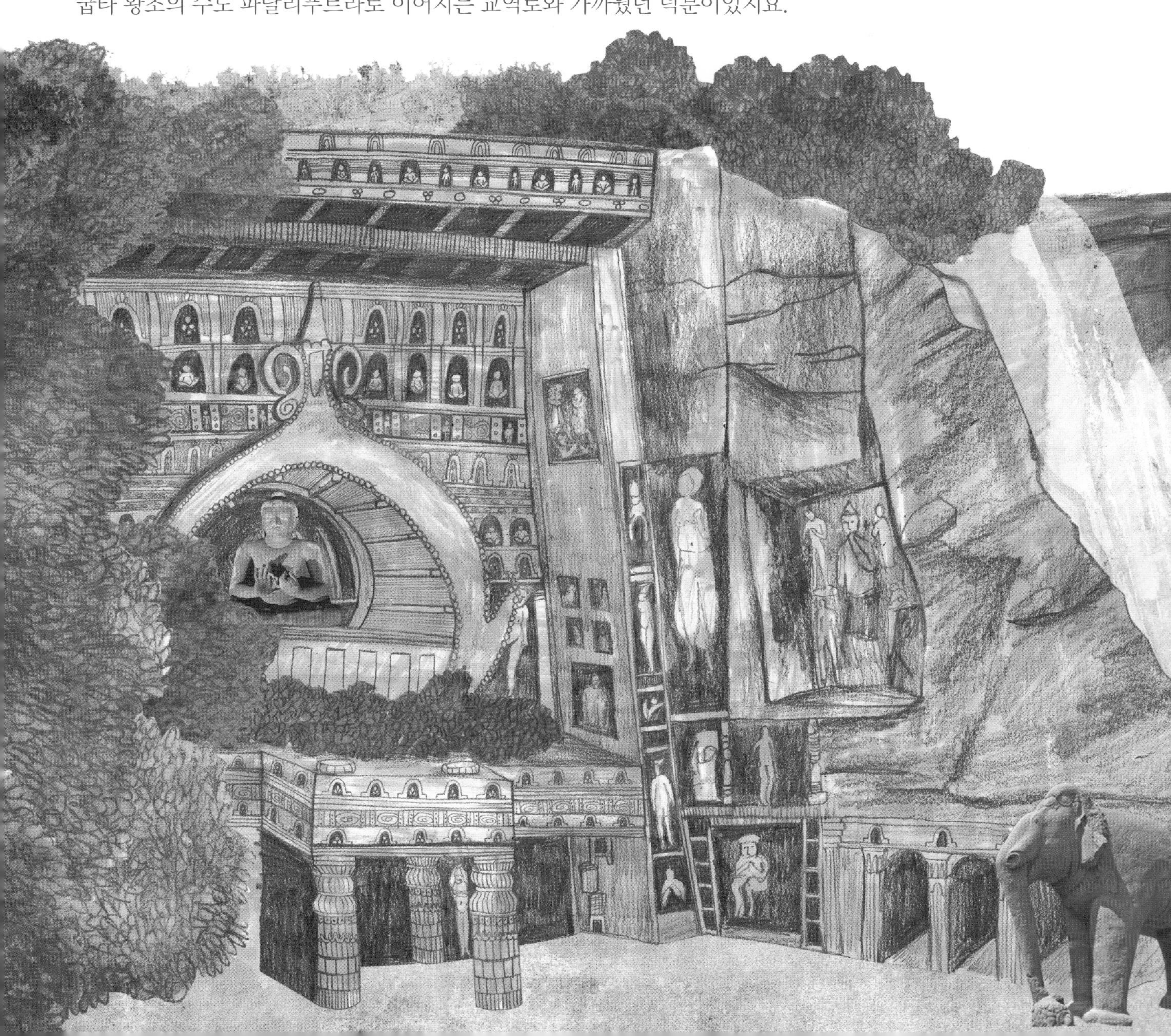

태풍이 오는 우기가 되면 승려들은 동굴 안에 머물며 명상하고 학문을 닦았습니다. 이 지역에 비가 어찌나 거세게 내렸는지 동굴 밖에는 18미터 높이의 폭포가 생겨났습니다. 다행히 동굴 벽화는 햇빛과 빗물로부터 안전했기에 지금까지 남게 되었지요. 동굴들 중 24곳은 승려들이 잠자는 기숙사였고, 5곳은 사원이었답니다.
〈아잔타 석굴〉, 인도, 500년

승려들은 근처 마을까지 걸어가서 주민들과 상인들을 만나곤 했습니다. 사람들은 승려들이 기도와 학문에 전념할 수 있도록 시주를 했지요. 아잔타에는 학문을 가르치는 교사도 있었고 배우는 학생도 있었습니다. 일부 학생들의 이름은 동굴 벽에 새겨져서 지금 우리에게도 알려져 있지요. 그들은 열심히 일하고 종교와 철학, 수학, 천문학 책을 읽었으며 돌 위에서 잠자는 등 소박하게 생활했답니다. 하지만 그들이 사는 곳은 놀라운 미술작품과 아름다운 자연 풍광으로 가득했지요. 아잔타 석굴에서는 인도에 남아 있는 가장 오래된 그림들, 그리고 인도 최고의 바위 조각과 건축을 볼 수 있습니다.

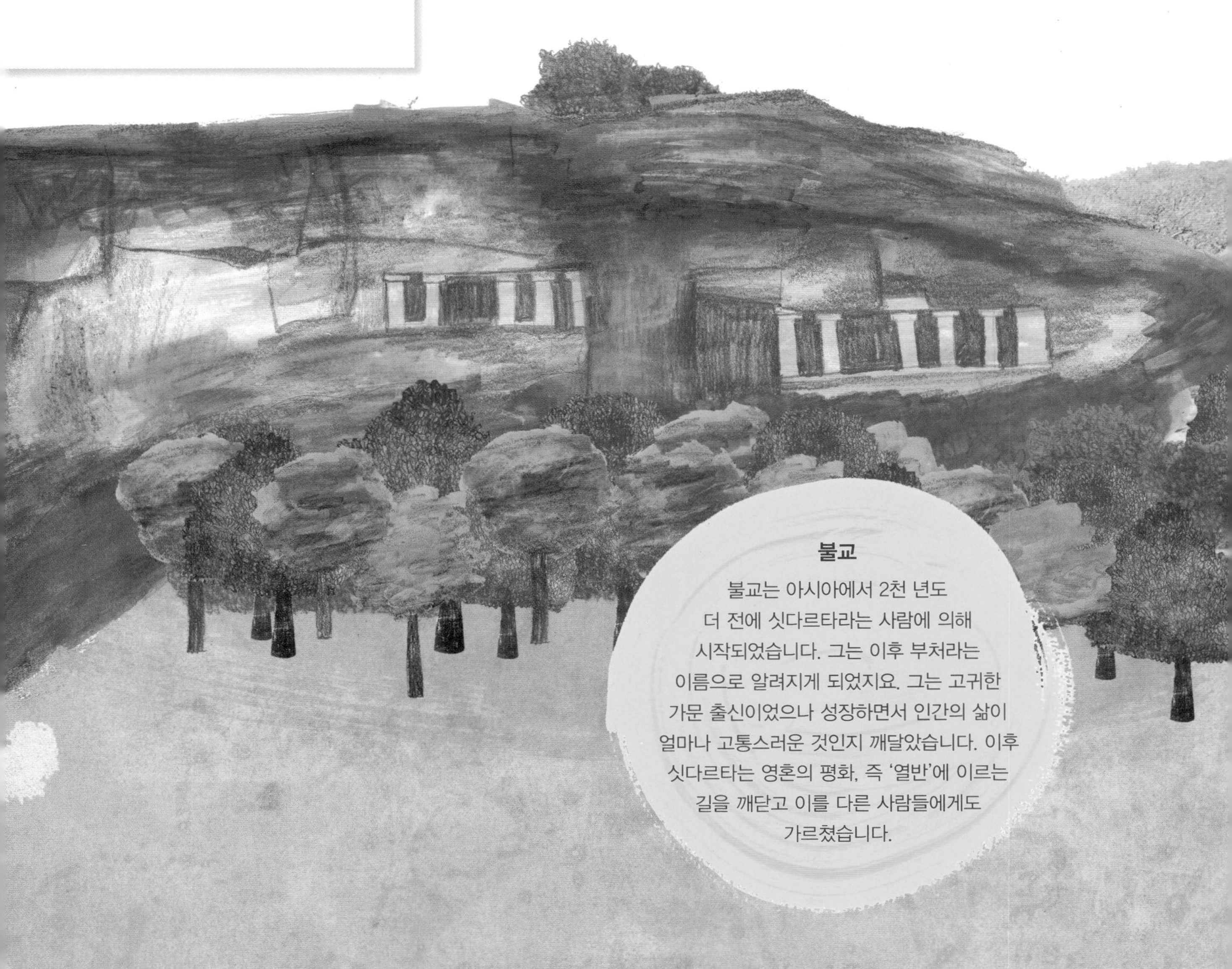

불교

불교는 아시아에서 2천 년도 더 전에 싯다르타라는 사람에 의해 시작되었습니다. 그는 이후 부처라는 이름으로 알려지게 되었지요. 그는 고귀한 가문 출신이었으나 성장하면서 인간의 삶이 얼마나 고통스러운 것인지 깨달았습니다. 이후 싯다르타는 영혼의 평화, 즉 '열반'에 이르는 길을 깨닫고 이를 다른 사람들에게도 가르쳤습니다.

바위 동굴 속의 불교 걸작품들

남아시아 전역의 예술가들이 아잔타 석굴의 미술을, 특히 그림들을 모방했습니다. 이곳에 있는 그림들 상당수는 동굴 속 깊은 곳에 그려져 불을 밝혀야만 볼 수 있었습니다. 아잔타의 화가들은 현대의 미술가들과 달리 작품에 서명을 남기지 않았습니다. 여러 미술가들이 각각의 동굴에서 공동 작업하며 다양한 기법과 양식으로 하나의 그림을 만들어냈습니다. 작업은 고되었으며 채색할 물감을 준비하는 데만도 여러 날이 걸렸습니다. 미술가들은 노란색과 붉은색 흙을 땅에서 파냈고, 검은색과 푸른색 물감을 만들기 위해 난로에서 검댕을 모으고 라피스라줄리(청금석)라는 푸른 보석을 캐냈답니다.

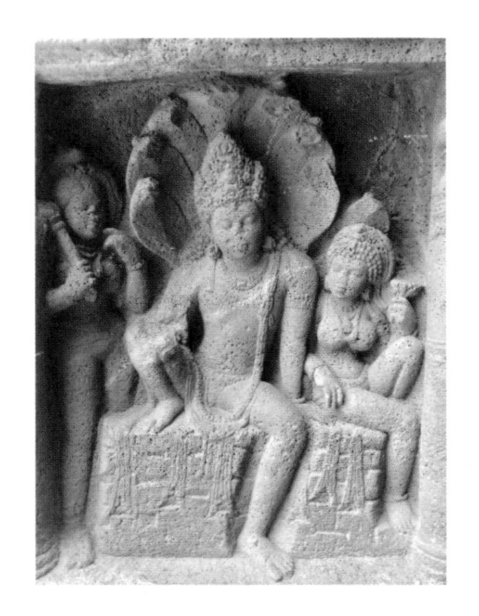

이 조각은 어찌나 입체적인지 마치 돌덩어리를 깎아 만든 것처럼 보입니다. 하지만 실은 바위벽을 안으로 파낸 것입니다. 아주 힘든 작업이었겠지요. 조각 뒤쪽으로 돌아가 작업할 수 없었기에, 조각가는 손이 잘 닿지 않는 부분에 이르면 옆으로 비스듬히 돌을 쪼아야 했습니다. 왕의 머리 위로 코브라 일곱 마리가 보이는군요. 왕과 여왕은 왕족에게만 허용된 느긋한 자세로 앉아 있습니다. 그 아래 계층 사람들은 절대로 이렇게 편히 앉아 있을 수 없었지요.

〈나가 왕과 여왕, 19번 동굴〉, 5세기 말

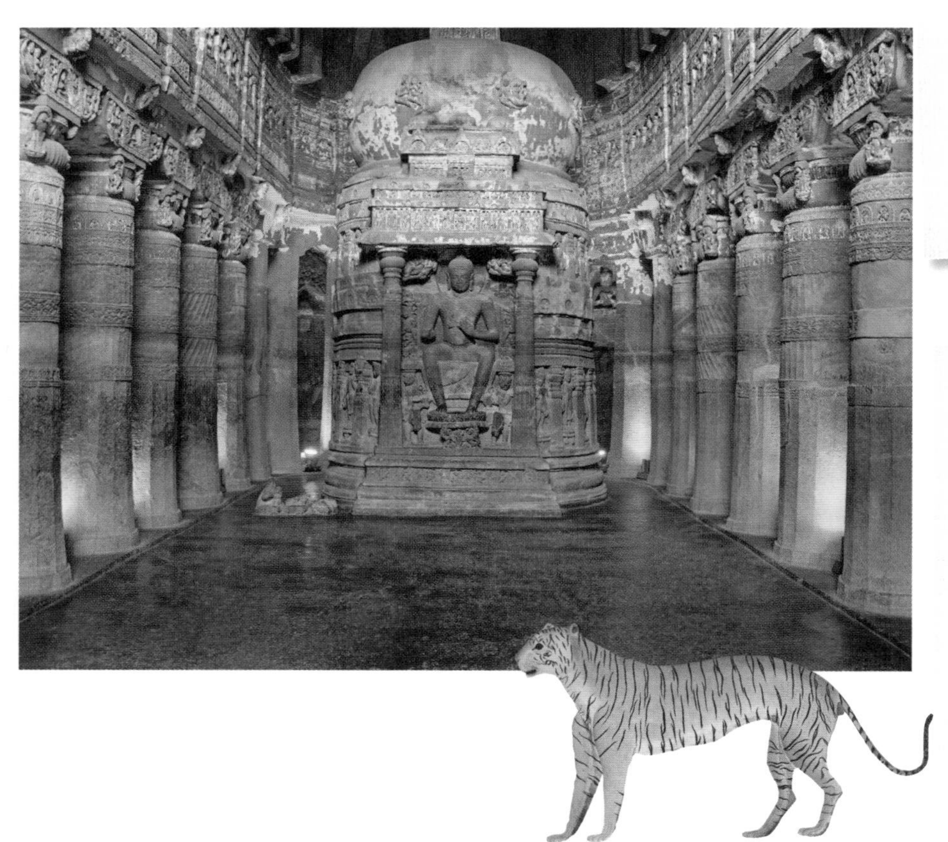

아잔타 석굴에서 가장 후기에 만들어졌고 가장 화려하게 장식된 기도실 중 하나입니다. 뒤쪽으로 불교의 성물들이 보관된 스투파라는 구조물이 있고 앞쪽으로는 부처의 부조가 보입니다. 부처는 종종 한 손을 쳐들고 축복을 내리거나 설법하는 모습으로 묘사됩니다.

〈기도실, 26번 동굴〉, 5세기 말

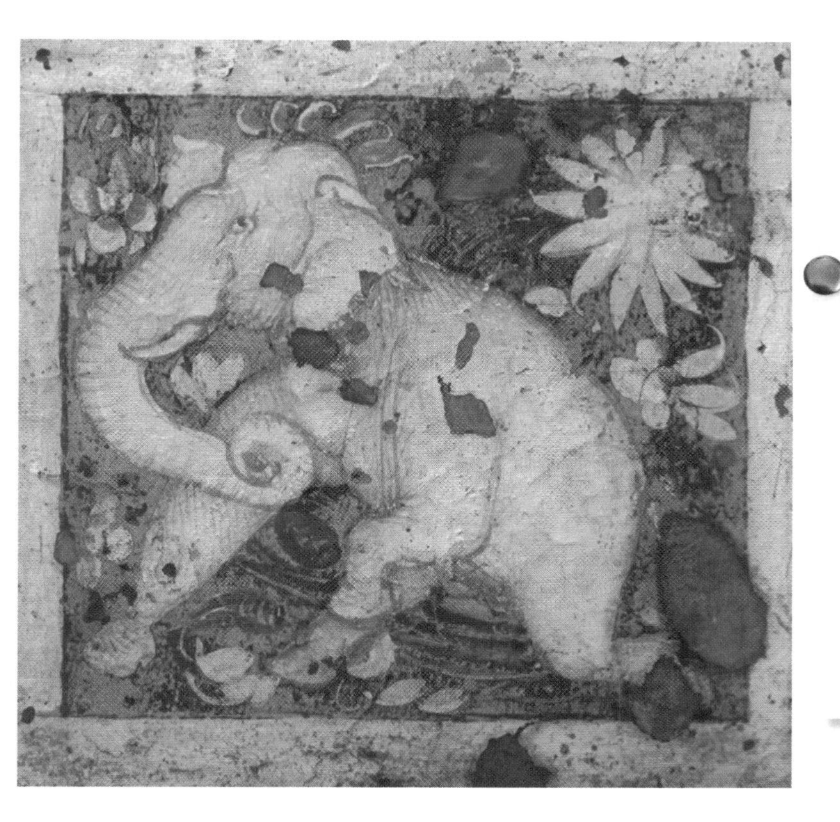

인도의 호수와 연못에 서식하는 연꽃은 불교도들에게 특별한 꽃입니다. 피어나는 연꽃은 열반을 상징하며, 따라서 아래 그림의 보살도 손가락 끝으로 연꽃을 잡고 있습니다. 흰 코끼리는 종종 부처와 연관되는 동물로, 이 그림 속에서는 연꽃 핀 연못에서 목욕한 후 물을 털어내고 있습니다.
〈천장화 세부, 1번 동굴〉, 5세기 말

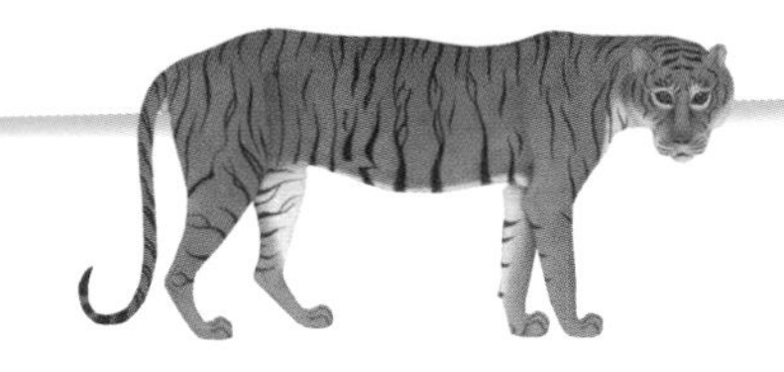

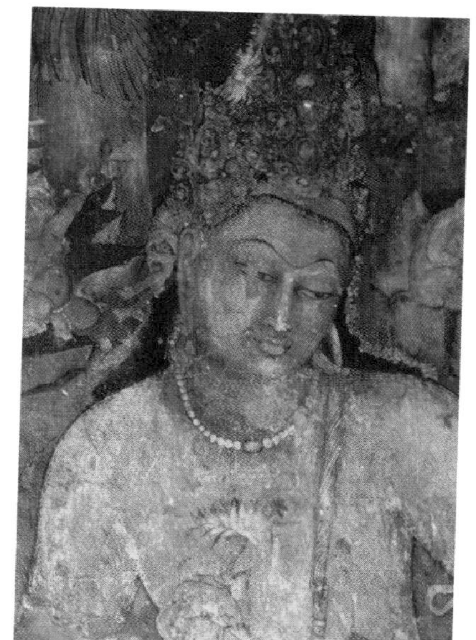

불교도들은 이번 삶에서의 행동이 다음 삶에 영향을 준다고 믿습니다. 어떻게 사는지에 따라 동물에서 신까지 온갖 존재로 환생하며 윤회하게 된다는 것입니다. 이 그림에 묘사된 보살은 윤회의 고리를 거의 깨고 열반에 가까워진 존재이지요.
〈연화수 보살, 1번 동굴〉, 5세기 말

아잔타 이전에도 승려들은 동굴 벽화를 그렸지만, 그리기 전 벽면에 점토와 회반죽을 칠한 뒤 돌가루와 풀을 발라야 했습니다. 하지만 그들의 노고는 그만한 가치가 있었지요. 세부 묘사와 명암 처리가 놀랍도록 섬세한 덕에 그림 속 인간과 동물의 얼굴들은 살아 있는 것처럼 보입니다. 벽화 속에서 부처가 자신의 여러 전생들에 관해 이야기하며 제자들을 가르치는 모습을 종종 볼 수 있습니다. 부처는 미술이 사람들을 현혹하여 자신의 메시지에 집중하지 못하게 만들까 봐 우려했습니다. 하지만 부처의 제자들 일부는 그의 메시지가 아름다운 미술 작품으로 만들어질 가치가 있다고 믿었습니다. 미술은 때로는 글보다 더욱 효과적으로 메시지를 전달할 수 있으니까요.

치열한 성지, 예루살렘(700년경)

누구의 땅인가?

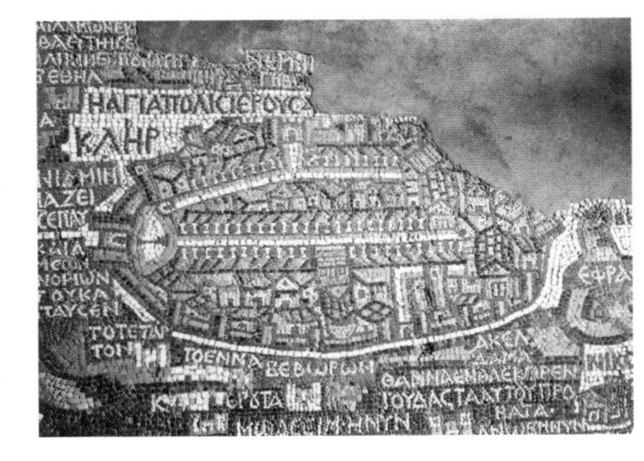

예루살렘만큼 치열하게 뺏고 빼앗긴 도시도 드물 것입니다. 유대인과 기독교인, 무슬림들은 각각 자기들에게 가장 중요한 역사적 사건이 이 도시에서 일어났다고(혹은 일어날 것이라고) 주장합니다. 최초의 유대교 성전은 3천 년 전 예루살렘에 세워졌습니다. 유대인들에게는 세계에서 가장 거룩한 장소지요. 천 년 뒤 헤롯 왕이 같은 자리에 더욱 장엄한 성전을 지었지만 이곳도 훗날 파괴되었습니다. 유대교 성전에서 남은 것이라곤 서쪽 벽면뿐인데, 유대인들은 지금도 이곳에서 옛 성전을 기억하며 기도합니다. 한편 기독교인들은 예수가 자신을 희생해 인간들을 구원했기 때문에 형식적인 건물뿐인 유대교의 성지는 더 이상 의미가 없다고 여겨서 성전산(Temple Mount)을 정복한 뒤 쓰레기장으로 방치하였지요.

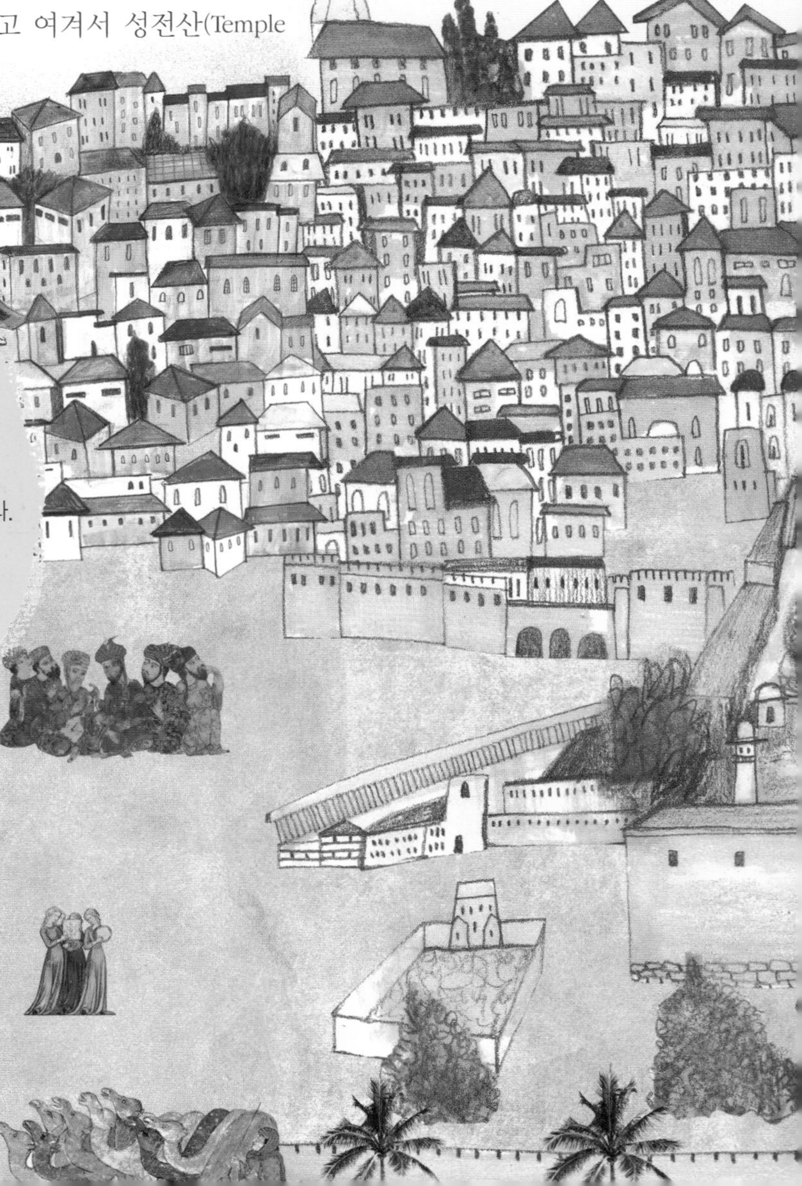

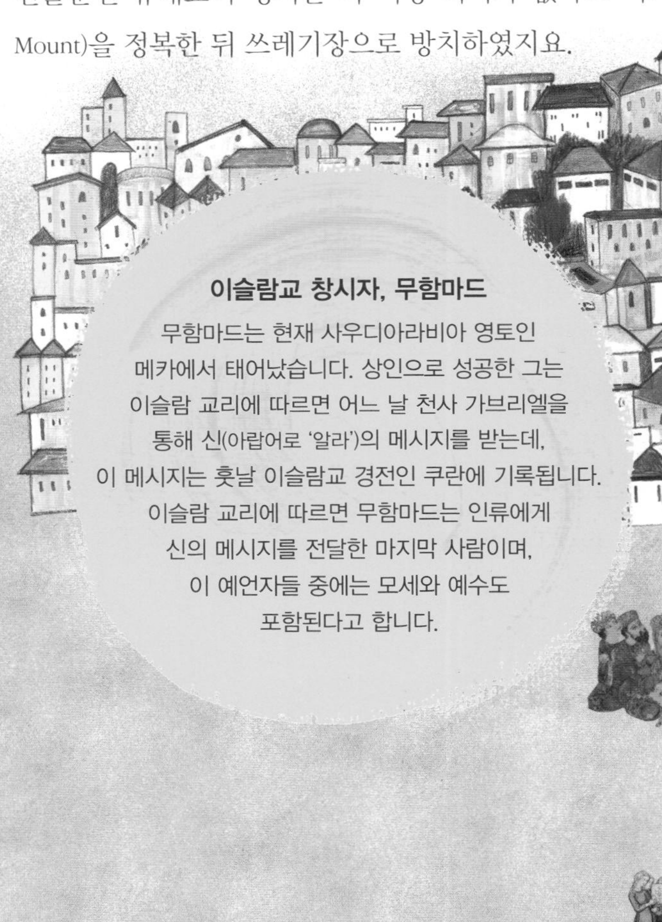

이슬람교 창시자, 무함마드

무함마드는 현재 사우디아라비아 영토인 메카에서 태어났습니다. 상인으로 성공한 그는 이슬람 교리에 따르면 어느 날 천사 가브리엘을 통해 신(아랍어로 '알라')의 메시지를 받는데, 이 메시지는 훗날 이슬람교 경전인 쿠란에 기록됩니다. 이슬람 교리에 따르면 무함마드는 인류에게 신의 메시지를 전달한 마지막 사람이며, 이 예언자들 중에는 모세와 예수도 포함된다고 합니다.

왼쪽 그림은 비잔틴 교회 바닥의 모자이크로, 현존하는 가장 오래된 중동 지도입니다. 아래에 그려진 부분은 예루살렘을 나타내는데, 그리스어 설명이 붙어 있고 가운데에는 성묘 교회의 황금 돔이 보이지요. 이 지도의 놀랍도록 정확한 묘사 덕에 고고학자들은 주요 유적들의 위치를 한눈에 파악할 수 있었답니다.

〈마다바 지도〉 세부, 요르단 마다바의 성 조지 교회, 6세기 중반

기독교인들은 성전산 가까이에 성묘 교회(Holy Sepulchre)를 지었습니다. 예수가 태어났고 이후 부활했다고 여겨진 자리였지요. 638년에 예루살렘은 무슬림들의 손에 들어갔습니다. 그들의 우두머리는 성묘 교회에 참배한 뒤 성전산으로 가서 쓰레기장을 치우도록 명령한 후, 이 자리에 무슬림 최초의 주요 기념물인 '바위의 돔'을 짓게 했습니다. 유대교 사원이나 기독교의 성묘 교회보다도 더욱 장엄한 건물이었지요.

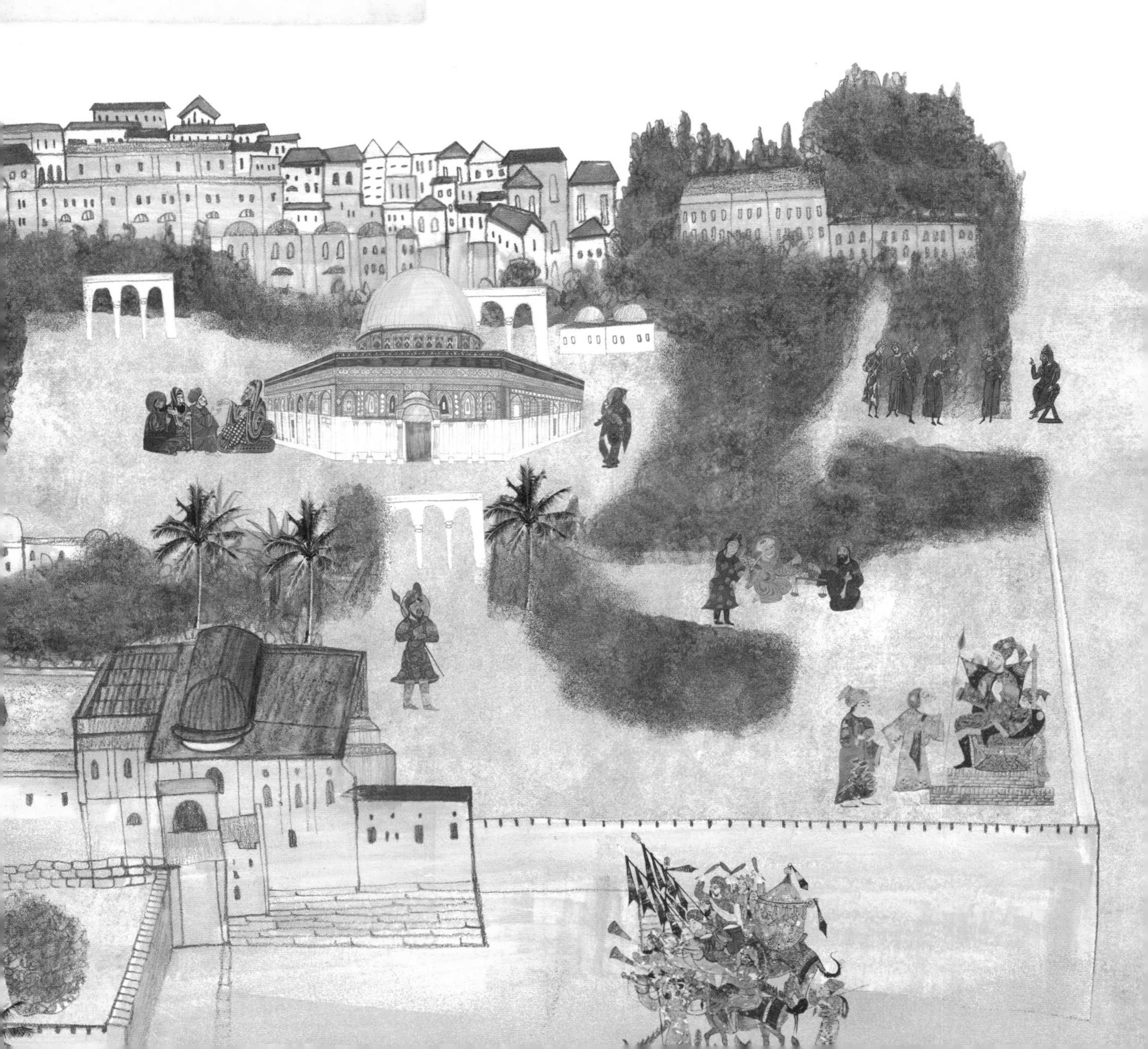

신의 모습이 없는 종교 미술

아라비아 반도에서 온 무슬림 군대는 700년 무렵 중동과 북아프리카를 지나 남유럽 일부를 점령하기에 이르렀습니다. 무함마드의 죽음으로 이들의 승리는 70년도 채 못 되어 막을 내렸지만, 이 기간에 무슬림들은 갑자기 여러 다른 문화권의 미술을 접하고 그 영향을 받게 되지요. 무함마드는 미술에 관해 언급하지 않았기 때문에, 초기의 무슬림들은 이슬람교 미술의 방향을 직접 결정해야 했습니다. 그들은 특히 예루살렘 성묘 교회의 돔 지붕을 비롯한 비잔틴 건축에 깊은 인상을 받았기 때문에 예루살렘을 정복한 뒤 비슷한 형태로 '바위의 돔'을 만들어 그 내부를 섬세한 모자이크로 장식했습니다.

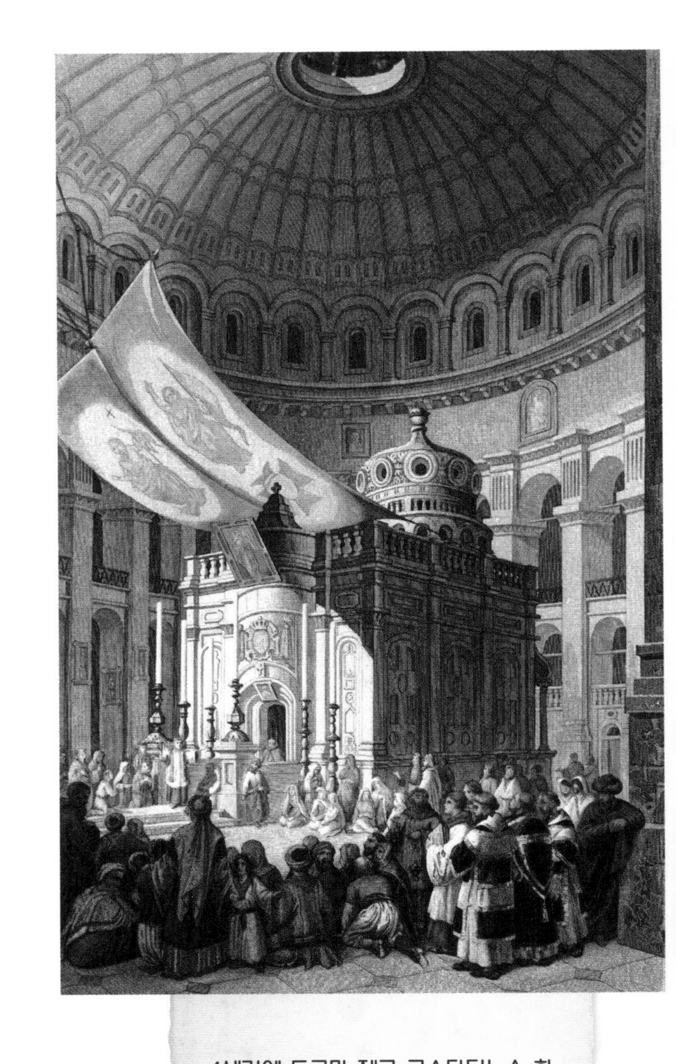

4세기에 동로마 제국 콘스탄티누스 황제의 모후 헬레나가 예루살렘을 방문했습니다. 그녀는 자신이 예루살렘에서 예수가 못 박혔던 십자가와 예수가 묻혔던 무덤을 발견했다고 말했어요. 오늘날 성묘 교회 안에는 이 무덤 자리를 에워싸고 성소가 지어져 있답니다.

〈성묘 교회 내부〉, 4세기 건축

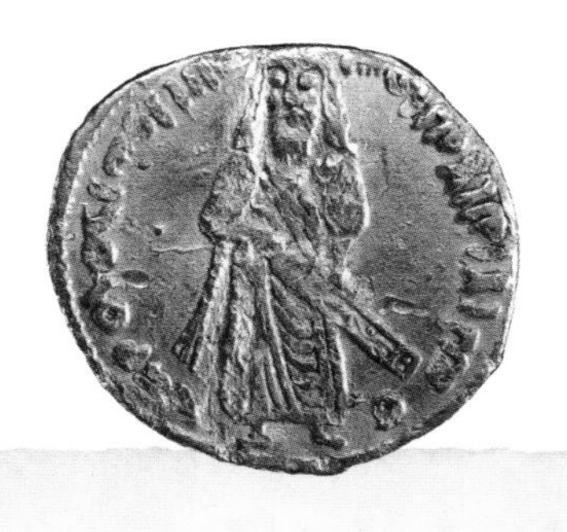

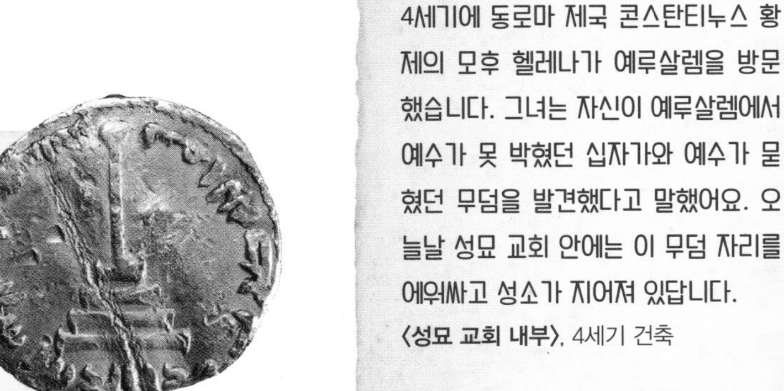

무슬림 군대는 기독교 문화권을 점령하면 그곳의 도상을 자기들의 신앙에 맞게 바꾸었습니다. 기독교도들의 주화에 황제 대신 무슬림 통치자인 칼리프 아브드 알말리크(위쪽 사진)가 새겨졌지요. 주화 뒷면에는 기독교의 십자가 대신 기둥이 새겨졌고요. 이후에 칼리프는 일체의 도상을 없애고 그 대신 쿠란의 인용문을 넣었습니다.

〈디나르 금화〉, 695~96년

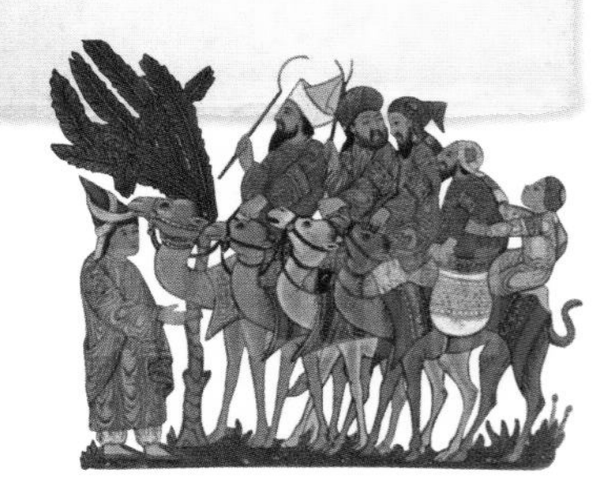

'바위의 돔'을 지은 건축가들은 단순히 기독교 미술을 모방하지 않았고 이슬람교 신앙에 적합한 도상들을 꼼꼼히 골라냈지요. 무함마드는 알라 외에 어떤 사람이나 물건도 숭배하지 말라고 경고했기에, '바위의 돔'을 장식한 미술가들 역시 혼란이 생기지 않도록 인간이나 동물의 도상은 피했습니다. 다른 시대와 지역의 무슬림들은 이와 조금 다른 그들 나름의 미술 법칙을 만들기도 했지만, 한 가지만은 모두 의견이 일치했습니다. 바로 신의 모습을 묘사해서는 안 된다는 점이지요.

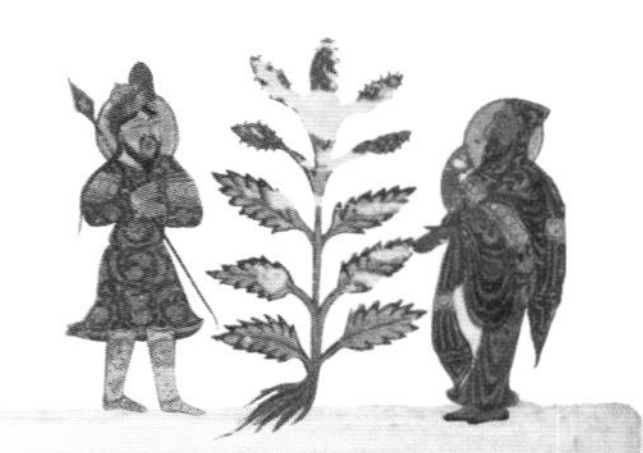

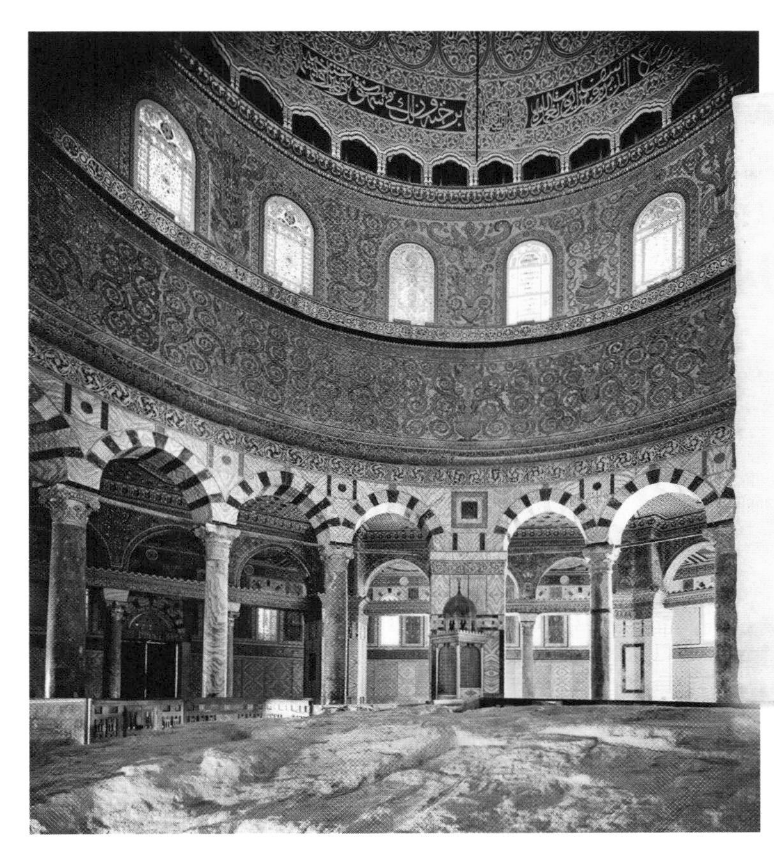

'바위의 돔'은 암반 위에 지어졌습니다. 유대교와 이슬람교에 따르면 이 암반은 세계 창조가 시작된 곳이라고 합니다. 또한 무슬림들은 이곳이 무함마드가 한밤중 승천하여 아브라함과 모세, 예수를 만나고 왔던 여행의 출발 지점이었다고 믿습니다. 암반에 무함마드의 발자국이 남아 있다는 것이지요.
〈바위의 돔〉, 691년 완공

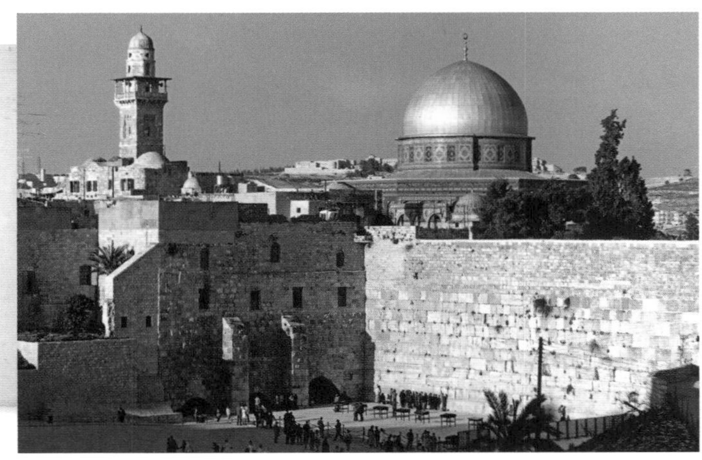

돔 지붕은 오랜 세월 납이 씌워져 있다가 1960년대에 처음 지어졌을 때처럼 금으로 복원되었습니다. 이곳의 벽은 12세기 터키에서 만든 아름다운 푸른색 타일로 덮여 있는 것으로 유명합니다. 이곳은 기독교 십자군에 점령당한 뒤 얼마 동안 교회로 개조되기도 했지요.
〈바위의 돔〉, 691년 완공

바이킹의 무역항, 헤데비(900년)

바이킹의 요새

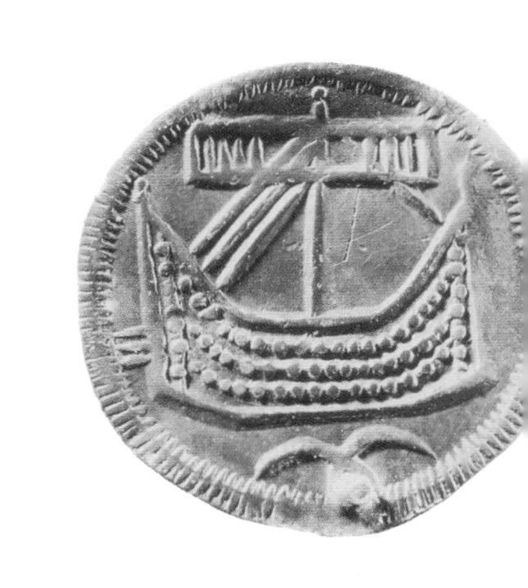

바이킹이란 북해 연안에 살았던 전사 민족의 명칭입니다. 옛 스칸디나비아어 비킹그(vikingr)에서 온 말이지요. 이 북유럽 사람들은 8세기부터 11세기까지 바다를 지배했습니다. 덴마크, 스웨덴, 노르웨이를 넘어 종종 영국과 아일랜드까지도 습격했지요. 아이슬란드와 그린란드에 정착지를 만들었고, 심지어 크리스토퍼 콜럼버스보다 5세기 먼저 북미 대륙에도 갔답니다!
바이킹들은 먼 나라들로 대담한 원정을 떠났던 것으로 유명하지만, 그들의 고향 땅에도 번성한 마을들이 있었습니다.

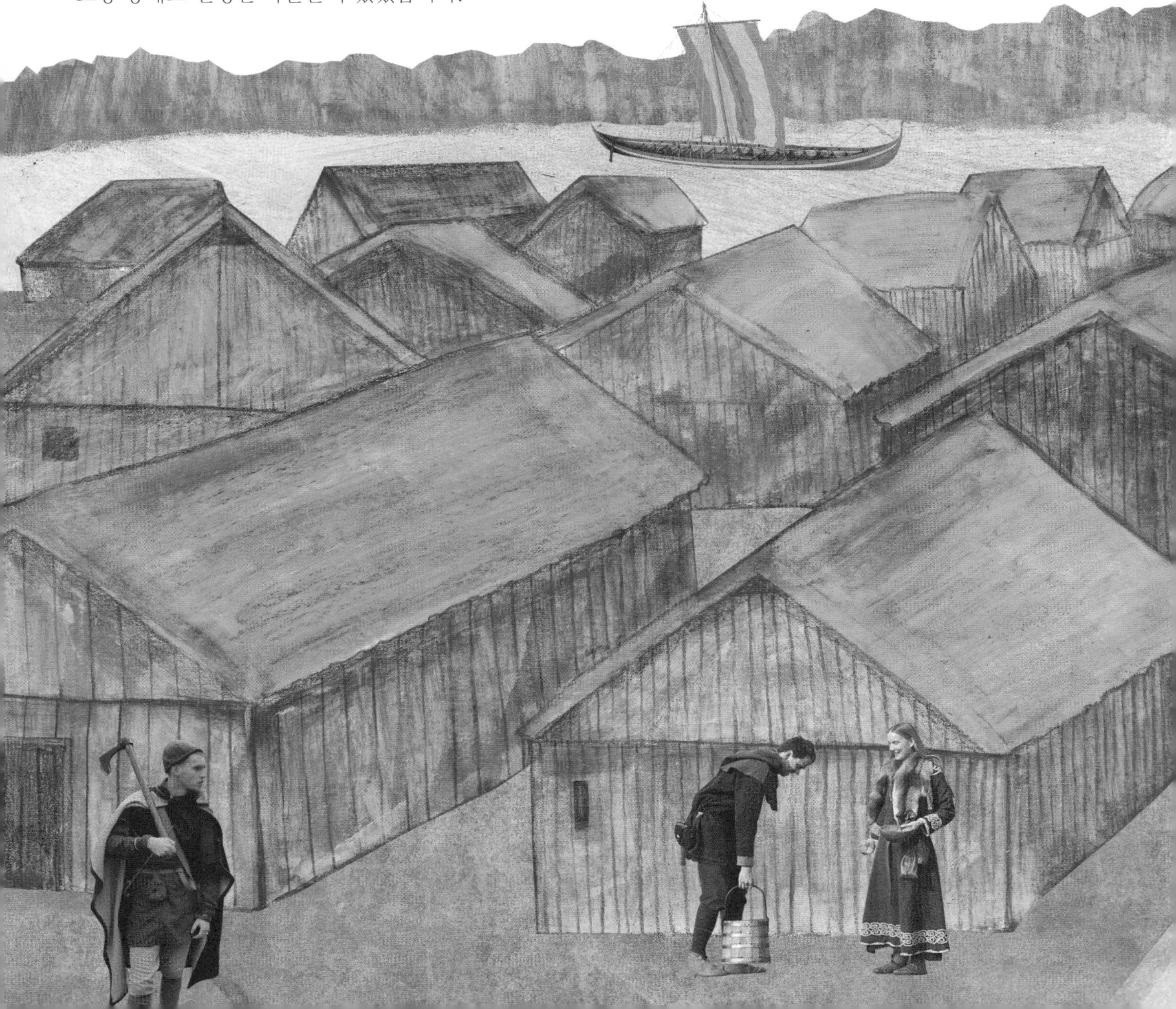

헤데비는 바이킹 영토에서 최초로 고유의 주화를 만든 곳이었습니다. 이 주화들은 화폐일 뿐만 아니라 미술작품이기도 했지요. 스웨덴의 바이킹 무덤에서는 헤데비 주화를 꿰어 만든 목걸이들이 발견되었어요. 이 은화에 그려진 배는 전형적인 바이킹 범선으로, 바다와 강을 모두 다닐 수 있어 남쪽으로 진출하기에 편리했답니다.

<헤데비에서 주조된 은화>, 10세기

덴마크의 고트프리트 왕은 헤데비를 바이킹의 요새로 만들었지요. 헤데비는 현재 독일 땅인 유틀란트 반도에 있습니다. 두 바다 사이에 위치한 덕에 완벽한 무역항이 되었지요. 장인들은 유리를 불고, 양털로 실을 자았으며, 좁고 긴 범선을 제작했습니다. 헤데비 여성들은 당시 세계 어느 곳의 여성들보다도 독립적으로 살았습니다. 부동산을 소유했고 남편과 이혼할 수도 있었지요. 일부 여성들은 마법사로 크게 존경받았고 남성들은 그들의 조언을 들으러 오곤 했습니다. 바이킹의 폭력적인 악명은 그들 역사의 일부분에 불과하답니다.

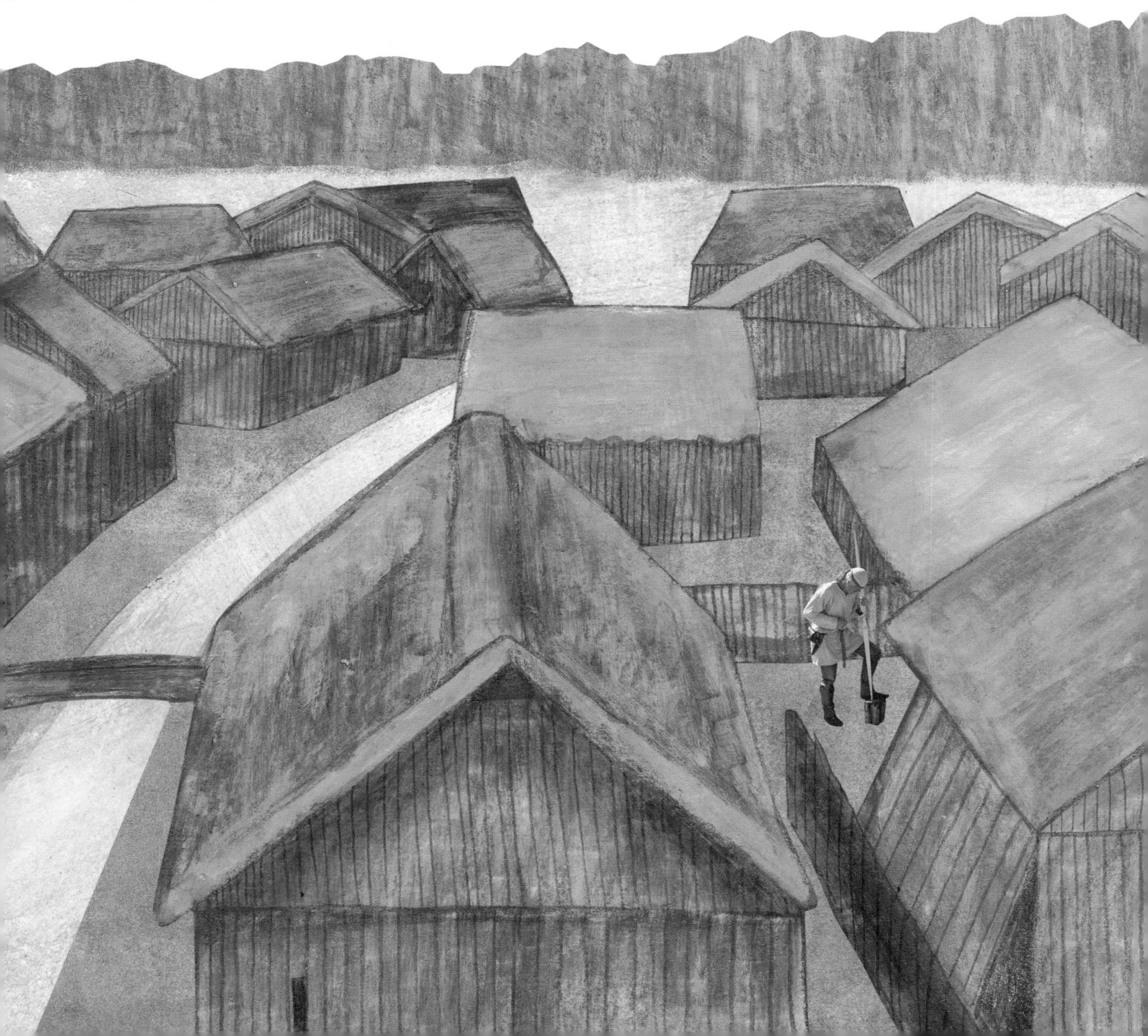

바이킹들의 흔적을 찾아서

바이킹의 유물을 찾기란 쉽지 않은 일입니다. 그들의 훌륭한 공예품 상당수는 나무로 만들어져서 오래전에 썩어 없어졌지요. 다행히도 고고학자들은 헤데비에서 꽤 많은 유물을 발견할 수 있었습니다. 그중에는 항구의 진흙 바닥 속에 묻혀 있던 대형 선박의 잔해도 있었지요. 또 다른 주요 유물들은 저장된 보물 속에서 발견되었습니다. 귀금속으로 만든 이 보물들은 당시 사람들이 안전히 보관하려고 땅속에 묻었지만 다시 파내지 못한 것들입니다. 소유자들이 보관 장소를 잊어버렸거나 미처 파내기 전에 사고를 당했던 것이겠지요. 오늘날에도 사람들은 여전히 금속 탐지기를 들고 다니며 땅속의 보물을 찾고 있답니다.

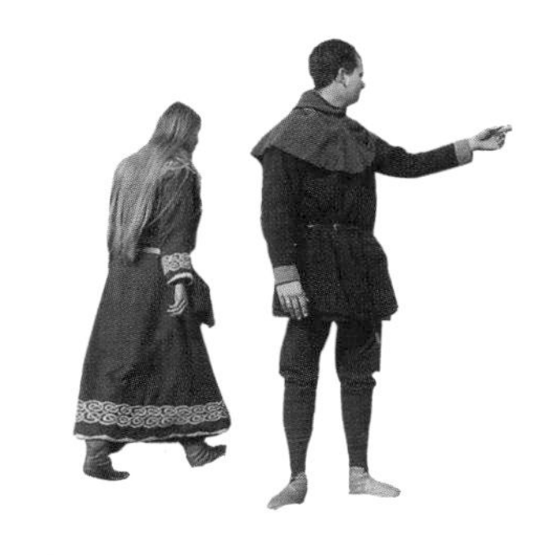

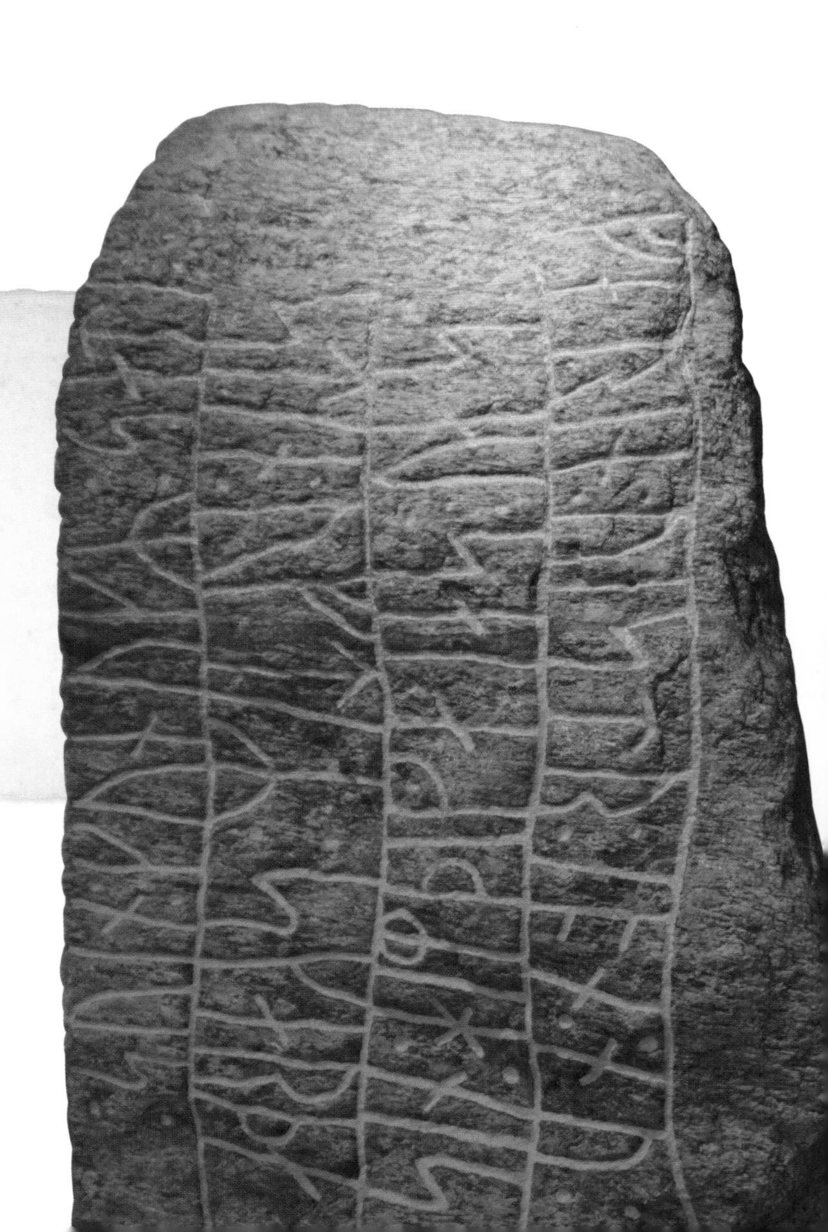

이 화강암 기념비에는 고대의 룬 문자가 새겨져 있습니다. 삐죽삐죽한 형태가 마치 화살표나 갈지자처럼 보이는 룬 문자는 나무나 돌, 뼈에 메시지를 새기는 데 주로 사용했지요. 여기 새겨진 메시지는 다음과 같습니다. '스벤 왕이 스카르티를 기념하여 이 돌을 세웠다. 왕의 충실한 신하였던 그는 서쪽으로 떠났으나 헤데비 근처에서 죽음을 맞이했도다.'

〈스카르티 룬 문자석〉, 982년경

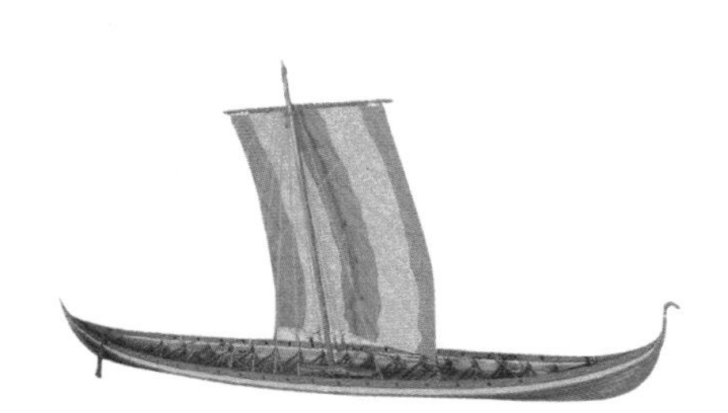

바이킹 미술은 장식적이면서도 실용적입니다. 현존하는 금속 공예품들은 바이킹 장인들이 물건의 표면 전체에 장식을 새기곤 했음을 보여줍니다. 동물들이 리본처럼 엮이고 꼬이거나, 긴 발톱으로 서로 움켜잡고 있는 복잡한 문양도 종종 눈에 띕니다. 바이킹 미술가들은 사람을 묘사할 때면 종종 신화 내용에서 영감을 얻었습니다. 하지만 바이킹들이 기독교로 개종하면서 북유럽 신화의 많은 부분이 잊혀졌습니다. 지금까지 전해지는 일화들 중 하나는 최고신 오딘이 싸우다 죽은 전사들을 발할라 궁전에서 맞아준다는 것입니다. 죽은 전사들은 함께 모여 언젠가 일어날 신화적 전투이자 세상의 종말이 될 라그나로크를 준비한다고 하지요. 바이킹 시대는 오래전에 끝났지만, 이 전사들은 미술작품을 통해 살아남았답니다.

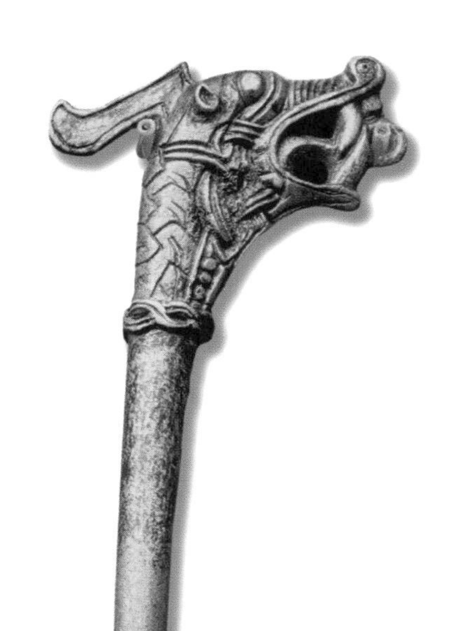

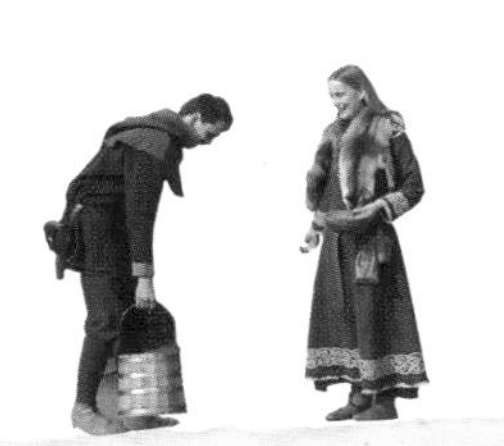

이 조그만 핀의 복잡한 세부 문양은 바이킹 예술가의 솜씨를 잘 보여줍니다. 용은 바이킹들이 애용한 도상입니다. 바이킹 문화에서 용이 얼마나 중요한 상징이었는지는 900년 뒤 근대 스칸디나비아 예술가들이 고대 문양에서 영감을 얻어 만든 양식을 드라게슈틸(dragestil, 용 스타일)이라고 불렀던 것만 봐도 알 수 있지요.
〈용머리가 새겨진 금속 핀〉, 950~1000년경

이 칼자루 장식은 바이킹 미술에서 흔히 볼 수 있는 무늬와 형태가 연결되고 맞물려 있습니다. 바이킹이 정복하고 정착한 지역마다 이런 문양들이 전파되었답니다.
〈칼자루〉, 9세기

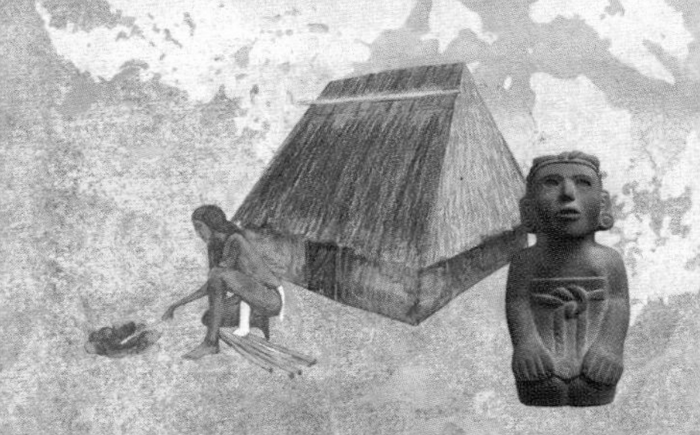

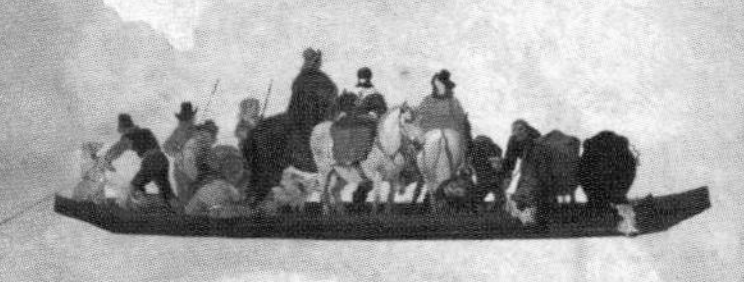

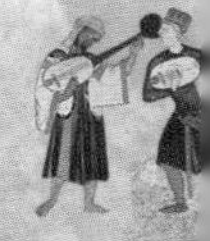

카호키아
(1100년)

북대서양

북태평양

팀북투

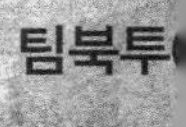

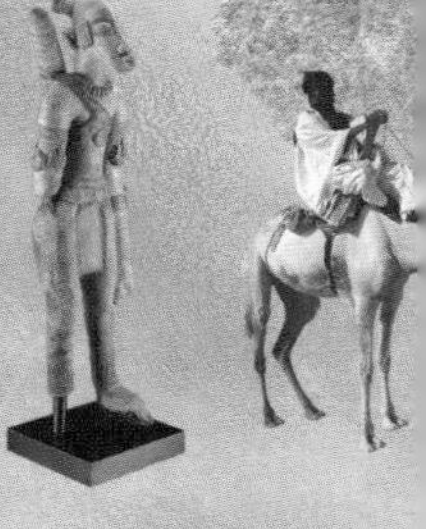

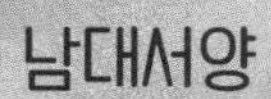

남태평양

남대서양

중세와 근세 미술의 찬란한 업적

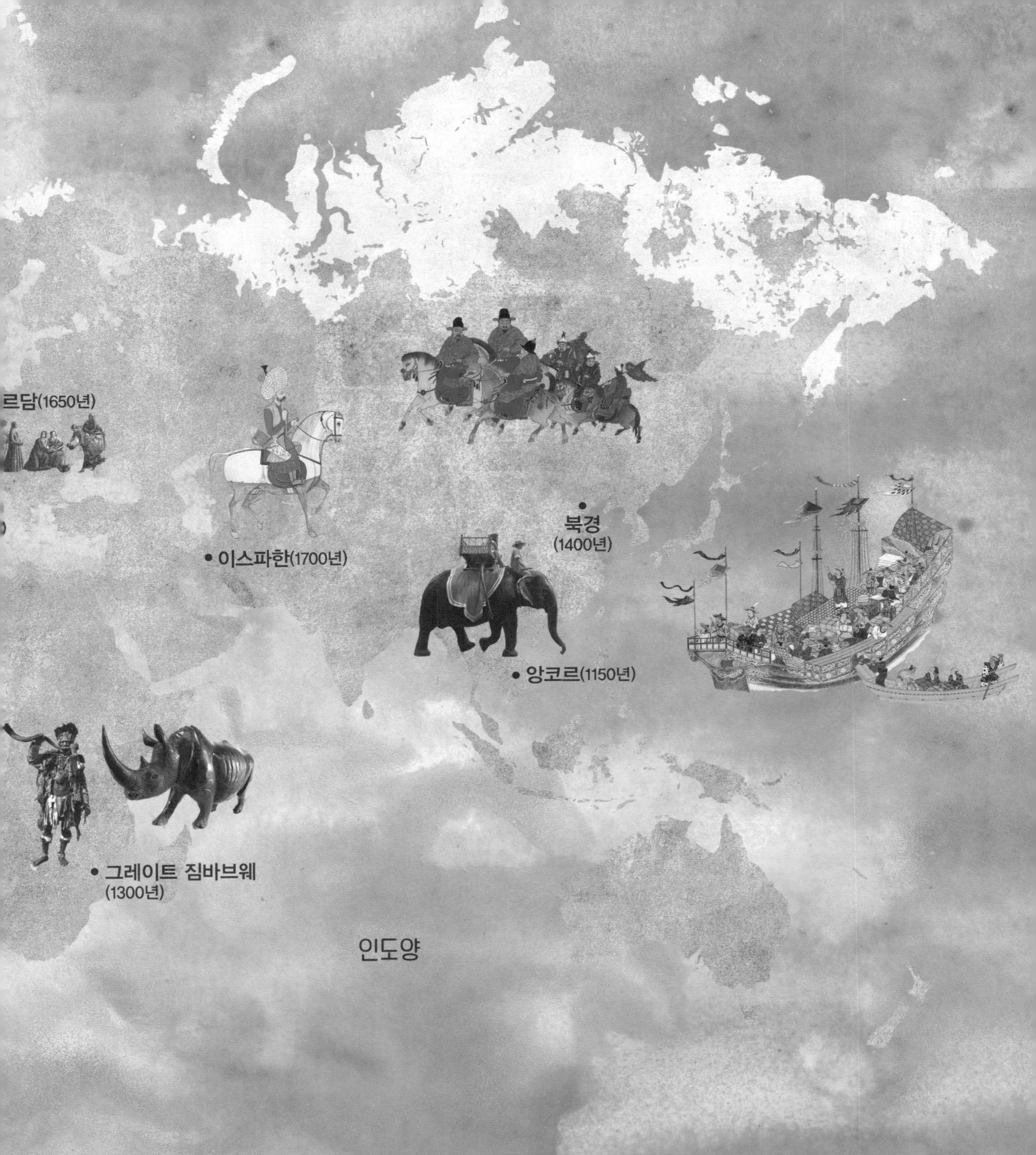
르담(1650년)
• 이스파한(1700년)
북경
(1400년)
• 앙코르(1150년)
• 그레이트 짐바브웨
(1300년)
인도양
남극해

부유한 도시, 카호키아(1100년)

아메리카 원주민 문명 최대의 도시

'신세계'에 도착한 유럽인들은 이곳에서 만난 사람들을 원시인이나 야만인이라고 불렀습니다. 하지만 사실 아메리카 대륙에는 그보다 수천 년 전부터 수백만 명에 이르는 다양한 부족들이 살아가고 있었습니다. 일부 도시들은 그보다 훨씬 오래전에 전성기를 지났기에 그 후손인 원주민들에게도 잊힌 상태였지요. 우리는 고대 도시 카호키아에 관해 오직 고고학 유적을 통해서만 알고 있지만, 지금껏 알게 된 것들만 해도 충분히 놀랍습니다. 이 도시는 미시시피 강과 미주리 강, 일리노이 강이 만나는 지점 가까이 있었습니다. 카호키아 사람들은 비옥한 땅에 옥수수를 재배했지요. 인구가 많았지만 수확량이 풍부해서 이들 모두에게 다 식량을 공급할 수 있었습니다. 카호키아는 멕시코 북부 최대의 도시로 성장했습니다. 전성기의 도시 인구는 2만 명으로 당시의 런던과 같은 규모였지요.

이 도시의 당시 이름이 무엇이었는지 우리는 모릅니다. 카호키아는 이후 프랑스인들이 이곳을 식민지로 삼았을 때 살고 있던 부족 이름이지요. 도시 중심의 거대한 언덕은 '몽크스 마운드(Monk's Mound)'라고 불렸는데, 이는 19세기에 기독교 선교사들이 이 언덕에서 살았기 때문이랍니다. 현재 카호키아는 일리노이 주의 도시 세인트루이스 동부에 속합니다.

〈몽크스 마운드〉, 카호키아

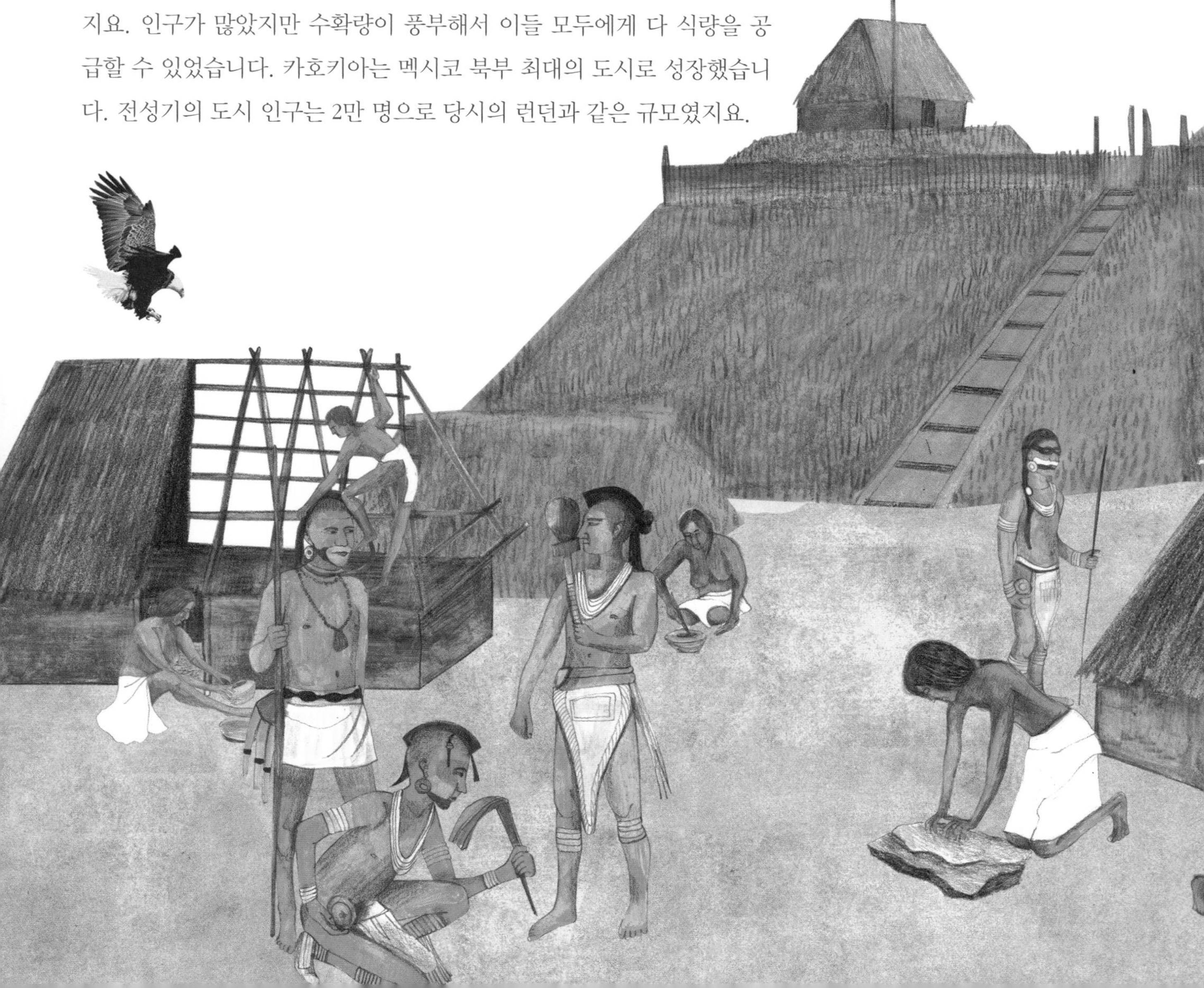

부유한 도시 카호키아는 미 대륙 전역과 교역했습니다. 카호키아 사람들은 오대호의 구리, 멕시코 만의 조개껍질, 로키 산맥의 회색 곰 이빨(장신구 재료였지요)을 구할 수 있었습니다. 물품 거래를 통해 종교적 · 정치적 · 예술적 아이디어들도 전파되었습니다. 카호키아가 1400년대 이후 버림받은 도시가 된 이유는 아무도 모릅니다. 하지만 이 도시가 남긴 전통은 이후로도 수 세기 동안 아메리카 원주민들의 삶에 영향을 미쳤답니다.

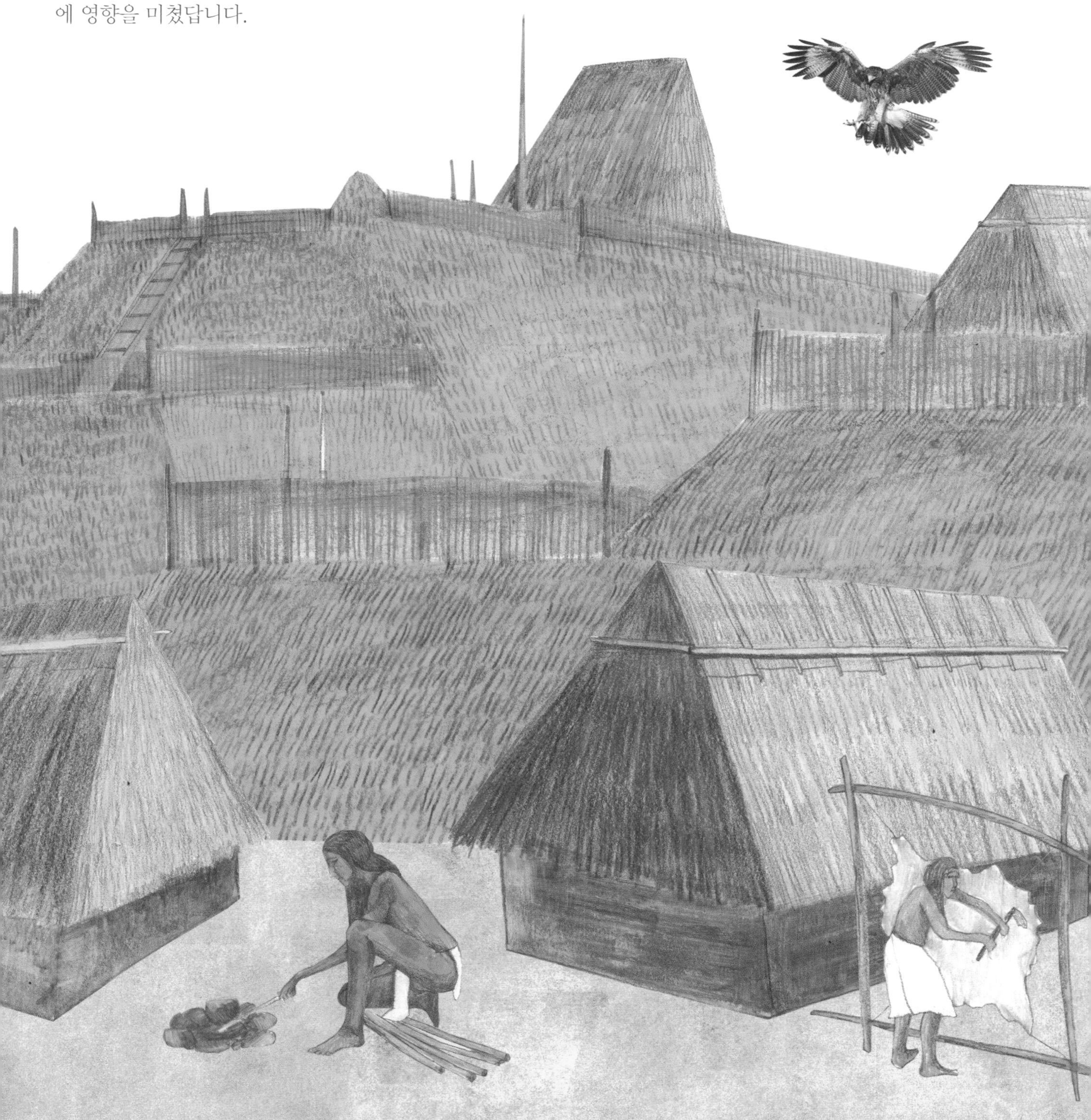

거대한 조각품, 언덕의 도시

카호키아와 도시 주변의 비옥한 농지를 관리하고 방어하려면 고도로 조직된 공동체가 필요했습니다. 귀족들은 카호키아를 다스리고 교외 거주민들에게 세금을 거두었습니다. 종교가 귀족들의 권력을 뒷받침해주었지요. 도기, 돌, 조개껍질에 남겨진 도상을 살펴보면 카호키아의 지배자들은 그들이 태양에서 내려왔으며 생명을 주는 힘을 부여받았다고 여긴 듯합니다. 그들은 도시 중심에 자기들의 권력을 나타내는 거대한 언덕을 쌓았답니다.

이 조각은 세상을 떠난 족장을 묘사한 것으로 보입니다. 족장은 황홀경에 빠져 종교적 환영을 보고 있는 듯한 모습입니다. 머리 장식, 망토, 조개껍질 목걸이와 귀걸이로 카호키아 사람들의 복식을 추측해볼 수 있습니다. 이 작품은 카호키아 근처에서 제작되어 이 도시 문화의 영향을 받은 다른 도시로 팔려간 것입니다.

〈보크사이트를 깎아 만든 '빅보이' 모형 담뱃대〉, 1200~1350년경

카호키아 사람들은 귀족들이 원반 굴리기를 할 수 있도록 언덕들 사이의 공터에 대형 경기장을 조성했습니다. 이 파이프에 조각된 사람도 귀족일 것입니다. 한 사람이 돌 원반을 굴리면 나머지 사람들은 원반이 멈출 것 같은 곳에 화살을 던졌다고 합니다. 이 경기는 신성한 것으로 여겨졌고, 미래의 사건을 예언해주거나 참가자의 사회적 신분을 결정하기도 했습니다.

〈보크사이트를 깎아 만든 원반 굴리는 사람 모형 담뱃대〉, 1200~1350년경

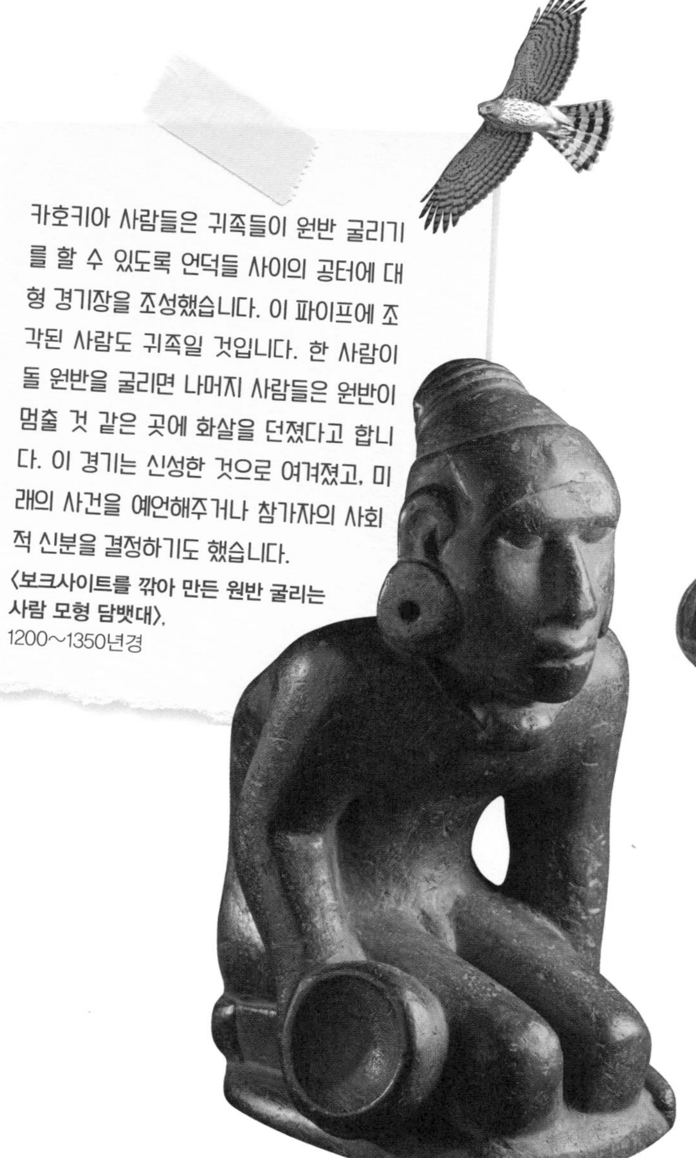

샤먼

여러 문화권에서 그랬듯 카호키아에서도 샤먼들이 중요한 역할을 했습니다. 그들은 탄생, 결혼, 죽음에 관련된 종교의식을 거행했지요. 또한 질병 치유와 부족의 역사를 기념하는 데도 관여했습니다.
샤먼은 성직자, 예언자, 의사, 역사가를 합친 존재라고 할 수 있었답니다.

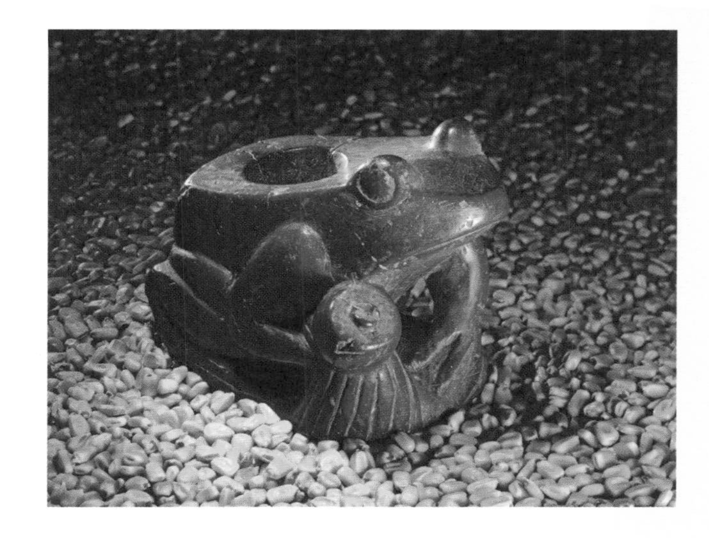

카호키아의 조각품은 담뱃대 형태로 만들어진 것이 많습니다. 담배 피우는 것은 여러 문화권에서 영혼 세계와의 교류이자 신성한 행위로 여겨졌답니다. 이 개구리는 종교의식 도구인 듯한 딸랑이를 들고 있는데, 동물의 영혼이 깃든 샤먼을 나타냈는지도 모릅니다.

〈딸랑이를 든 개구리 담뱃대〉, 1250년경

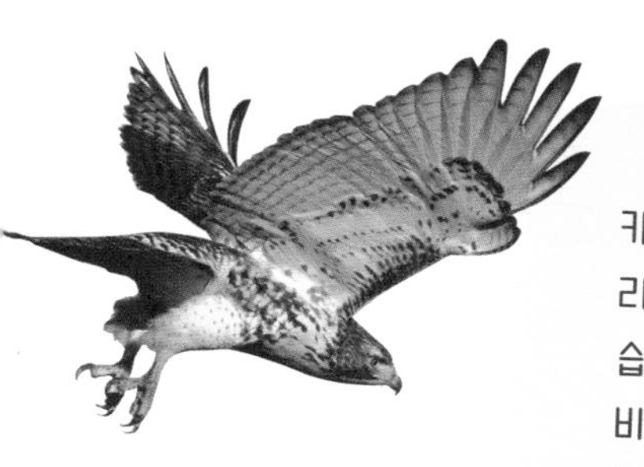

카호키아의 종교에서 맹금류, 특히 독수리와 매는 특별한 힘이 있다고 여겨졌습니다. 카호키아 사람들은 이런 새들과 비슷한 차림을 하고 춤추며 의식을 거행했을지도 모릅니다. 이 석판에 새겨진 그림처럼 말이지요. 이는 전사 한 명이 매장된 자리 주변에 거대한 매 형태로 조개껍질이 놓여 있었던 것을 보고 추측할 수 있답니다.

〈조개껍질 구슬과 함께 놓인 '버드맨' 사암 석판〉, 1200~1350년경

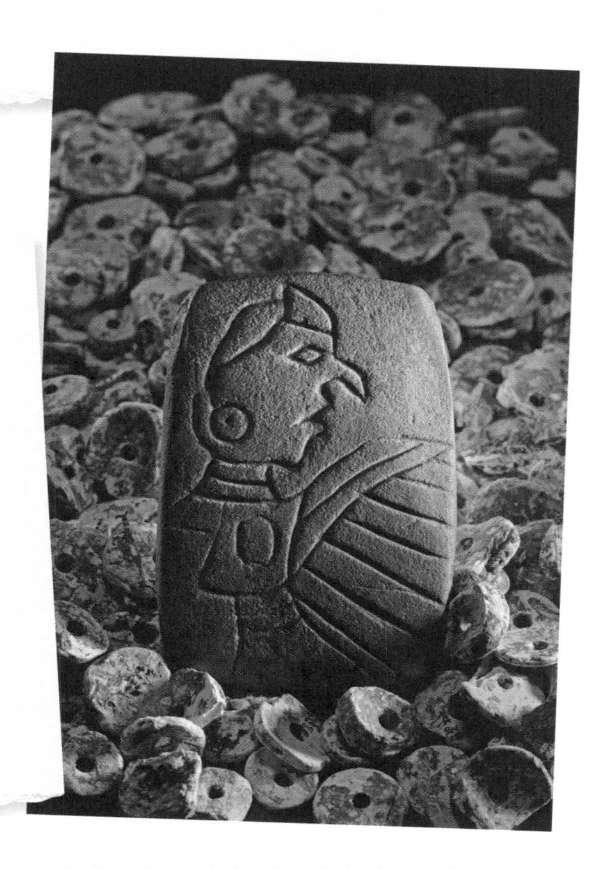

일 년에 두 번, 춘분과 추분 아침이면 태양이 언덕에서 솟아 나와 그 꼭대기의 신전에 불을 밝히는 것처럼 보였습니다. 언덕 자체가 흙으로 만들어진 하나의 거대한 조각품이었지요. 언덕은 10층 높이로 이루어졌고 넓이는 축구 경기장 12개를 합친 것과 같았습니다. 카호키아의 족장들은 신전 안에 귀한 미술품들로 에워싸여 매장되었습니다. 신전은 종종 불타서 재로 뒤덮였고, 그 자리에 다시 새로운 신전이 세워졌습니다. 신전이 재건될 때마다 언덕은 더 높아졌고 신전 안의 보물들도 늘어났지요.

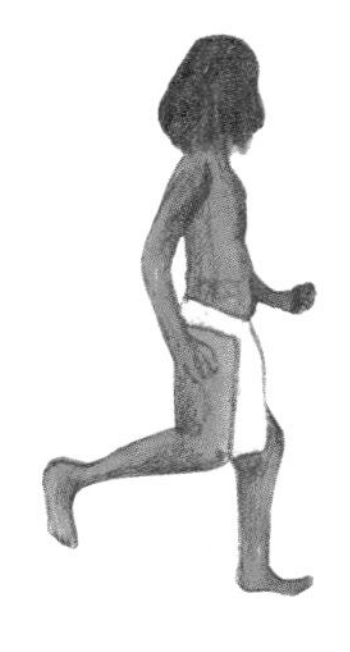

황금빛 수도, 앙코르(1150년)

크메르 왕국의 천상의 수도

앙코르의 고대 유적은 논으로 둘러싸인 캄보디아의 열대림 속에 있습니다. 앙코르에서 출발한 크메르 왕국은 캄보디아 전체를 정복하고 현재의 태국, 라오스, 베트남까지 확장되었습니다. 하지만 앙코르는 단지 크메르 왕국의 수도만이 아니었지요. 크메르의 왕들은 앙코르가 정말로 우주의 중심이며 자기들이 신들에게 특별히 선택받았다고 믿었습니다. 크메르의 왕 수리야바르만 2세는 1116년부터 30년 후 사망할 때까지 힌두교 사원 앙코르와트의 건설을 감독했습니다. 이 사원은 지금까지도 세계 최대의 종교 건축물로 꼽힐 정도로 거대하지요. 앙코르와트의 대규모 수도원은 신들에게겐 현세의 집이며 왕들에게는 천상의 궁전이라고 여겨졌답니다.

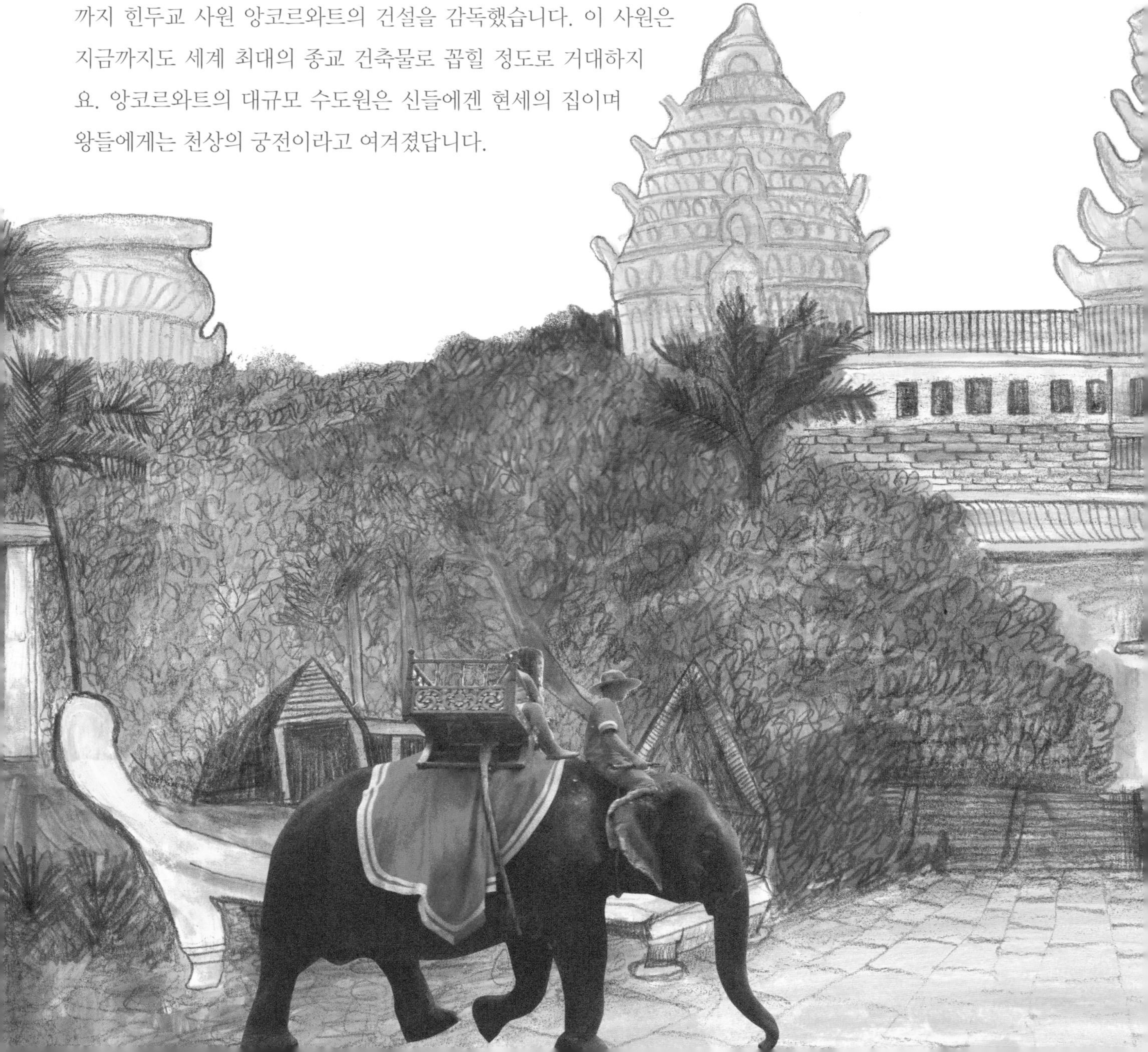

수리야바르만 왕이 죽은 후 왕국은 쇠퇴하기 시작했습니다. 한동안 분쟁과 반란이 이어졌고 크메르 왕가는 앙코르의 지배권을 잃었습니다. 하지만 12세기 후반에 왕위에 오른 자야바르만 7세가 앙코르를 되찾았습니다. 왕은 이를 축하하기 위해 수백 곳의 사원과 병원, 휴게소 등 대규모 건설 계획에 착수했지요. 그가 가난한 자들에게 베푼 친절은 전설로 남아 있습니다. 자야바르만 7세 시대의 한 조각에는 '왕을 슬프게 하는 것은 바로 백성의 슬픔이다'라고 새겨져 있지요. 그는 새로운 수도 앙코르톰을 세우는 것으로 시작하여 왕국 전체에 불교를 전파했습니다. 앙코르와트처럼 앙코르톰도 영원히 존재할 수 있도록 만들어진 곳이었답니다.

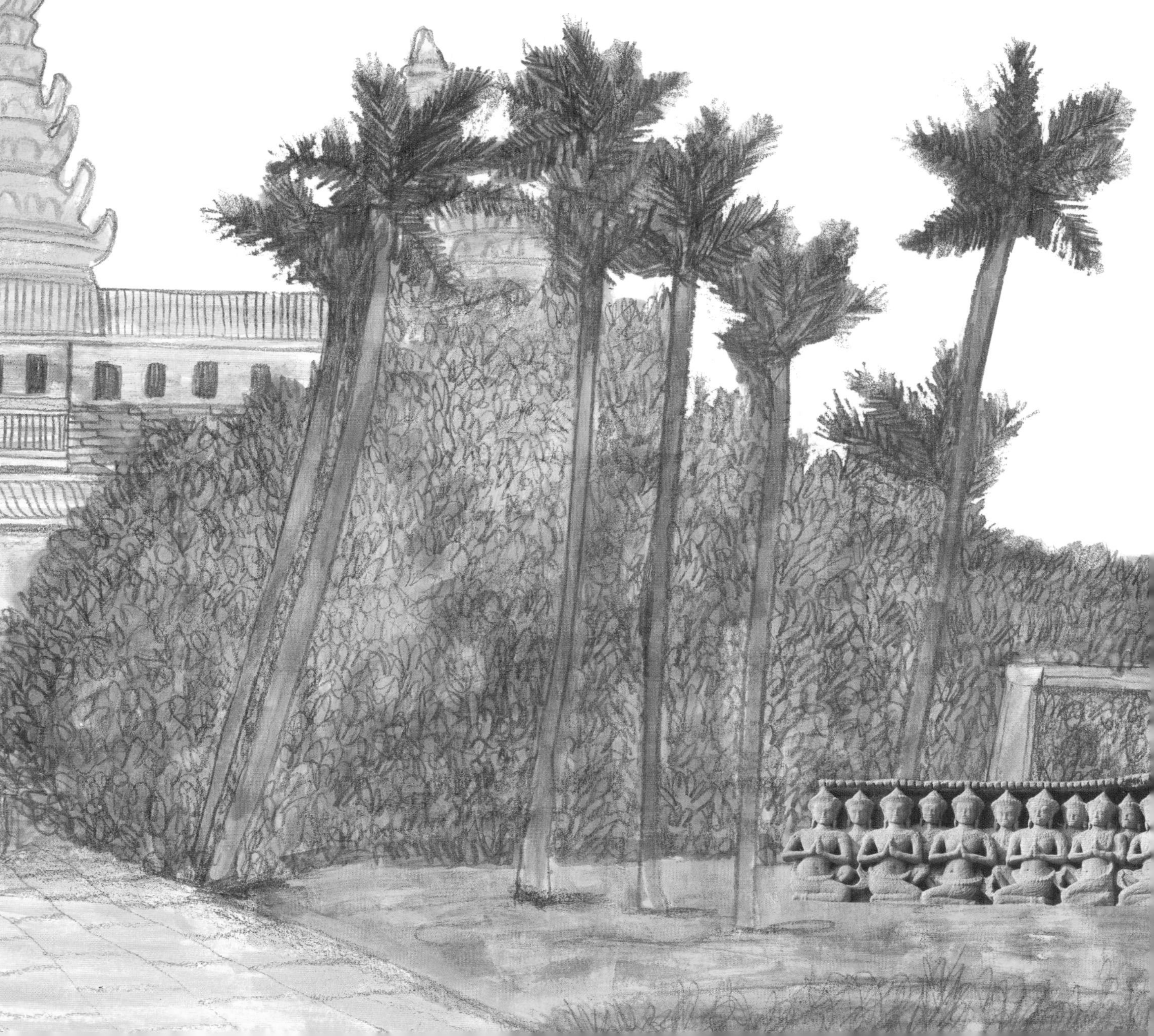

밀림 속의 완전한 천상의 왕국

위에서 내려다본 앙코르의 모습은 땅에서 올려다본 모습만큼 인상적입니다. 가장 먼저 눈에 띄는 것은 이곳의 기하학적 구조입니다. 사원 건물들은 천상의 완벽함을 나타내듯 완전한 대칭을 이루고 있습니다. 기둥과 창문들은 태양과 달과 별들의 위치에 부합하게 만들어졌지요. 힌두교와 불교의 신들은 세계의 중심이자 대양 한가운데에 있는 메루 산(Mount Meru)에 산다고 합니다. 앙코르 사원의 탑들은 메루 산에 있는 천상의 봉우리를 나타내며, 탑들을 둘러싼 넓은 해자는 우주의 바다를 상징한답니다.

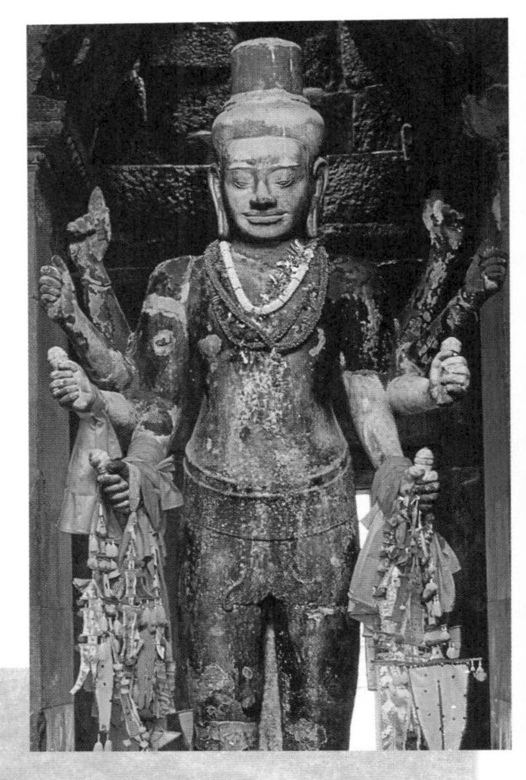

'수리야바르만'이라는 이름은 '태양의 수호자'를 뜻합니다. 수리야바르만 2세는 앙코르와트 사원을 세계의 수호신 비슈누에게 바쳤습니다. 사원 입구의 이 조각상은 비슈누의 모습을 한 왕을 나타낸 것으로 보입니다. 오늘날에도 승려들은 이 조각상을 장식하고 공물을 바치며 경의를 표합니다.

〈비슈누 상〉, 앙코르와트, 12세기

힌두교

힌두교의 기원은 수천 년 전으로 거슬러 올라갑니다. 여러 다양한 신앙과 관습들이 어우러져 이 종교를 형성했지요. 힌두교에는 수많은 신들이 있지만, 힌두교도들은 대부분 최고신은 오직 하나뿐이라고 생각합니다. 오늘날 세계에는 약 10억 명의 힌두교도가 있는데, 그 대다수는 남아시아에 산답니다.

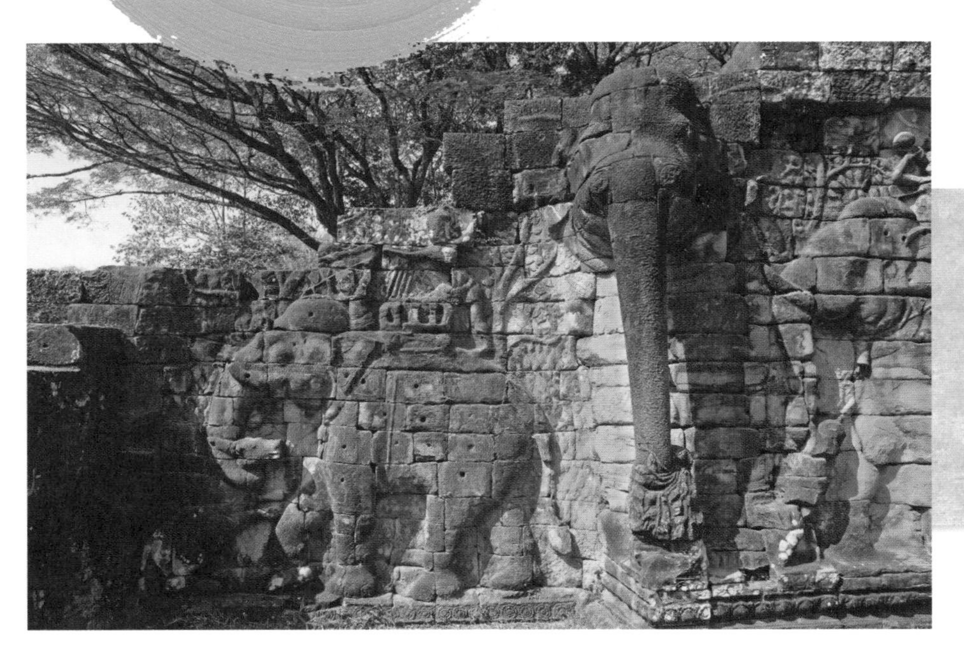

기둥 여러 개를 코끼리의 코 모양으로 파낸 이 조각품은 크메르 예술가들의 창의성을 잘 보여줍니다.

〈코끼리 테라스〉, 앙코르톰, 12세기 말

자야바르만 7세는 앙코르 지역을 불교 사원들로 채웠습니다. 그중 가장 중요한 곳은 바욘 사원으로, 불교 신앙의 영향을 뚜렷이 드러냅니다. 이 곳의 석탑에서는 아잔타 석굴에 있는 것과 비슷한 거대 보살 두상 부조를 볼 수 있습니다.
〈바욘 사원의 돌탑〉, 앙코르톰, 12세기 말~13세기 초

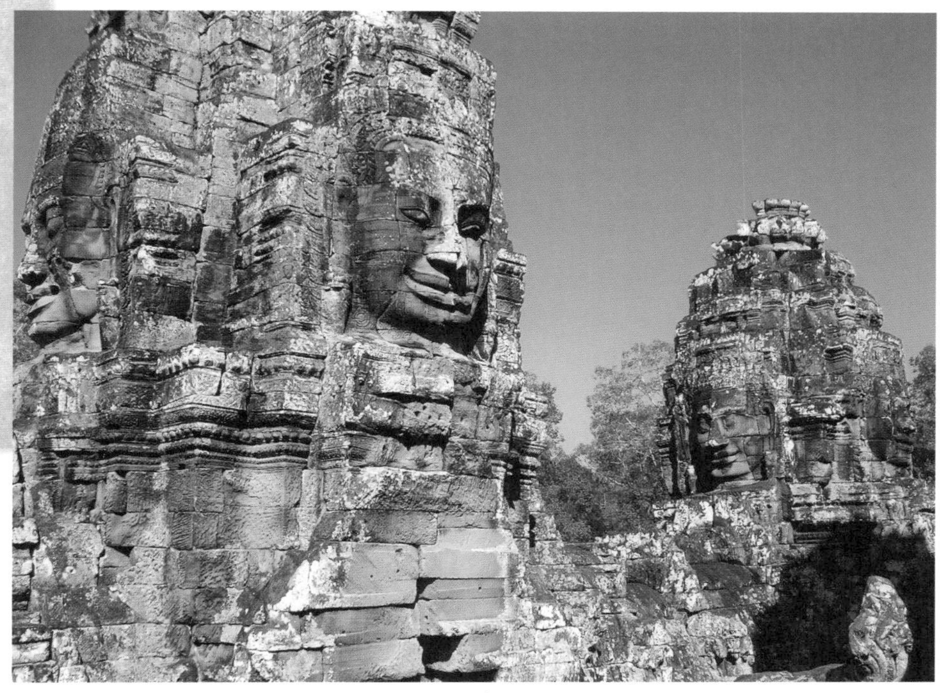

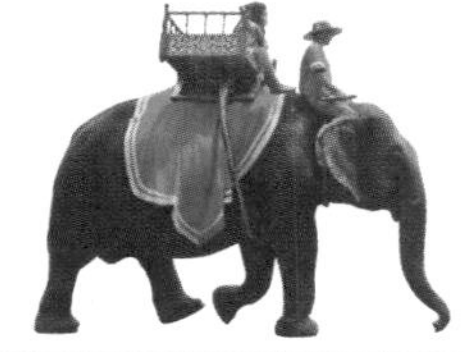

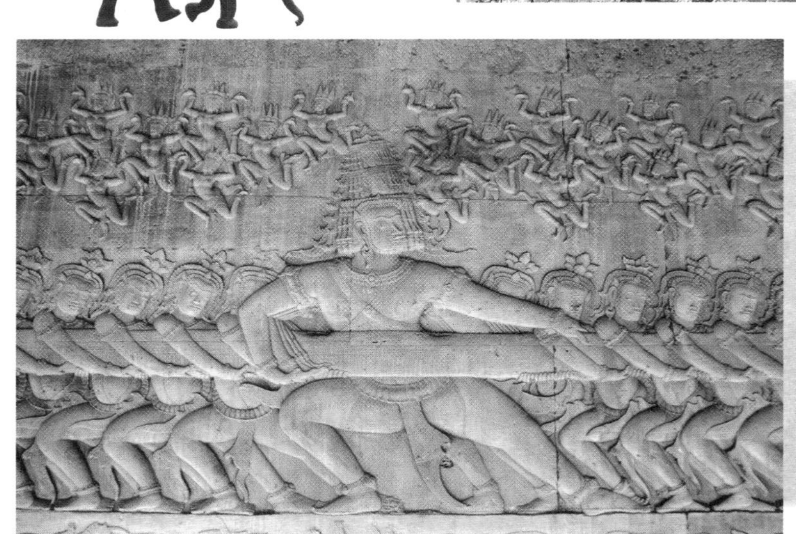

앙코르와트의 종교적 부조들은 천 제곱미터 이상의 크기를 자랑합니다. 이 부조는 세상의 시초에 관한 힌두교 신화를 묘사한 것입니다. 신들과 악마들이 양쪽에서 뱀 한 마리를 밧줄처럼 잡아당기고 있습니다. 이들은 우유로 가득한 우주의 바다를 휘젓고 있는데, 이렇게 하여 영생의 묘약인 신들의 음료가 만들어졌다고 합니다.
〈우유 바다를 휘젓다〉 세부, 앙코르와트, 12세기

크메르 왕들은 완벽한 직사각형 저수지를 지었습니다. 바라이(baray)라고 불리는 이 저수지들은 수 킬로미터에 달하는 뛰어난 관수 시설로, 논에 물을 대어 수십만 백성을 먹이는 데 큰 도움을 주었지요. 물은 실용적인 동시에 신성한 존재였습니다. 성직자들은 신에게 공물을 바치는 일을 매우 진지하게 여겼으며, 신들이 먹고 마실 꿀과 우유, 당밀부터 모기장으로 쓸 비단실 그물까지 신들에게 필요한 일체의 물품 목록을 만들었습니다. 크메르의 사원들은 왕에게 적합한 만큼 신들에게도 적합한 곳이어야 했답니다.

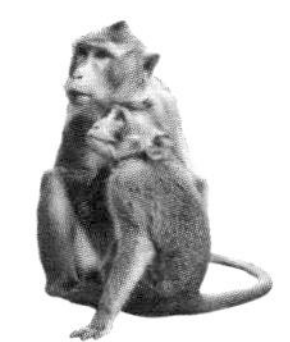

그레이트 짐바브웨(1300년)

석조의 승리

'짐바브웨'라는 말은 돌로 만든 집을 뜻합니다. 하지만 그레이트 짐바브웨는 단순히 돌집 여러 채가 모인 곳이 아니었지요. 이곳은 철기 시대에 쇼나족의 수도였습니다. 짐바브웨와 모잠비크에서는 지금까지 150곳 이상의 석조 유적이 발견되었는데, 그중 가장 규모가 큰 곳이 그레이트 짐바브웨입니다. 14세기에 이 도시는 수 제곱킬로미터의 넓이를 자랑했습니다. 두께가 3미터를 넘는 돌벽에 둘러싸인 도시는 가파른 언덕 꼭대기의 왕궁에서 언덕 아래의 대광장(Great Enclosure)에 이르렀지요. 1만 명 이상의 주민이 인도양 너머까지 금을 수출했답니다. 고고학자들은 쇼나족이 페르시아나 중국의 도자기와 같은 사치품을 수집했다는 사실을 알아냈습니다. 도시가 폐허로 변한 지 한참 뒤에도 탐험가들은 이곳의 전설들을 이야기하곤 했지요. 사람들은 이곳이 성경 속 솔로몬 왕의 비밀 금광, 혹은 시바의 여왕이 살던 궁전이었다고 상상했답니다.

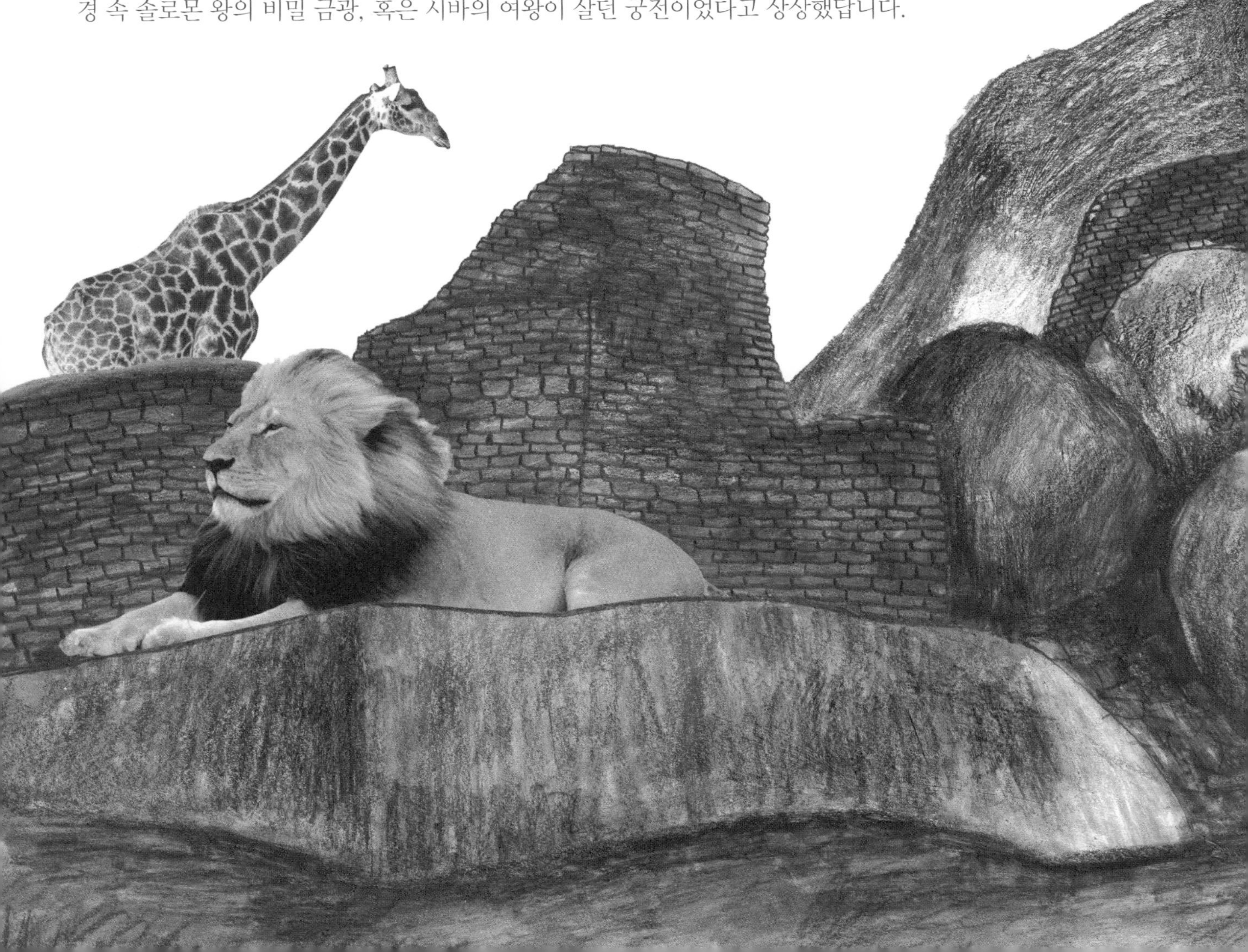

이 도시를 처음 발굴한 고고학자들은 멋대로 이야기를 지어냈습니다. 그들은 부당하게도 아프리카 사람들이 이렇게 훌륭한 건축물을 설계하고 지었을 리 없다고 생각했던 것이지요. 오늘날 짐바브웨 국민들은 선조의 업적을 무척 자랑스럽게 여기고 있으며, 그레이트 짐바브웨의 유적은 그들에게 확고한 독립의 상징이 되었답니다.

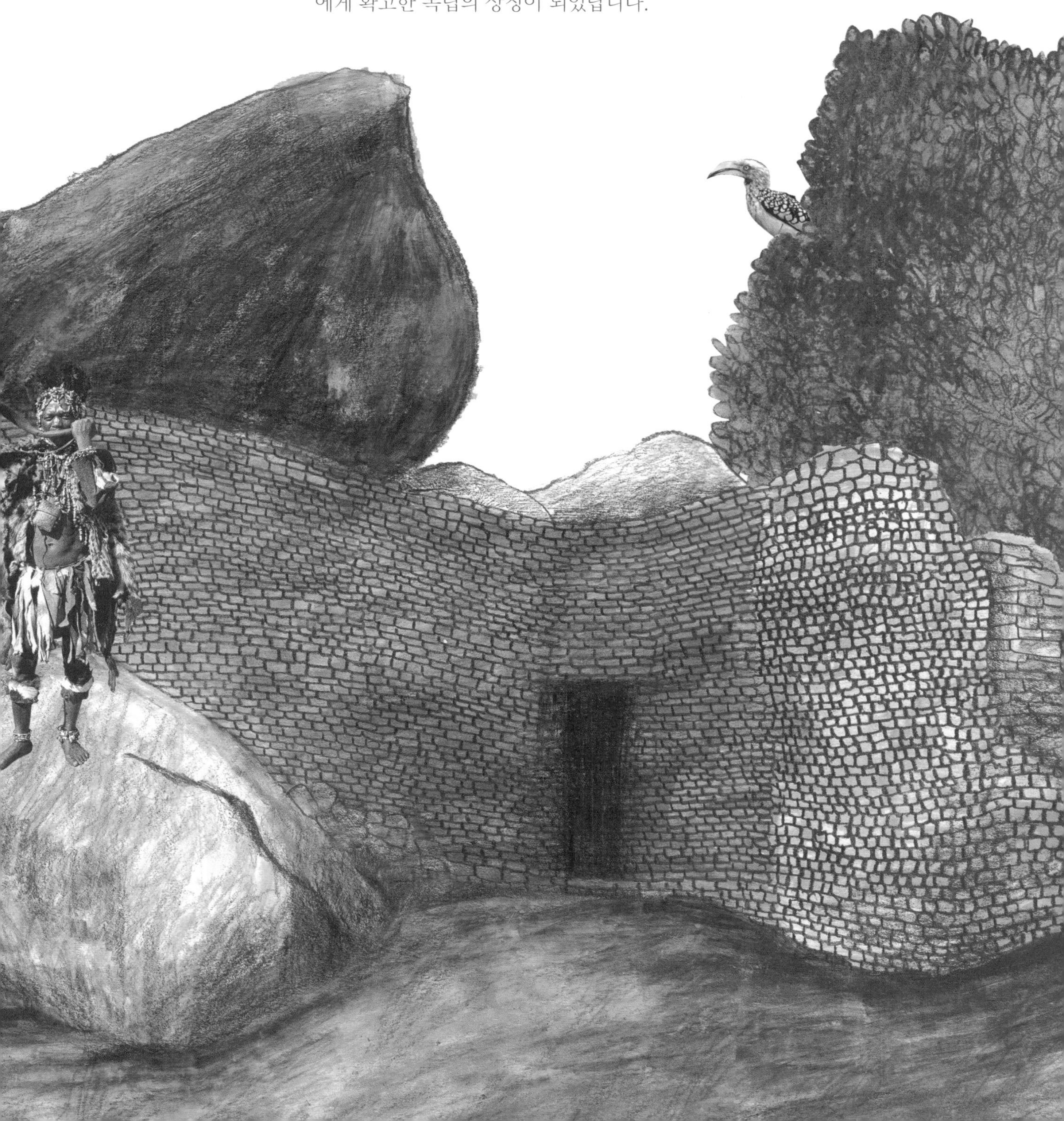

영혼을 담아 만든 새 조각들

그레이트 짐바브웨의 돌벽은 실용적인 만큼이나 장식적입니다. 건축가들은 돌을 쌓아 오랜 세월을 이겨낼 만큼 견고하고도 아름다운 문양을 만들었지요. 과거 이 도시의 성벽 안에 있었을 수많은 건축물들에 관해서는 그저 짐작해볼 수 있을 뿐이지만, 고고학자들은 주로 진흙을 손으로 다져서 쌓은 오두막이 존재했을 거라고 말합니다. 도시의 장인들은 섬세한 철사로 공예품을 만들었습니다. 이곳에서 발견된 가장 흥미로운 미술작품은 비눗돌로 조각한 새들입니다. 한때는 성문 기둥 위에서 도시로 들어오는 사람들을 반겨주던 조각들이지요.

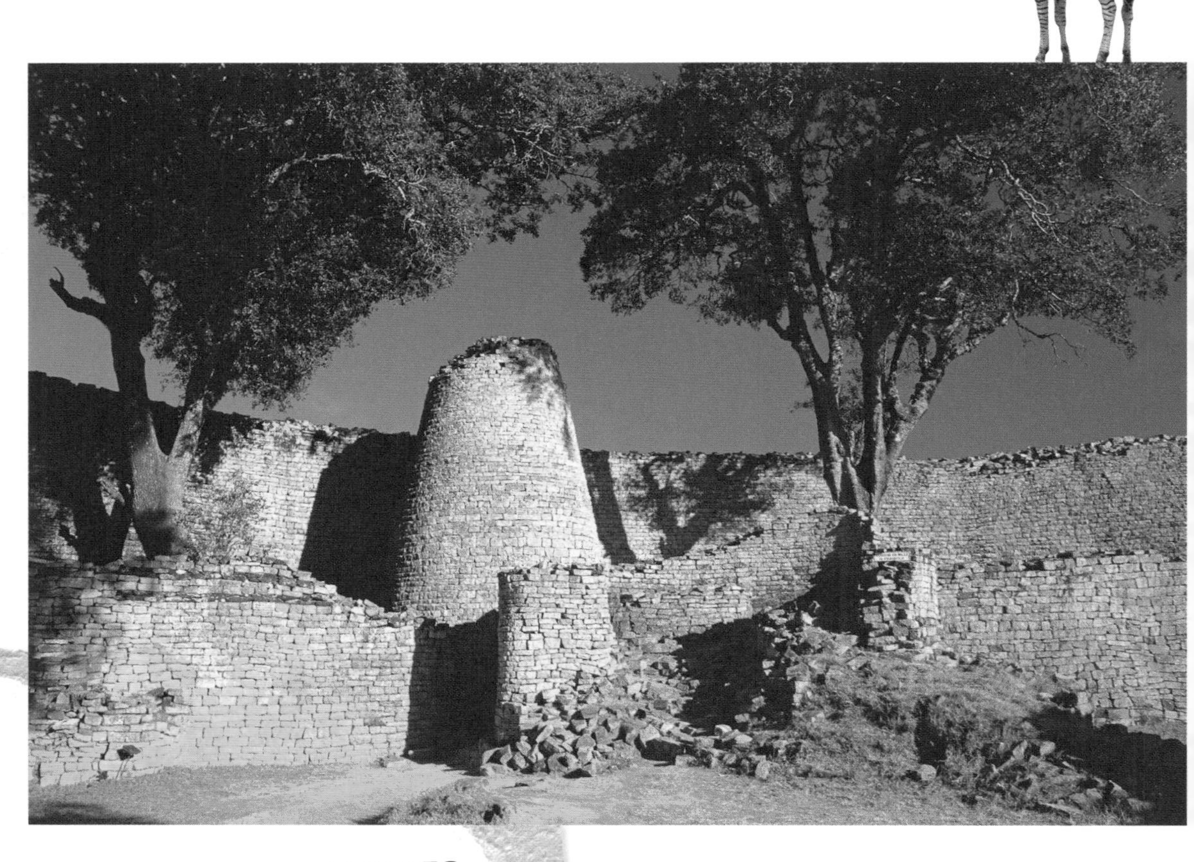

이 인상적인 탑이 지어진 이유는 불명확합니다. 일부 역사가들은 이 탑이 대형 곡물 보관소였을 거라고 생각하지요. 어쩌면 백성에게 식량을 공급하고 신들과 소통할 수 있는 왕의 권력을 상징하는 존재였을지도 모릅니다.

〈대광장의 원뿔 탑〉

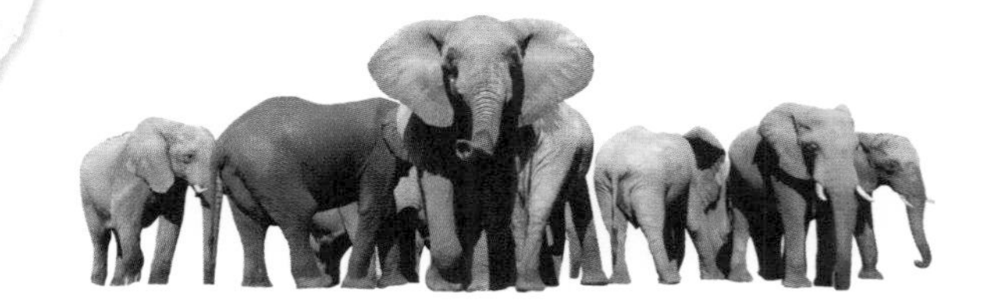

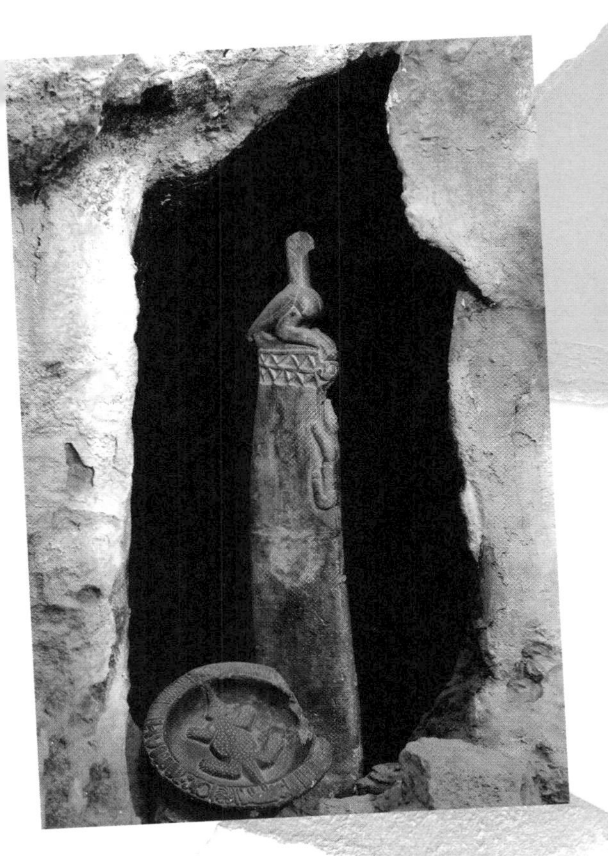

이 새들은 사실적으로 묘사되었지만 한편으로 상징적이기도 합니다. 발톱 대신 발가락을 가졌고, 한 마리는 부리 대신 입이 있지요. 쇼나족은 새들이 특별한 힘을 지녔고 영적 세계의 메시지를 전해준다고 믿었답니다.
〈비눗돌 새 조각〉, 13~15세기

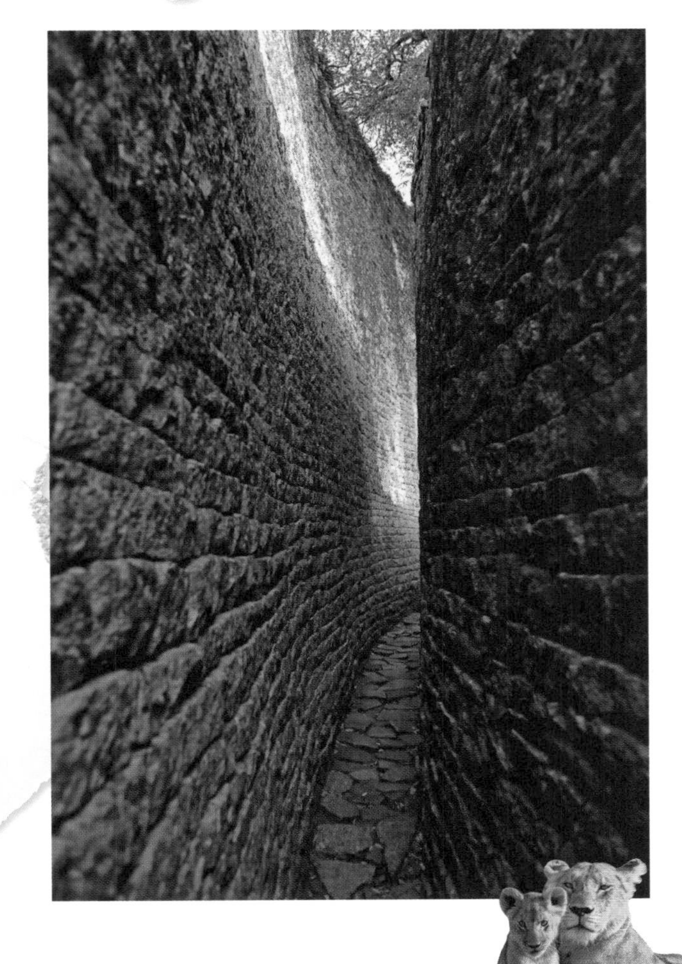

대광장은 사하라 사막 이남 아프리카에 현존하는 최대 규모의 고대 유적입니다. 건축가들은 돌을 정확히 똑같은 크기로 잘라서 시멘트나 모르타르 없이도 틈새가 생기지 않게 반듯이 쌓아 올렸지요. 높이 11미터의 외벽 안에 또 하나의 높은 벽이 있어서 원뿔 탑까지 이어지는 구부러진 통로를 이룬답니다.
〈대광장의 좁은 통로〉

다른 어느 곳에서도 이와 같은 건축물을 찾을 수 없습니다. 하나하나 다르게 생긴 새 조각들은 이 도시를 다스렸던 여러 왕들의 영혼을 나타내는 것으로 보입니다. 일부 전문가들은 서 있는 새들은 왕을, 앉아 있는 새들은 주요 여성 통치자들을 상징한다고 주장합니다. 이곳의 예술, 종교, 권력은 아주 긴밀하게 연결되어 있었기에 그 경계를 구분하기란 어렵답니다.

명나라의 수도, 북경(1400년)

황제가 사는 금단의 도시

중국 땅에는 세계 역사상 가장 크고 강성한 제국이 있었습니다. 13세기에 몽골 전사 칭기즈 칸은 이후 동유럽까지 뻗어 나간 제국을 건설했습니다. 몽골이 세운 원나라가 멸망한 뒤 명나라가 중국을 통일합니다. 15세기 초에 명나라는 스스로 영락제(永樂帝), 즉 '영원한 평화의 황제'라고 칭했던 주체(朱棣)의 통치하에 있었습니다. 그는 수도를 대도(大都)로 옮기고 북경(北京, 베이징)이라는 이름을 붙였습니다. 평화는 오래가지 못했지만, 영락제가 중국에 미친 영향은 지금까지 이어집니다. 그가 북경에 지은 자금성은 광대한 정원과 드높은 성벽, 만 개 이상의 방이 있는 궁궐로 이루어졌습니다.

중국 땅 전체에 공무를 집행하려면 수천 명의 관료가 필요했습니다. 그래서 황제는 과거 시험을 통해 최고의 인재들을 뽑았지요.

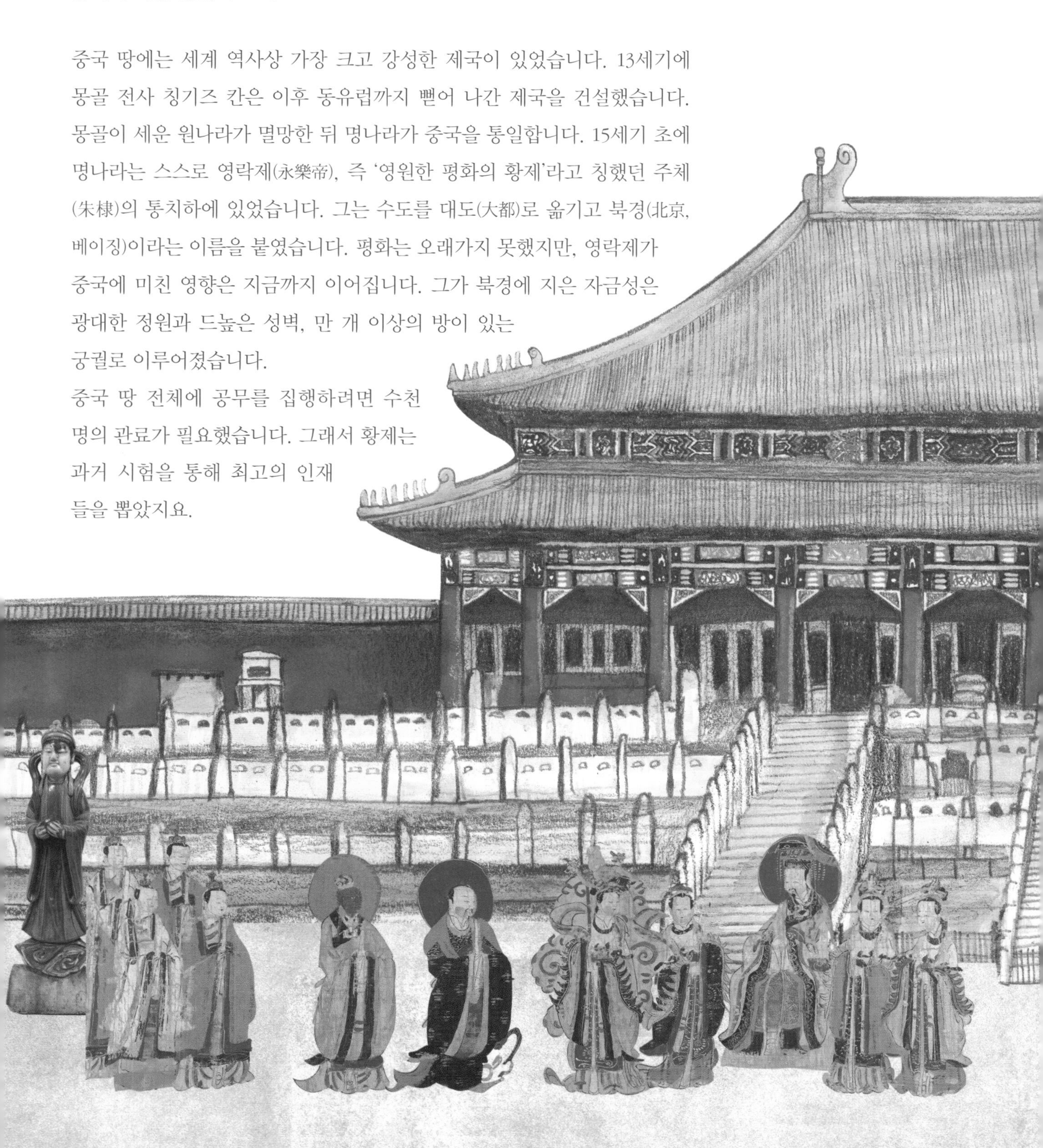

자금성(紫禁城)이라는 이름은 황제의 허락 없이는 출입이 금지되었기에 붙여졌습니다. 성 안의 모든 것은 황제의 권력을 강조하기 위해 만들어졌지요. 심지어 건물도 중심부에 가까워질수록 더 높아집니다. 모든 방문자는 황제에게 머리가 땅에 닿도록 절하여 경의를 표해야 했습니다.

〈태화전(太和殿)〉, 15세기 초

학문을 좋아했던 영락제는 관료들에게 중국의 모든 서책들이 수록된 방대한 백과사전을 편찬하도록 지시했습니다. 완성된 『영락대전』은 거의 2만 2천 권에 달했답니다! 영락제는 불교 신자였지만 세계의 여러 종교와 문화에 관심을 보였습니다. 이슬람교 연구를 통해 북경에서 최초의 중국어 쿠란이 출간되기도 했습니다. 그는 또 환관 정화에게 300척 이상의 배를 주고 세계를 탐사하게 했지요. 정화의 원정과 비교하면 크리스토퍼 콜럼버스의 탐험대는 초라해 보일 지경이에요!

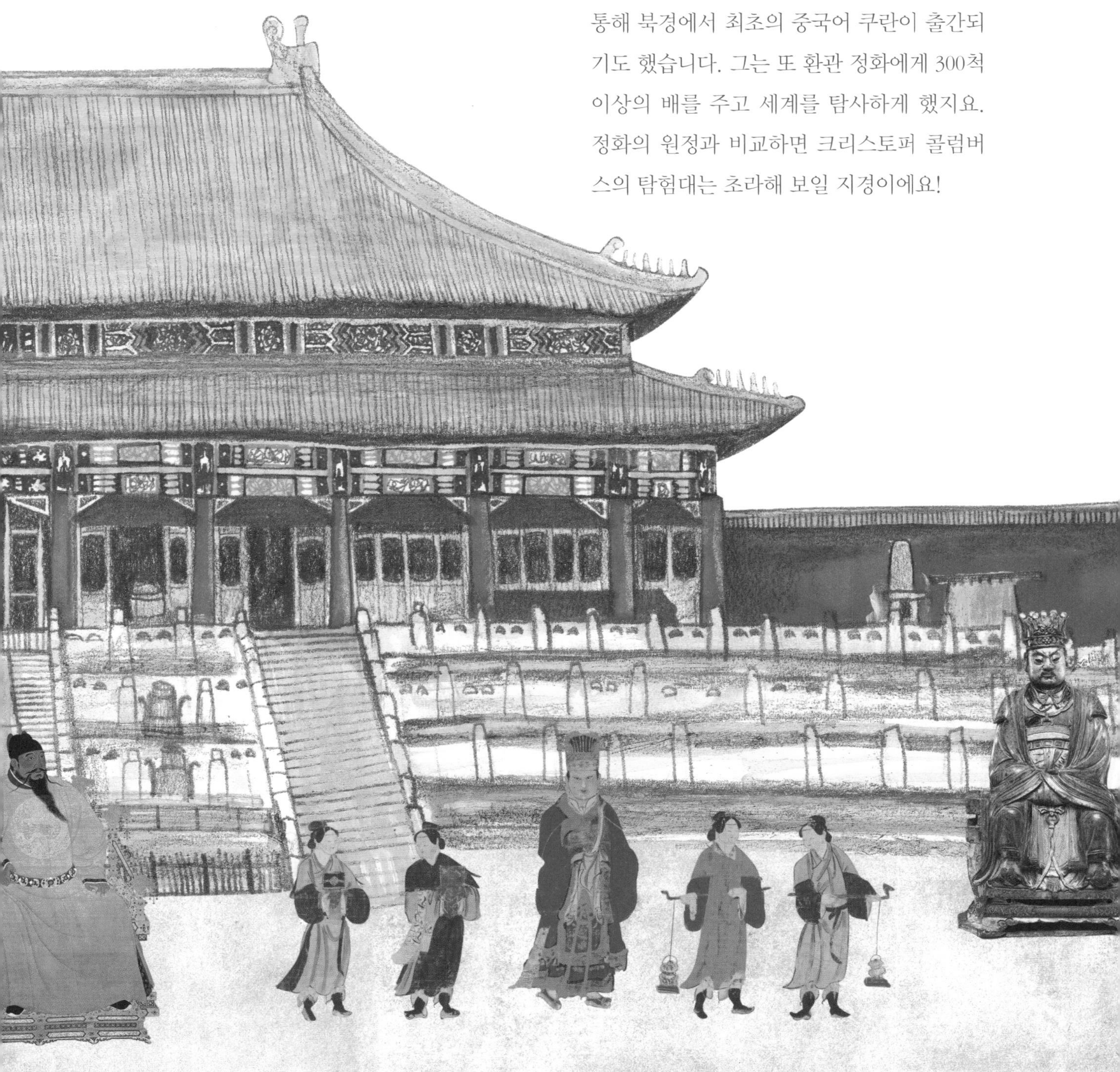

호사의 극치, 명나라의 미술품

15세기 북경에서는 수만 명의 장인들이 활동했습니다. 점점 더 많은 사람들이 미술품을 구입하게 되었지요. 중국인들은 특히 서예 작품을 높이 평가했답니다. 도자기나 칠기 같은 사치품도 귀하게 여겼지요. 명나라 사람들은 고품질을 추구했고, 국가가 운영하는 공방의 생산품에는 특별한 표식이 찍혔습니다. 일부 공방은 사람들이 물건을 더 구하고 싶어 할 경우를 위해 자기네 주소까지 표시했지요. 미술 시장이 커질수록 가짜 미술품도 늘어나 구매자들은 전문적인 지식을 갖추어야 했습니다.

이 족자는 사환이라는 거장의 조수가 그린
것입니다. 사환의 원작을 모방했을 확률이
높지요. 1427년 북경의 주요 문관들이 사
로를 방문한 모습을 담았습니다. 저택 주인
은 붉은 옷을, 손님들은 푸른 옷을 입었습니
다. 인물들이 그림 한가운데 위치한다는 점
은 그들의 중요성을 나타내며, 주변의 사치
스러운 세간들은 그들의 높은 취미를 드러
냅니다.

〈행원아집도(杏園雅集圖)〉, 사환(謝環)의 모작
1437년경

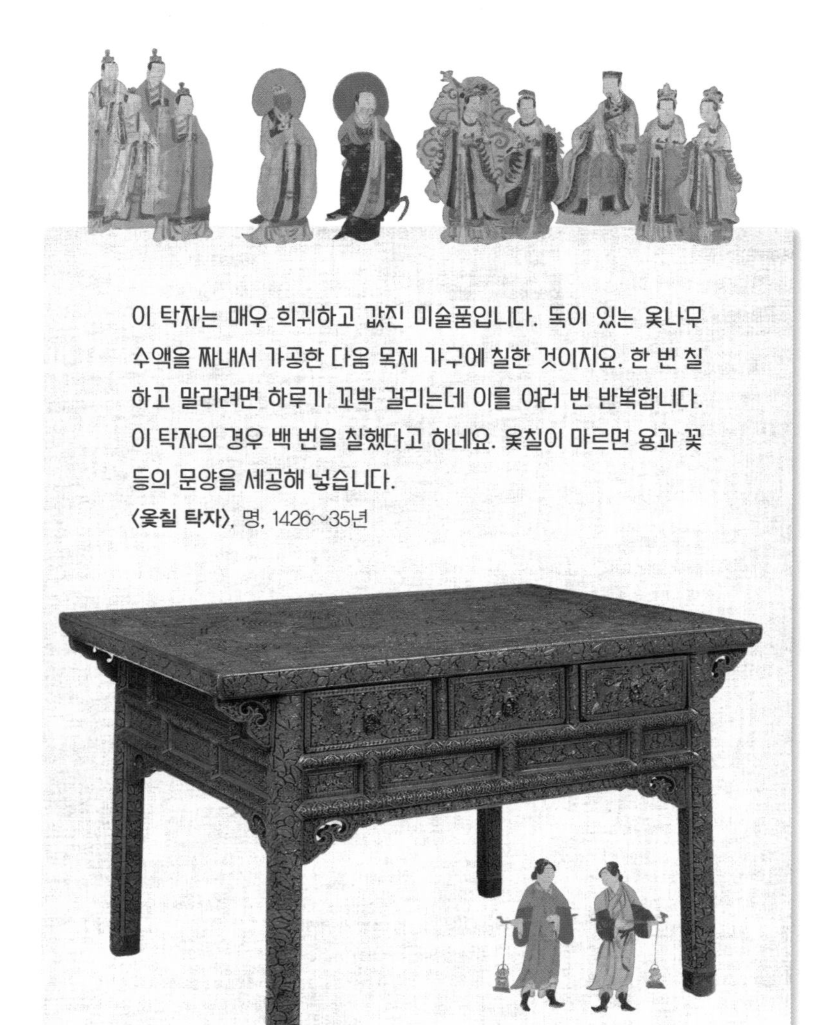

이 탁자는 매우 희귀하고 값진 미술품입니다. 독이 있는 옻나무 수액을 짜내서 가공한 다음 목제 가구에 칠한 것이지요. 한 번 칠하고 말리려면 하루가 꼬박 걸리는데 이를 여러 번 반복합니다. 이 탁자의 경우 백 번을 칠했다고 하네요. 옻칠이 마르면 용과 꽃 등의 문양을 세공해 넣습니다.

〈옻칠 탁자〉, 명, 1426~35년

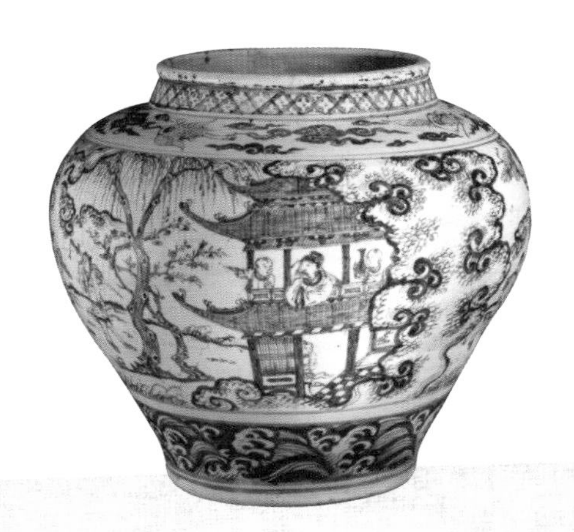

명 시대의 중국은 청화백자로 세계에 명성을 떨쳤습니다. 이탈리아 르네상스 시대 그림에서도 청화백자 그릇을 볼 수 있지요. 중국 도예가들은 도자기에 담청색 도료로 그림을 그린 뒤 투명한 유약을 덧칠했습니다.

〈청화백자 화병〉, 명, 1464~87년

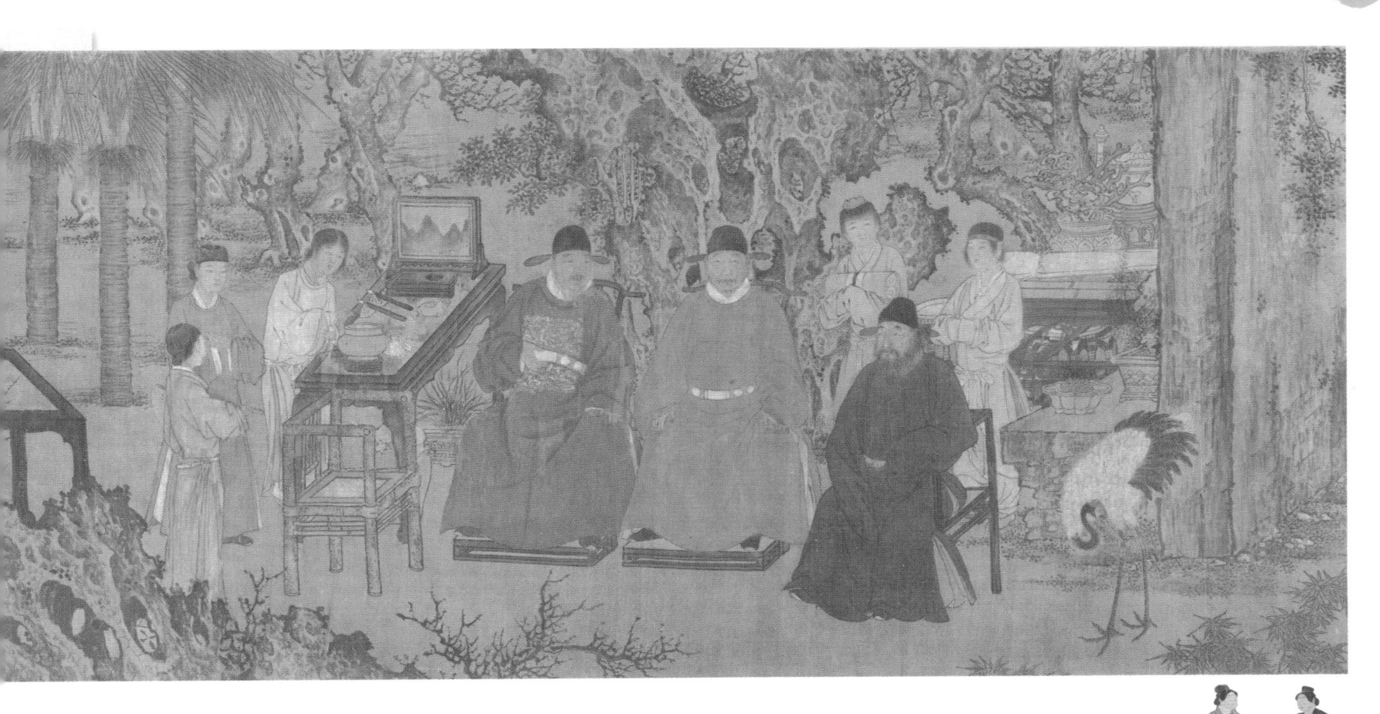

족자는 흔히 그림과 서예가 결합된 형태였으며 선물로 인기가 있었습니다. 소유자는 족자를 조심스럽게 펼쳐 책을 읽듯 각 부분을 차례로 감상하곤 했지요. 서구에서는 보통 그림을 벽에 붙박이로 걸어두지만, 중국에서는 족자를 보관해두었다가 특별한 경우에만 꺼내서 펼쳐 보았지요. 소유자가 내밀하고 차분하게 미술작품을 감상할 수 있게 말이지요.

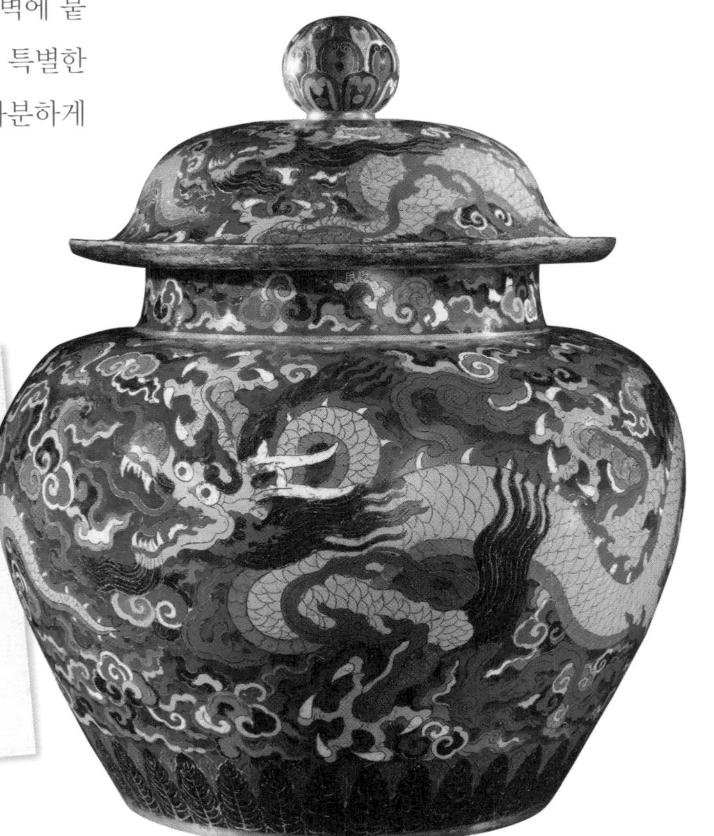

중국에서 처음으로 칠보 기법이 사용된 것은 15세기였습니다. 금속 배경에 금속 줄을 붙여 복잡한 문양을 만든 다음 열을 가해 녹인 채색 유리로 각각의 구역을 채워 넣습니다. 이 단지는 황궁에서 쓰기 위해 만든 것으로, 용은 황제의 권력을 상징한답니다.
〈칠보 단지〉, 명, 1426~35년

찬란한 왕국, 그라나다 (1450년)

지상의 천국

1450년 스페인의 그라나다 왕국에서 가장 아름다운 곳은 시에라네바다 산맥 아래 있던 도시 알람브라였습니다. 아라비아에는 이런 속담이 있었지요. '천국이란 그라나다 위에 있는 하늘나라의 한 부분이다.' 두꺼운 성벽과 여러 개의 탑, 묵직한 성문이 이 도시를 보호하고 있었습니다.

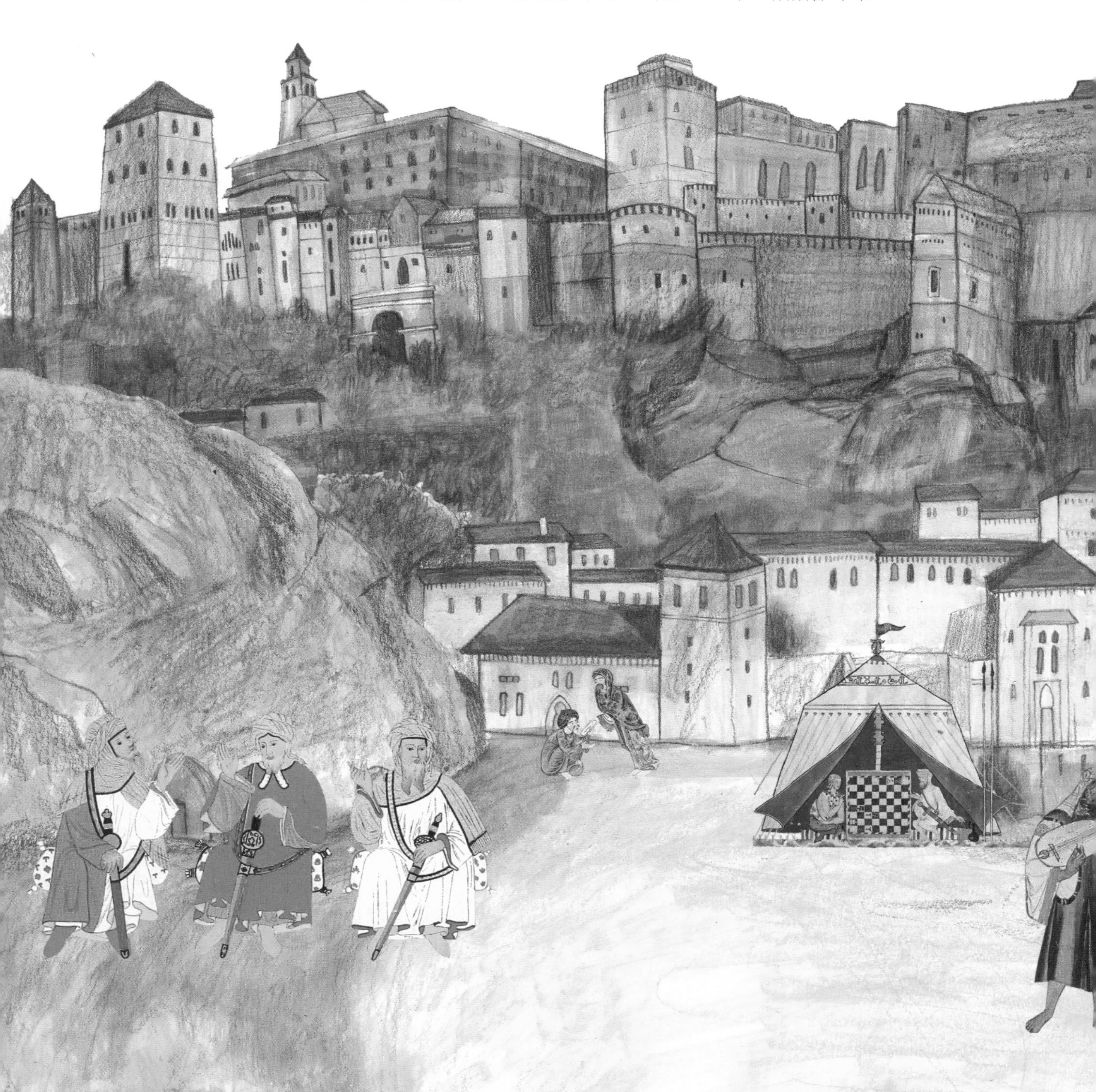

성벽 안에는 여섯 개의 찬란한 궁전이 세워졌습니다. 세계 최고의 이슬람 미술과 건축 작품들이 이곳에 있지요. 무슬림, 유대인, 기독교인들은 관용과 창의성의 시대를 만끽했답니다. 중세 스페인에서는 유대인들이 번성했습니다. 그들은 아랍어로 글을 썼고 알람브라 요새에 영감을 받은 시나고그(유대교 회당)를 설계했지요. '불운한 보압딜'이라고 불리는 술탄 무함마드 12세는 1492년에 기독교도인 페르난도 왕과 이사벨라 여왕에게 항복합니다. 이때 유대인들도 스페인을 떠나야 했지요. 그라나다 왕국의 멸망은 7세기 이상 이어져온 스페인 이슬람 문명의 종말을 의미했습니다. 이는 무슬림들에게 황금기의 종말이기도 했지요. 아랍 철학, 시, 과학 분야 최고의 걸작들이 이 시대에 완성되었답니다.

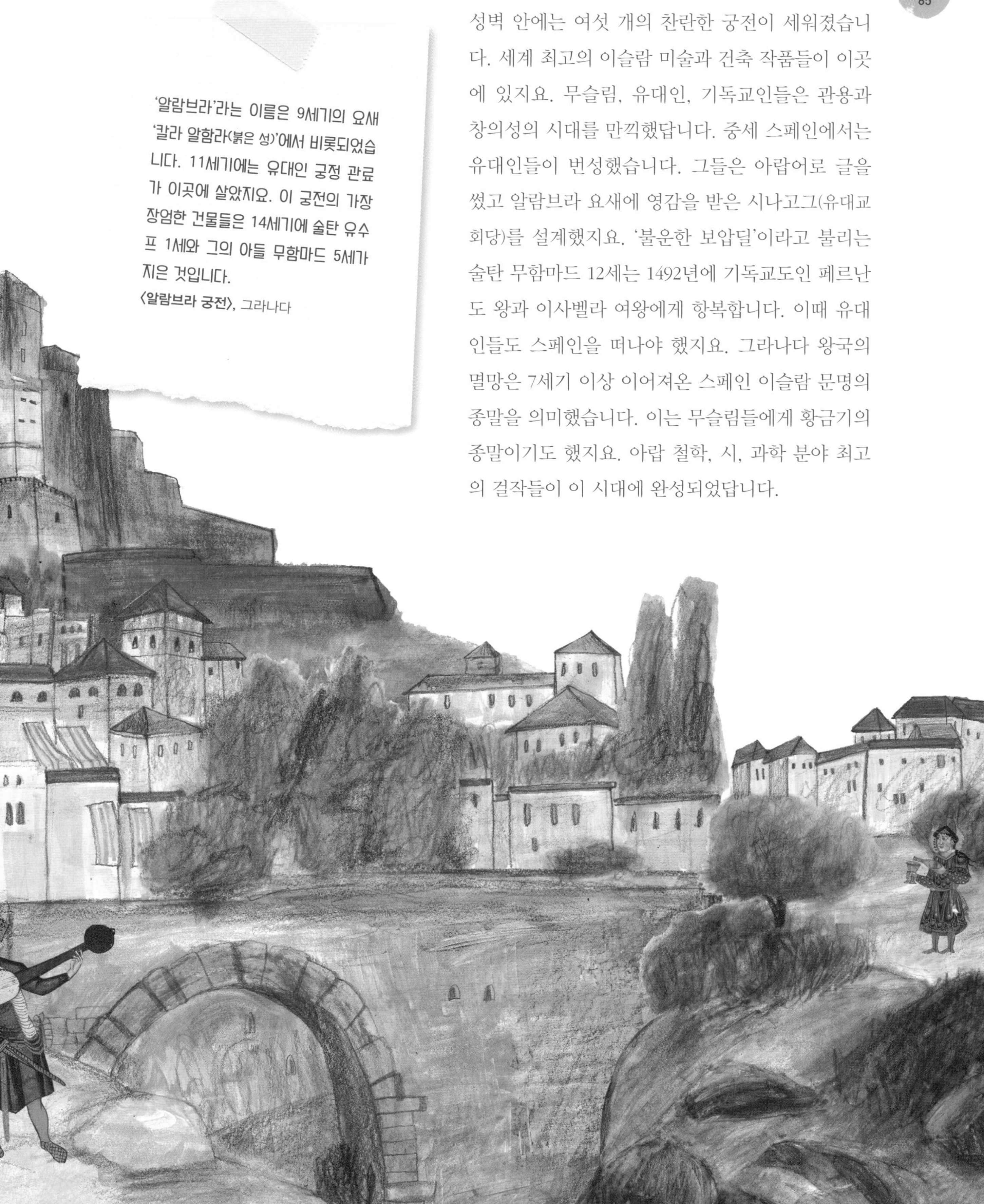

'알람브라'라는 이름은 9세기의 요새 '칼라 알함라(붉은 성)'에서 비롯되었습니다. 11세기에는 유대인 궁정 관료가 이곳에 살았지요. 이 궁전의 가장 장엄한 건물들은 14세기에 술탄 유수프 1세와 그의 아들 무함마드 5세가 지은 것입니다.

〈알람브라 궁전〉, 그라나다

에메랄드 사이의 진주, 알람브라

작열하는 스페인의 햇볕 아래에서 건축가들은 정원과 안뜰에 세심하게 그늘을 드리워 궁전 안을 서늘하게 유지했습니다. 궁전 곳곳에서는 분수가 물을 뿜었고, 바닥을 따라 난 수로에는 물줄기가 듣기 좋은 소리를 내며 흘러 열기를 쫓았습니다. 자연은 일종의 예술처럼 다루어졌지요. 창문과 발코니는 주변의 산과 정원 가운데 엄선된 전망이 보이는 위치와 방향에 놓였습니다. 장미와 은매화 관목, 오렌지나무와 석류나무에서 향긋한 냄새가 풍겨왔지요. 쿠란에서 천국은 하나의 호사스러운 정원으로 묘사됩니다. 알람브라를 설계한 사람들은 그들 나름의 지상 천국을 창조하려고 했고, 작은 부분 하나도 주의 깊게 검토하여 결정했던 것입니다.

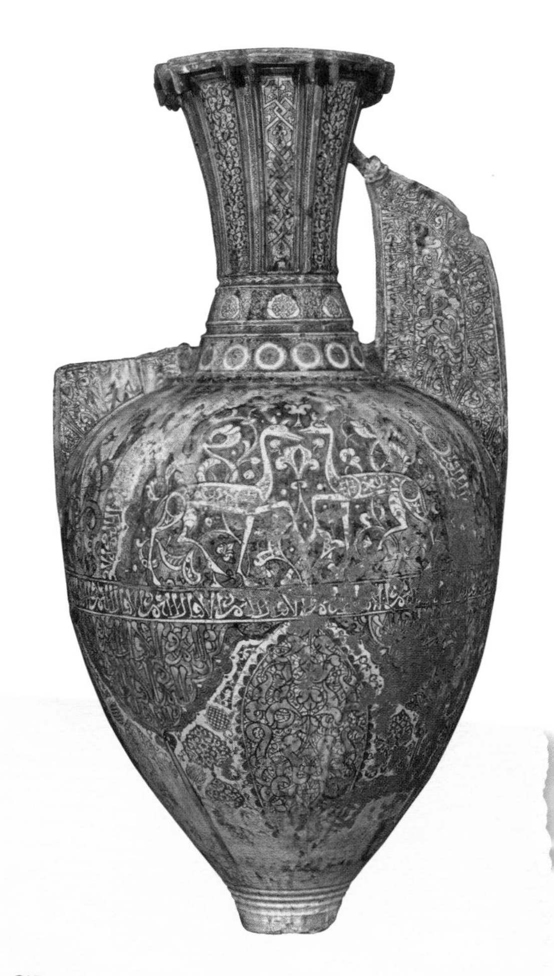

알람브라 궁전의 화병들은 무척 큽니다. 높이가 1미터 이상인 화병도 적지 않고, 거의 사람의 키만 한 것도 있지요. 알람브라의 벽에 새겨진 시구절에서 이들은 아름다운 신부에 비교됩니다. 반짝이는 푸른빛으로 채색된 이 화병들은 눈부신 빛깔과 날개가 달린 독특한 형태로 전 세계 사람들의 찬사를 받아왔답니다.
〈알람브라 화병〉, 1400년경

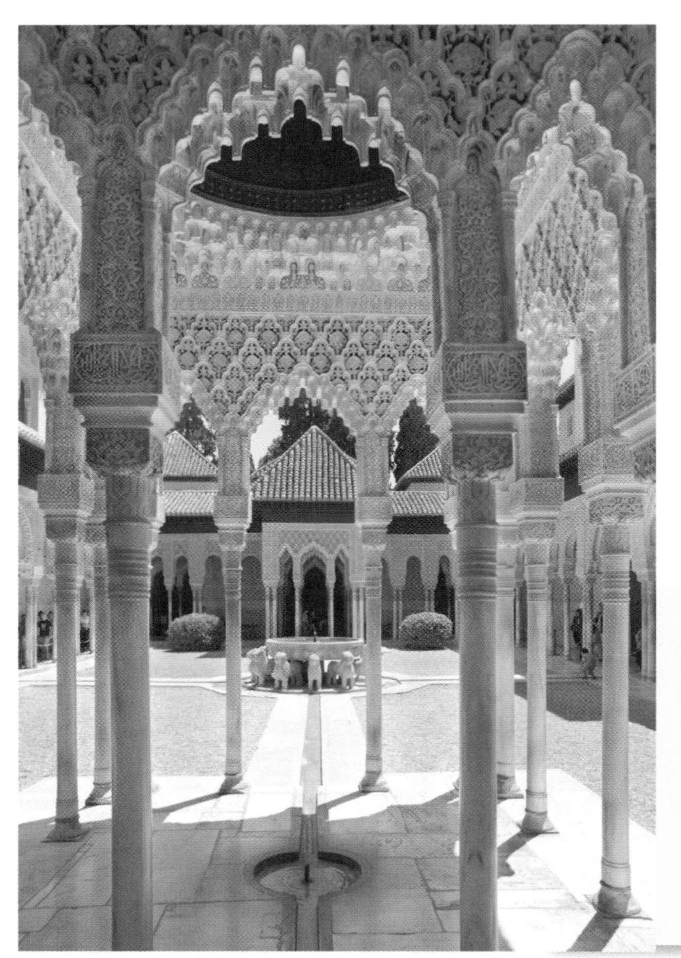

스페인과 북아프리카의 여러 이슬람 건축물들과 마찬가지로, 알람브라는 대칭을 이루는 직사각형 정원들로 구성되었습니다. 그늘진 회랑에 둘러싸인 이 정원은 술탄이 은밀하게 여흥을 즐기는 공간이었습니다. 입에서 물을 뿜어내는 특이한 사자 조각들은 앞서 11세기에 세워진 다른 궁전에 있던 것들입니다.
〈사자의 안뜰〉, 1375년경

이 방은 도시를 내려다보는 거대한 탑 안에 있습니다. 별들이 그려진 천장은 이슬람의 일곱 낙원을 상징합니다. 술탄은 천상에서의 신의 권력과 지상에서의 술탄의 통치를 연결해주는 이 별들 아래의 왕좌에 앉았다고 합니다. 20세기에 화가 M.C. 에셔는 이 천장과 벽의 복잡한 문양에서 영감을 받은 그림들을 그렸습니다.
〈대사의 방〉, 1350년경

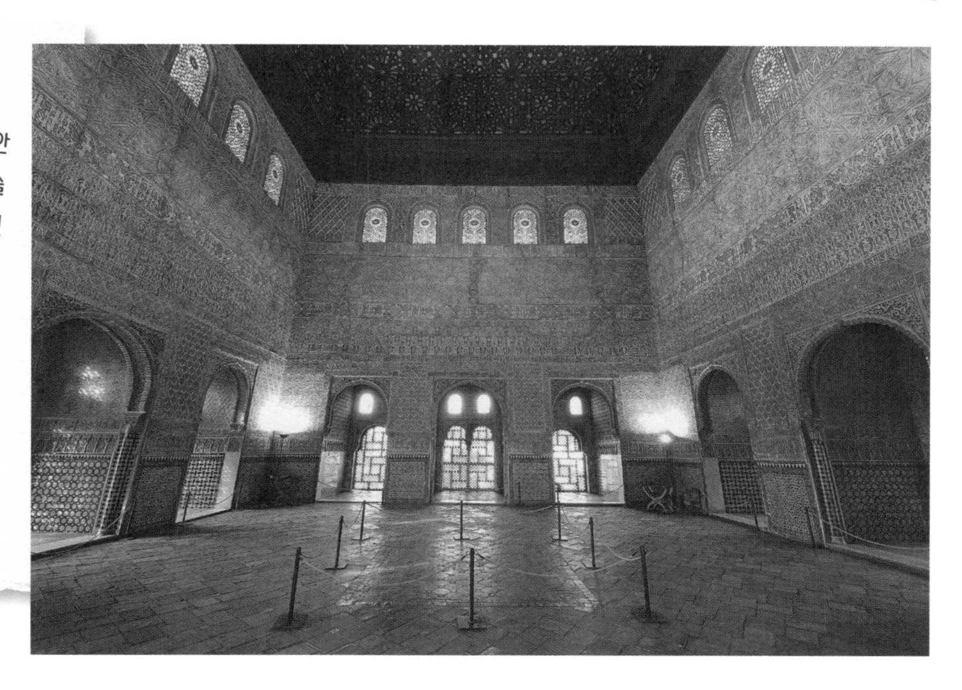

고도로 숙련된 장인들이 벽과 천장에 복잡한 문양을 새겨 넣었습니다. 시 한 편 전체를 정교한 글씨로 써넣기도 했지요. 통치자들은 궁전의 실내 장식을 이 지역의 도예가와 직조공에게 맡겼습니다. 그들의 훌륭한 직물과 화병은 귀한 보물로 대우받았고 심지어 기독교 유럽 전역에서도 신분의 상징처럼 여겨졌습니다. 이슬람 스페인 세력은 사라졌지만, 그 찬란함은 그들이 남긴 미술품들을 통해 여전히 살아 있답니다.

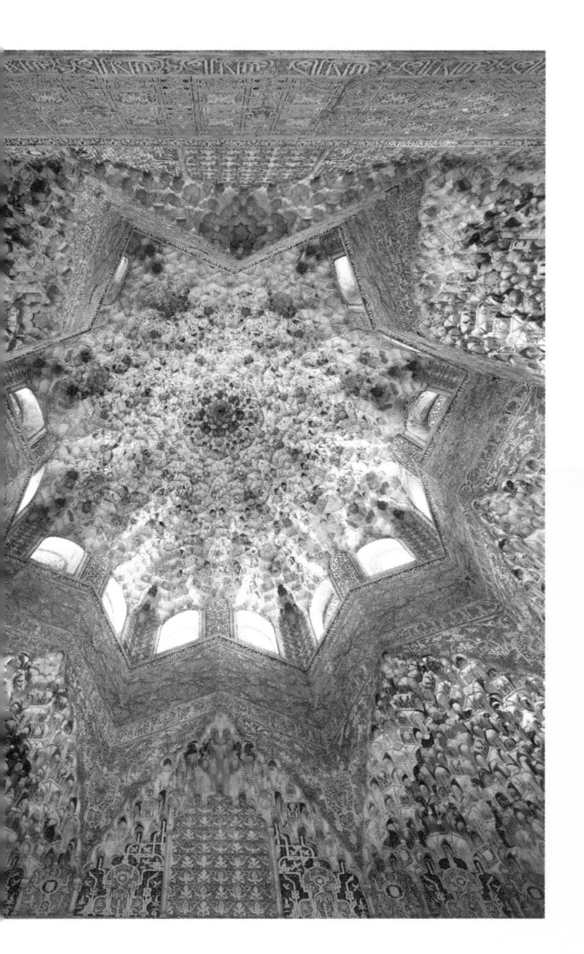

이 돔은 500개 이상의 작은 아치로 이루어져 마치 거대한 벌집이나 동굴 천장처럼 보입니다. 궁전 벽에는 이 천장에 관한 이븐 잠락의 시구절이 남아 있습니다. '이곳의 아름다움은 숨겨져 있는 한편 뚜렷이 보이니/ 천상의 별들을 능가하는 아름다움이라네.'
〈두 자매의 방에 있는 돔 천장〉, 1380년경

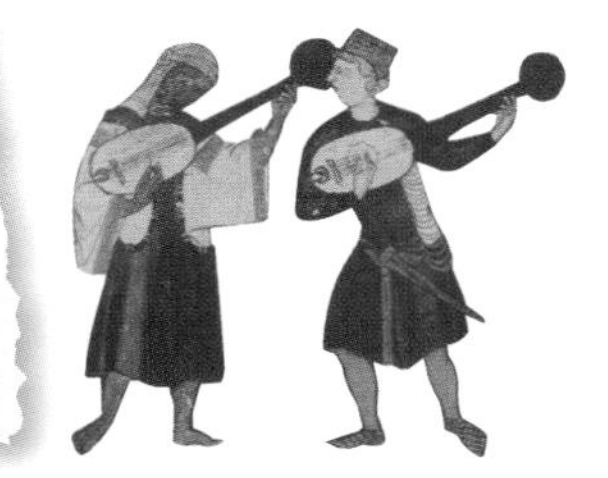

르네상스의 도시, 피렌체(1500년)

문화 부흥의 르네상스

'르네상스'라는 말은 '재탄생'을 뜻합니다. 하지만 이 시대에 재탄생이란 정확히 어떤 것이었을까요? 답은 여러 가지입니다. 사람들은 사고하고 창조하고 발견할 수 있는 인간 고유의 능력을 확신하게 되었지요. 이 새로운 관점을 인본주의라고 합니다. 인본주의는 현재 이탈리아에 있는 도시 피렌체에서 은행업을 통해 부유하고 강력해진 메디치 가문의 후원을 받았습니다. 로렌초 데 메디치는 보티첼리나 미켈란젤로 같은 예술가와 피코 델라 미란돌라 같은 철학자를 후원하여 '위대한 로렌초'라고도 불렸습니다. 재산을 잃은 뒤에도 그는 여전히 뛰어난 예술가와 사상가들을 격려하는 일을 중요하게 여겼지요. 당시 피렌체에서는 '훌륭한 지도자의 자질은 무엇인가'라는 문제를 놓고 뜨거운 논쟁이 벌어졌습니다.

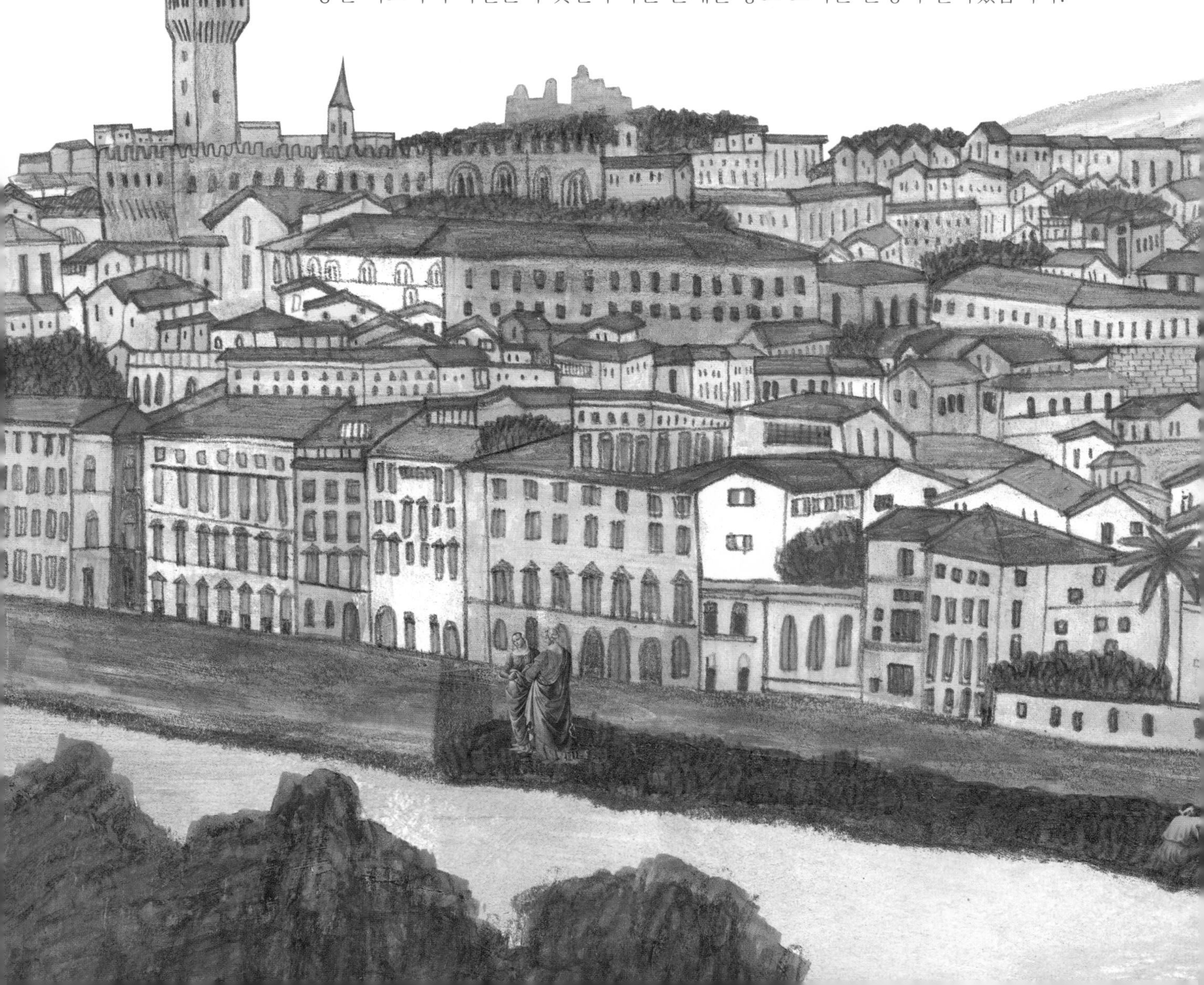

1490년대에는 성직자인 지롤라모 사보나롤라가 권력을 잡고 종교를 피렌체 생활의 중심에 돌려놓겠다고 선언했습니다. 하지만 결국엔 메디치 가문이 도시의 패권을 되찾았지요. 1513년에 니콜로 마키아벨리는 유명한 저서 『군주론』을 로렌초의 증손자에게 헌정합니다. 마키아벨리는 좋은 목적을 위해서라면 지도자의 악하거나 이기적인 행동도 감수해야 한다고 썼습니다. 오늘날까지도 이 책의 독자들은 마키아벨리가 지도자로서 메디치 가문 사람들을 비판한 것인지, 찬양한 것인지에 대해 논쟁합니다. 우리가 확실히 알 수 있는 것은 단지 마키아벨리를 비롯한 여러 유명한 르네상스 사상가들이 거리낌 없이 어려운 질문들을 던질 수 있었다는 사실뿐입니다.

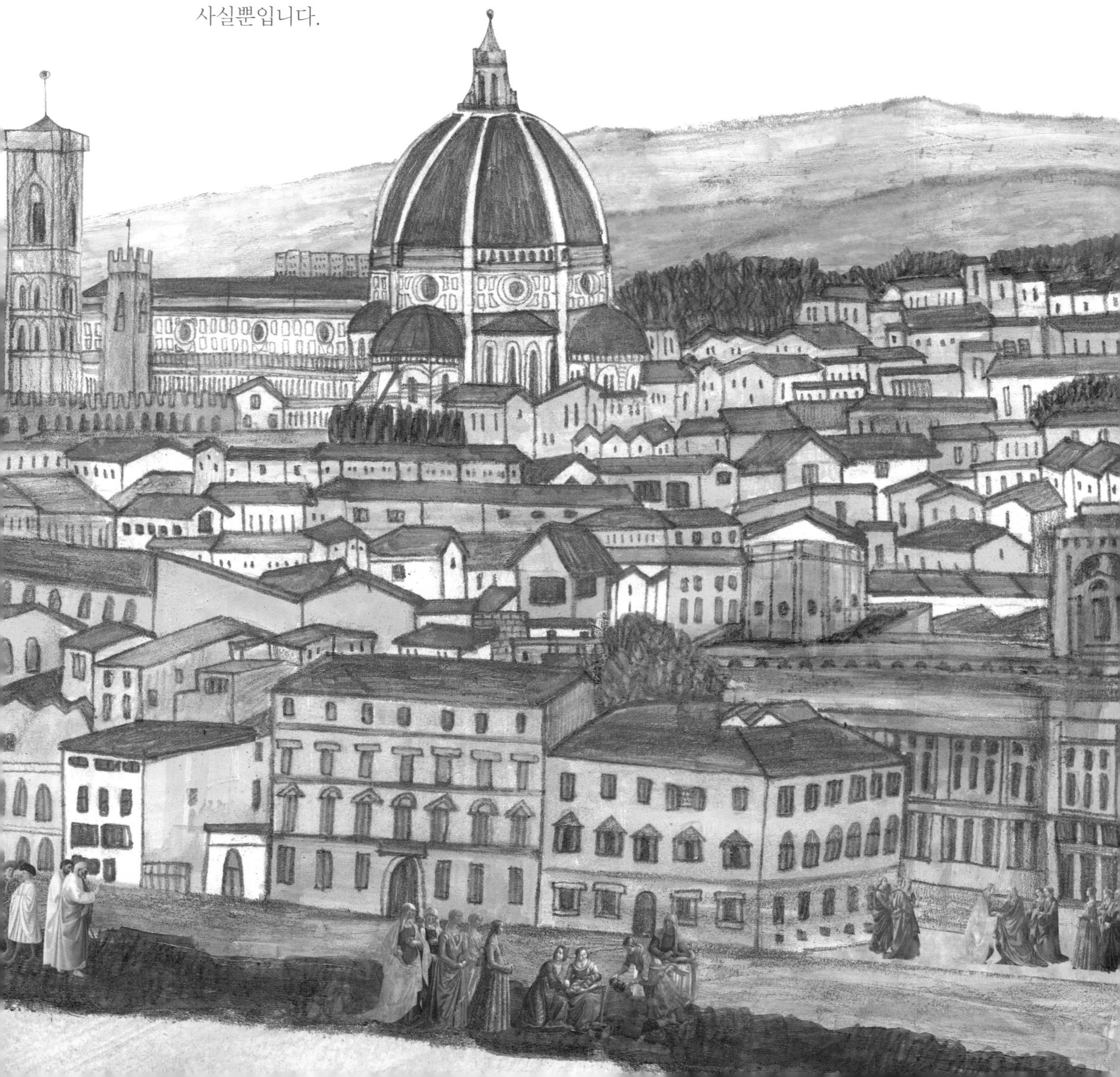

완벽함을 추구했던 예술가들

역사상 가장 위대한 예술가들로 손꼽히는 레오나르도 다빈치와 미켈란젤로는 오랫동안 피렌체를 떠나 있다가 1501년에 돌아왔습니다. 레오나르도가 더 손위였지만, 두 사람은 서로 맹렬한 경쟁자였습니다. 둘 다 이 시기에 최고의 걸작을 만들었지요. 레오나르도는 〈모나리자〉를 그렸고 미켈란젤로는 거대한 〈다비드〉를 조각했습니다. 두 사람은 성격이 매우 달랐지만, 미술은 과학이기도 하다고 확신한다는 점에선 같았습니다. 그들은 인체 구조를 이해하기 위해 시체를 세심하게 해부하기도 했습니다. 레오나르도는 대중이 해부 실험에 분노하리라는 걸 알고 있었습니다. 종교적 이유에서도 그랬지만, 그냥 보기에도 끔찍한 일이었으니까요. 그는 여러 권의 노트에 인체 스케치 수천 장을 남겼습니다. 임신 기간의 태아 발달 과정에 매혹된 그는 여성의 몸이야말로 탐구해야 할 최고의 수수께끼라고 말했답니다.

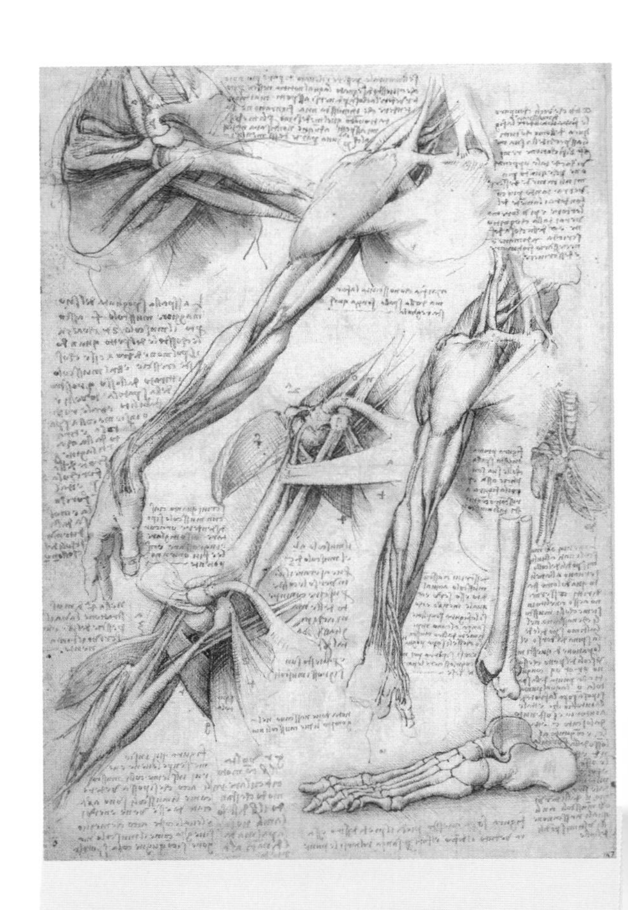

레오나르도는 노트에 이렇게 기록했습니다. "오, 우리의 몸이라는 기계를 사색하는 자여, 타인의 죽음을 통해서만 이에 관한 지식을 얻을 수 있다는 점에 괴로워하지 말라. 오히려 창조주께서 우리의 지성을 이처럼 뛰어난 통찰에 이를 수 있도록 만드셨음에 기뻐하라."

〈해부학 스케치〉, 레오나르도 다빈치, 1510~12년경

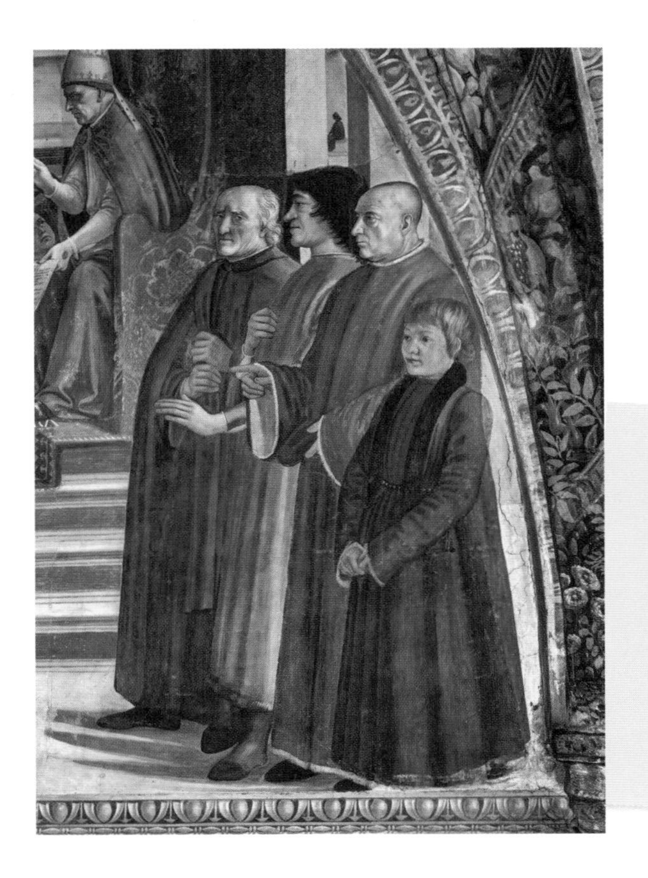

이 프레스코 벽화의 오른쪽 구석에는 어른 셋과 아이 하나가 그려져 있습니다. 한 손을 내민 검은 머리 남자는 로렌초 데 메디치이고 그 옆의 붉은 옷을 입은 남자는 로렌초의 은행 지점장 프란체스코 사세티입니다.

〈성 프란치스코 수도회를 인준하는 교황 호노리오 3세〉 세부, 도메니코 기를란다요, 피렌체 산타 트리니타 성당 부속 사세티 예배당, 1483~86년

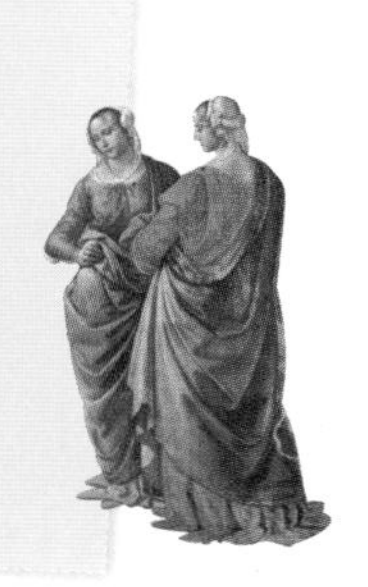

미술가들은 새로운 기법을 찾아내려 했던 한편 고대 그리스와 로마 미술가들이 만든 규범을 따르려고도 했습니다. 특히 고대 조각에 나타난 비례와 균형미를 숭배했지요. 건축가들 또한 고대 건축을 본보기 삼았습니다. 레온 바티스타 알베르티는 로마 건축가 비트루비우스의 저술을 열심히 연구했습니다. 비트루비우스는 레오나르도의 유명한 스케치 〈비트루비우스의 인체비례〉에도 영향을 미쳤습니다. 이 그림은 원과 정사각형 안에 완벽히 맞춰지도록 두 팔과 두 다리를 뻗고 있는 인체의 모습을 표현한 것이지요.

후원 제도

후원자가 된다는 것은 예술가를 경제적으로 지원한다는 뜻이에요. 하지만 로렌초 데 메디치는 거기서 한 발 더 나아갔습니다. 그는 미켈란젤로를 초청해 자기 집에서 함께 살았고 식사도 자기 가족과 같이하게 했답니다. 르네상스 시대에는 귀족과 교회가 예술가의 가장 큰 후원자였습니다.

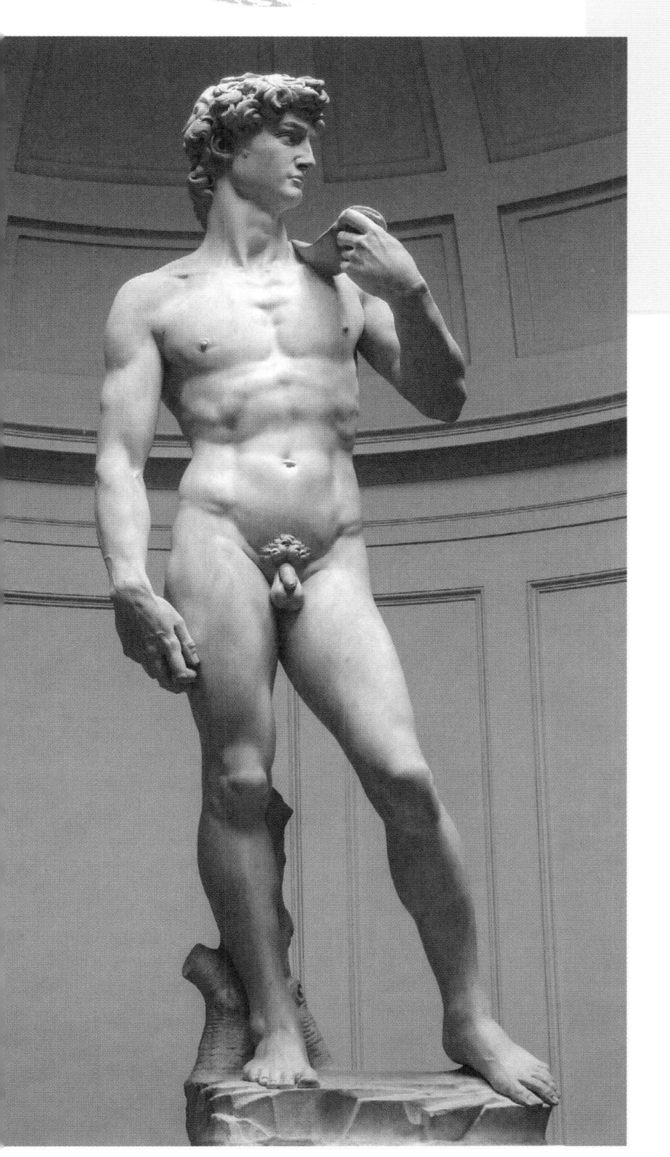

16세기에 이탈리아 미술사 조르조 바사리는 이렇게 적었습니다. "미켈란젤로의 <다비드>를 본 사람이라면 과거에서 현재까지 통틀어 다른 어느 작가의 어떤 조각도 볼 필요가 없다." 하지만 모두가 바사리처럼 이 작품에 열광한 것은 아니었지요. <다비드>가 처음 공개되었을 때 피렌체 사람들 몇몇은 조각상에 돌을 던졌으니까요!

〈다비드〉, 미켈란젤로 부오나로티, 1501~4년

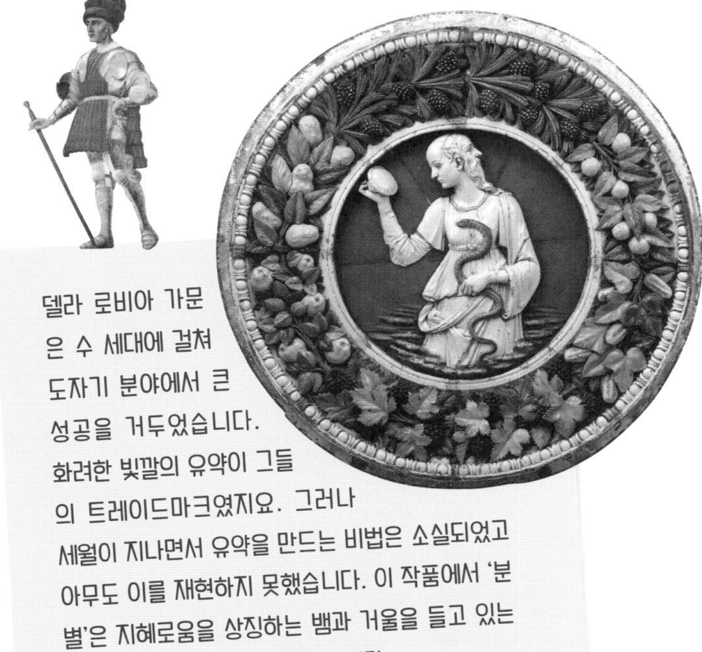

델라 로비아 가문은 수 세대에 걸쳐 도자기 분야에서 큰 성공을 거두었습니다. 화려한 빛깔의 유약이 그들의 트레이드마크였지요. 그러나 세월이 지나면서 유약을 만드는 비법은 소실되었고 아무도 이를 재현하지 못했습니다. 이 작품에서 '분별'은 지혜로움을 상징하는 뱀과 거울을 들고 있는 두 얼굴의 여성으로 묘사되었답니다.

〈분별〉, 안드레아 델라 로비아, 1475년경

전설의 대학 도시, 팀북투(1550년)

책들의 도시

수백 년 동안 팀북투는 전설 속의 장소로만 남아 있었습니다. 오늘날에도 영어로 머나먼 신비의 장소를 가리킬 때 '여기부터 팀북투까지(from here to Timbuktu)'라고 말하지요. 팀북투는 사하라 사막 남단이 나이저 강의 북쪽 굽이와 만나는 지점에 세워졌습니다. 낙타나 카누를 타고 온 여행자들은 이곳에서 금과 소금을 거래했고, 1550년에 팀북투는 서아프리카 최대의 도시이자 가장 부유한 도시가 되었습니다.

이 필사본 속의 스케치들은 예언자 무함마드가 살았던 사우디아라비아 도시 메디나의 성스러운 건물들을 묘사한 것입니다. 원래 팀북투의 도서관에 있던 책이지만, 당시 그곳의 사서들은 책들을 도적과 반란 세력으로부터 지키기 위해 땅속에 묻어야 했답니다.

〈시디 제이얀 하이다라 도서관 필사본〉, 팀북투, 1550년경

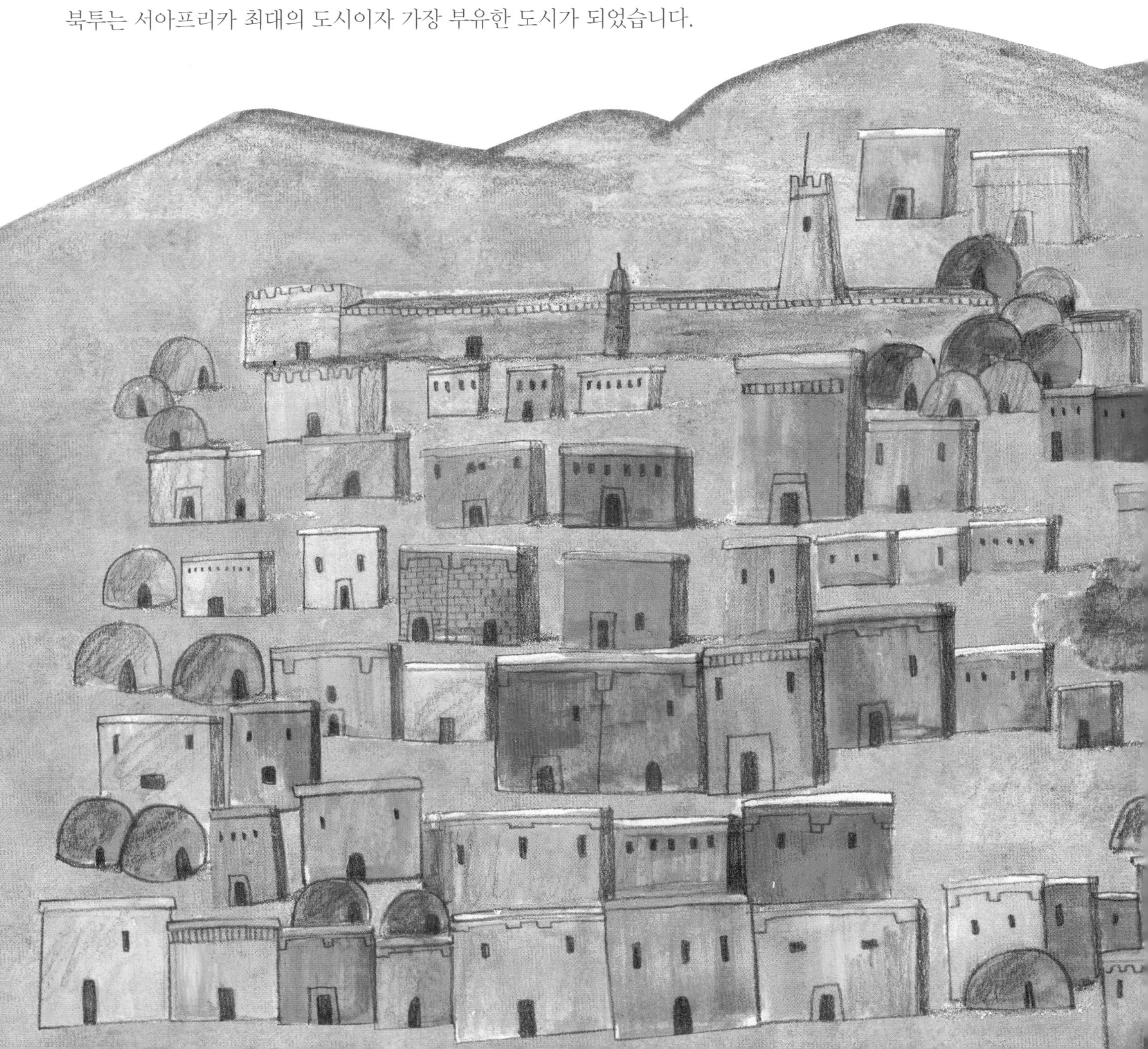

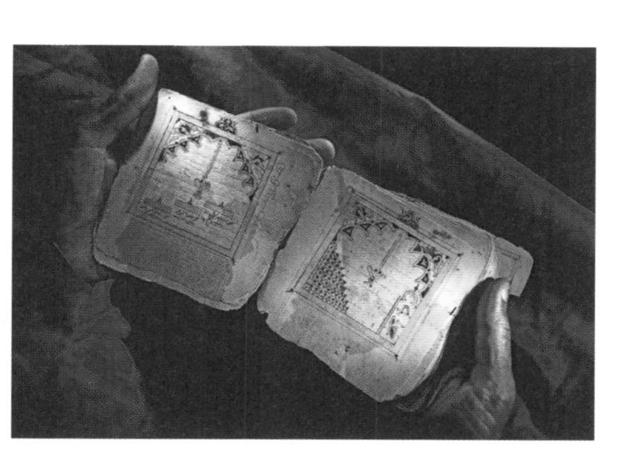

하지만 팀북투의 가장 큰 자랑거리는 이곳이 배움의 중심지라는 것이었지요. 외교관이자 학자였던 레오 아프리카누스는 16세기에 이 도시를 여행한 뒤 이렇게 전했습니다. "팀북투에는 수많은 재판관, 학자, 성직자들이 살고 있다. 이곳의 왕은 지식인들을 매우 아끼기에 이들 모두에게 후한 봉급을 지불한다. 이곳에서는 필사본들이 다른 어떤 상품보다도 많이 팔린다." 송가이 제국 치하에서 팀북투는 무슬림 학자들의 중심지가 되었습니다. 2만 명의 학생들이 쿠란에서 의학, 천문학까지 다양한 분야를 공부했지요. 서기들은 이 도시의 역사를 상세히 적어두었고 후손들은 그 기록들을 도서관에 세심하게 보관했습니다.

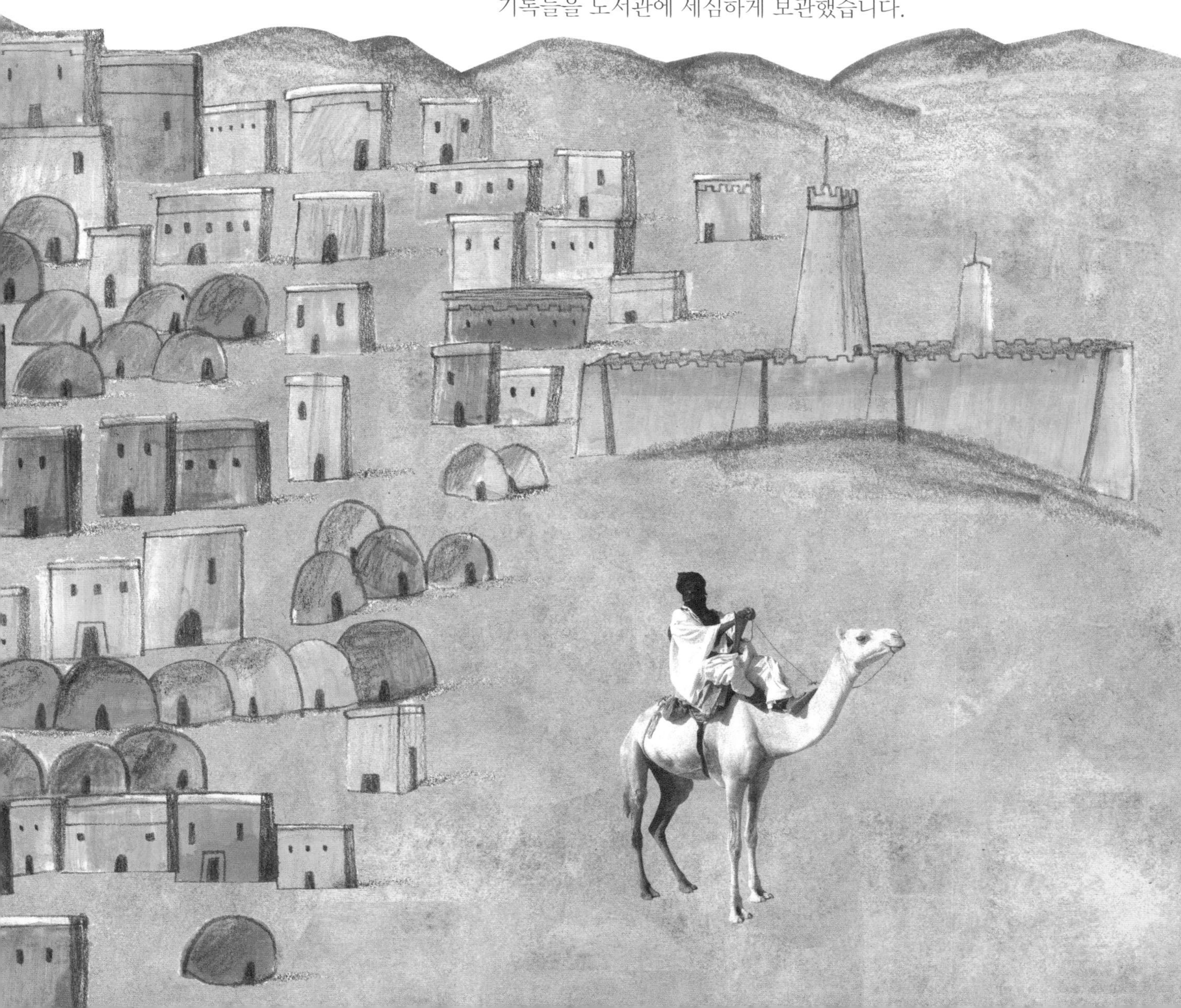

시간을 초월하는 대학 건축물

그때나 지금이나 팀북투는 대학 도시입니다. 16세기에 이곳은 서아프리카 전역에서 유명했습니다. 마치 현재 영국에서 옥스퍼드나 케임브리지가 유명하듯이 말이지요. 도시는 대학들로 넘쳐났고, 10년씩 머물면서 공부하는 학생들도 있었습니다. 팀북투에서 가장 크고 오래된 대학들은 가장 중요한 모스크 세 곳 주위에 지어졌습니다. 징게르베르, 상코레, 시디 야히아 모스크에는 각각 미너렛이 하나씩 있습니다. 미너렛은 무슬림들이 하루 다섯 번 하는 기도 시간을 알리는 탑이지요. 미너렛의 형태와 양식, 규모는 아주 다양합니다. 팀북투의 미너렛은 특히 고슴도치 가시처럼 측면에 삐죽 튀어나온 막대들이 개성적입니다. 팀북투의 건축가들은 방코라는 고유의 진흙 혼합물을 회반죽처럼 펼쳐서 건물에 두드려 붙였습니다. 방코는 뜨거운 햇볕을 받으면 금이 가고 부서지므로 매년 새로 한 겹 덧붙여야 하지요. 수백 년 동안 팀북투 시민들은 한데 모여 똑같은 방식으로 모스크와 대학 건물들을 보수해왔습니다. 어디까지가 고대의 건물이고 어디부터가 새로운 건물인지 구별하기 어렵기에, 이 도시는 말 그대로 시간을 초월한 곳이라고 할 수 있답니다.

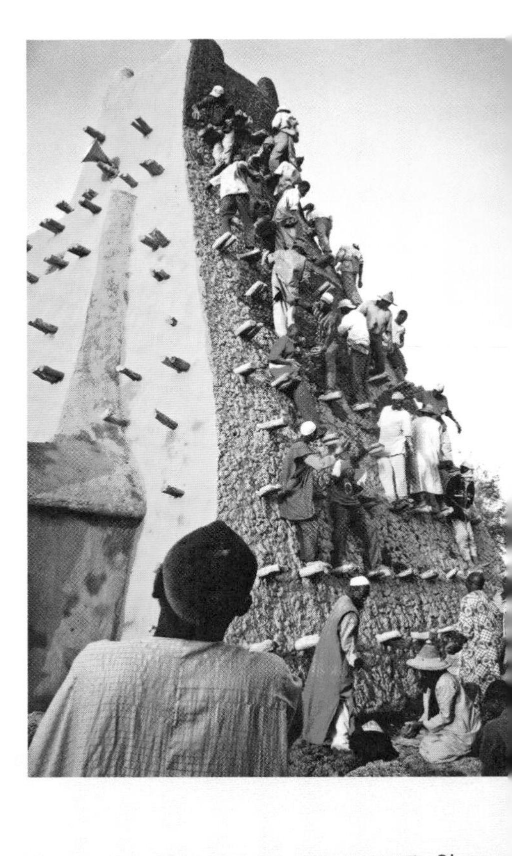

해마다 모스크는 보수 주간을 거칩니다. 이 한 주는 축제인 동시에 작업 기간이지요. 지역민들이 보수에 참여합니다. 미너렛의 측면에 삐져나온 나무 막대들은 단순한 장식이 아니라 사람들이 기어올라 작업할 수 있는 사다리 구실도 한답니다.
〈상코레 모스크의 공동 보수〉, 2000년경 촬영

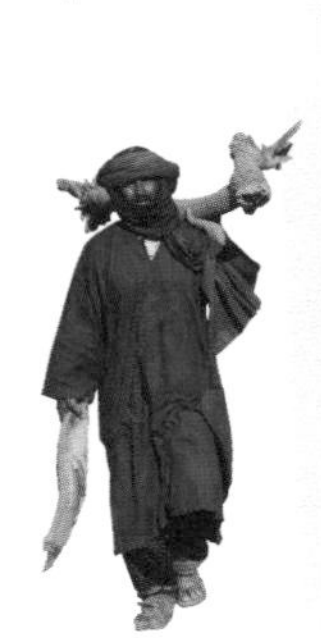

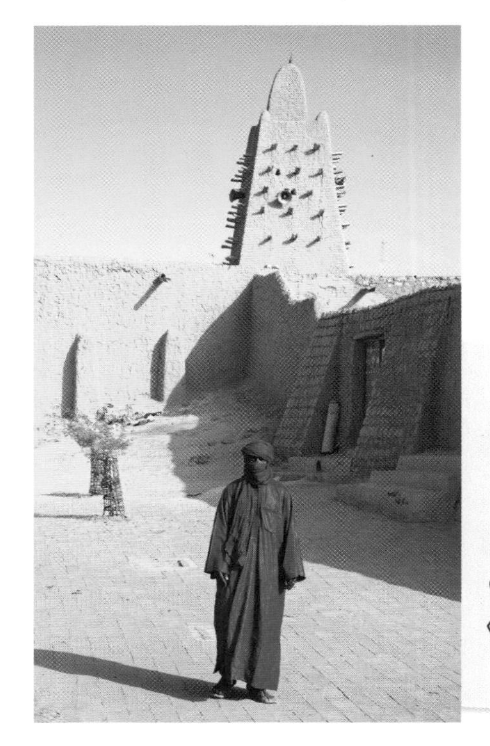

14세기에 만사 무사가 순례를 마치고 돌아온 기념으로 건설한 모스크입니다. 주요 증축은 16세기의 종교 지도자들이 했지요. 이 모스크에는 여러 무슬림 성인들의 묘가 있는데, 이 때문에 팀북투는 종종 '성인 333명의 도시'라고도 불린답니다.
〈징게르베르 모스크〉, 1327년 건설

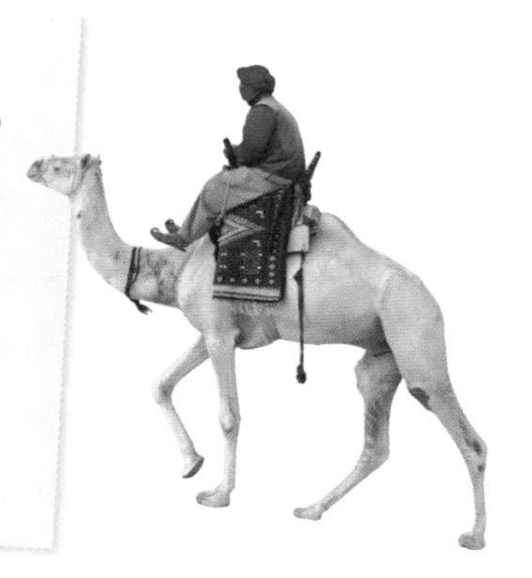

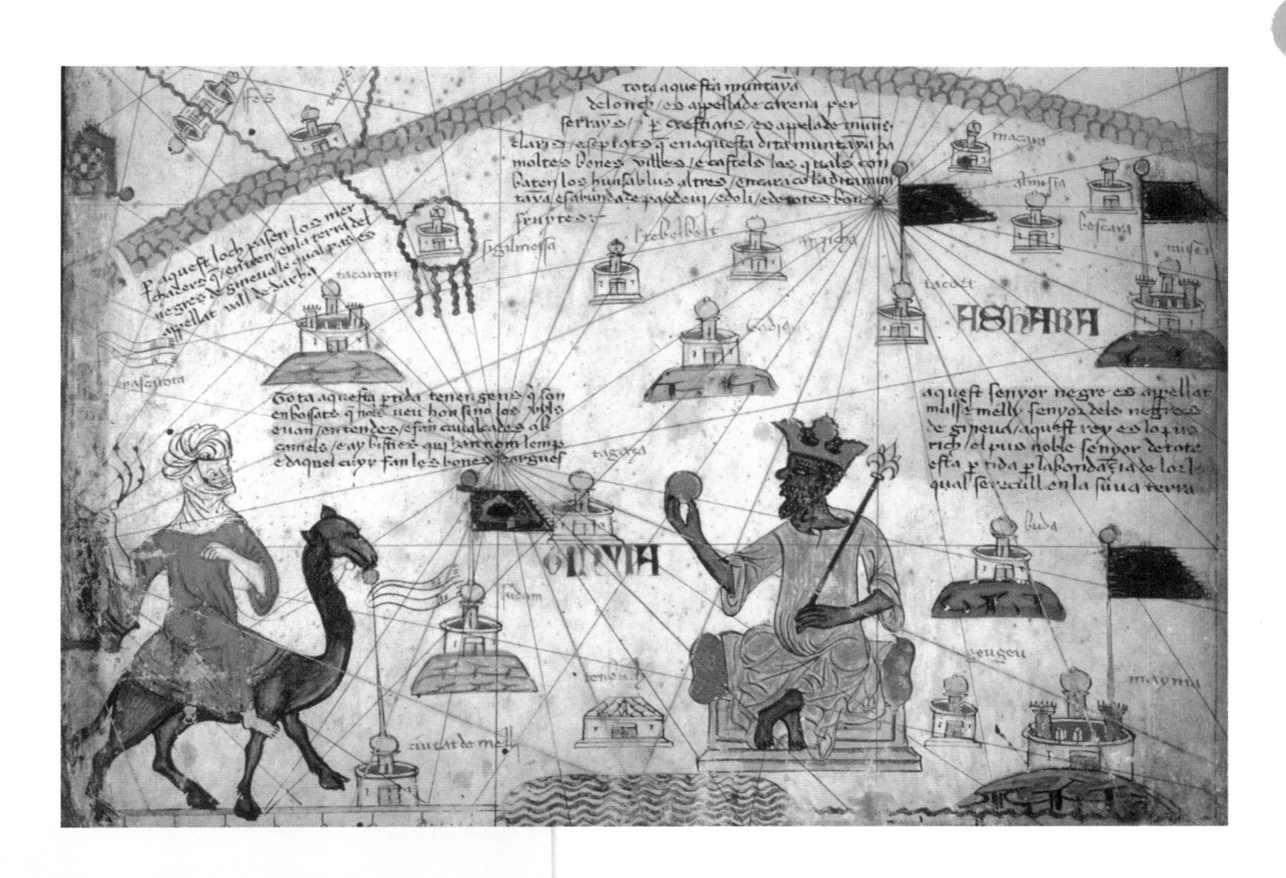

팀북투가 유명해진 것은 14세기에 말리의 왕 만사 무사(이 그림에서 황금 왕관을 쓴 인물)가 아프리카에서 아라비아로 순례를 떠나면서였습니다. 무사가 여행길에 얼마나 많은 금을 뿌렸는지, 사람들은 팀북투 같은 도시들이 말 그대로 금으로 만들어진 곳이라고 믿게 되었답니다.

〈카탈루냐 아틀라스〉 세부, 아브라함 크레스크, 1375년

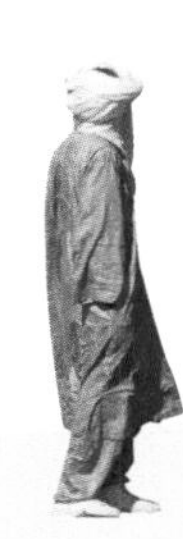

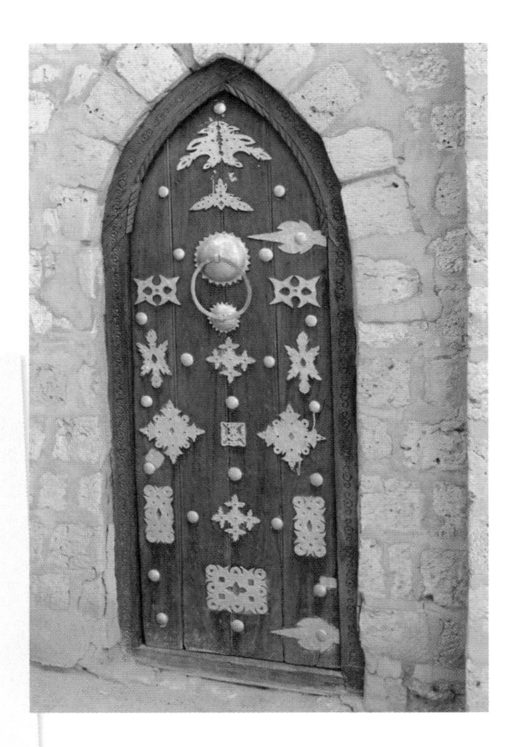

현재 팀북투에서 나무는 무척 귀한 소재입니다. 한 팀북투 주민은 이렇게 말합니다. "기후가 변해서 보라수스 야자나무는 더 이상 여기서 자라지 않아요. 하지만 우리 전통 건축물의 기둥과 문은 조상님들이 예멘에서 들여온 설계에 따라 그 나무의 단단한 목재로 만들어졌지요. 이제 우리는 활엽수 목재를 수입해와야 한답니다."

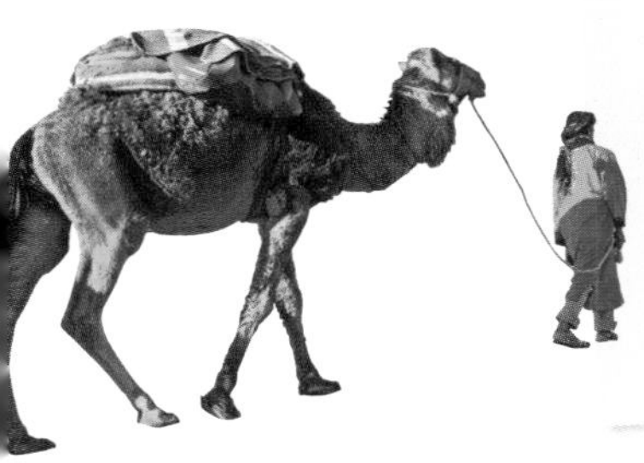

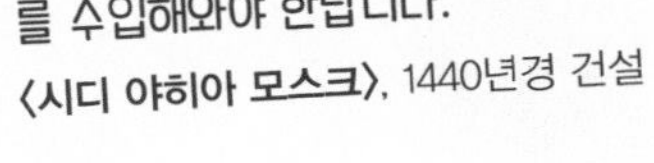

〈시디 야히아 모스크〉, 1440년경 건설

자유의 도시, 암스테르담(1650년)

관용의 도시

16세기부터 17세기까지 유럽은 전쟁에 휩쓸렸습니다. 네덜란드와 스페인 간의 80년 전쟁은 종교와 정치 문제로 일어난 것이었지요. 스페인은 가톨릭 국가였지만 네덜란드 국민의 다수는 개신교도였고 마음대로 신앙생활을 할 자유를 원했습니다. 마침내 1648년에 두 국가는 평화협정을 맺었고 네덜란드는 독립국가가 되었습니다. 그리고 그 중심에 암스테르담이 있었지요.

개신교

수백 년 동안 유럽의 기독교도들은 단일한 집단에 속했습니다. 교황이라는 개인이 이끄는 로마 가톨릭 교회였지요. 그러나 16세기에 종교개혁가 마르틴 루터가 교회의 변화를 요구했습니다. 평범한 사람들도 직접 성경을 읽고 다양한 방식으로 신을 섬길 수 있어야 한다는 생각이었지요. 이러한 개혁으로 개신교가 생겨났습니다.

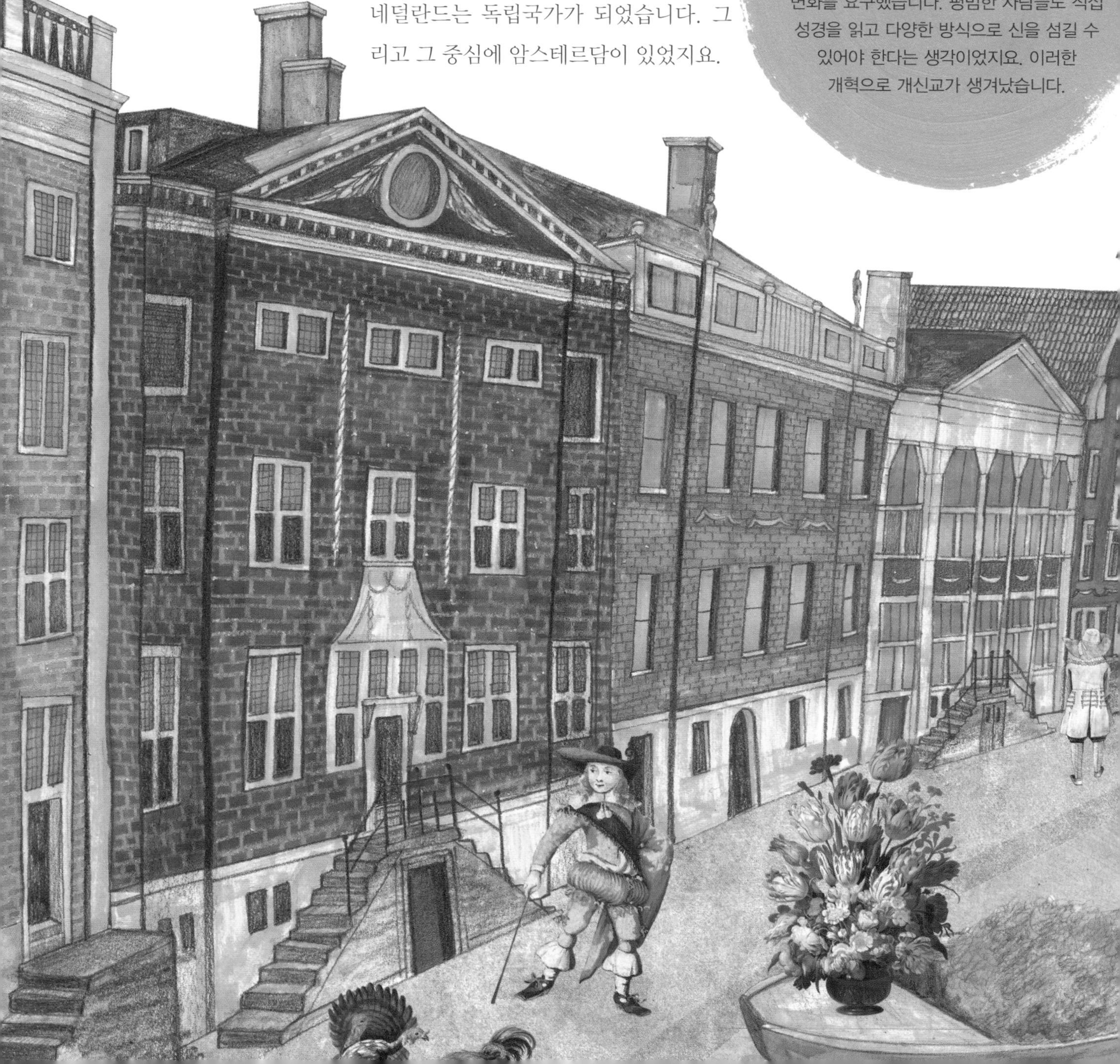

프랑스의 개신교도들, 포르투갈과 스페인의 유대인들이 암스테르담으로 모여들었습니다. 고국에서는 자신의 종교를 포기하거나 숨기도록 강요당했던 사람들이었지요. 암스테르담의 유대인 주민들이 가졌던 자부심은 포르투갈 시나고그의 위풍당당한 전면에 잘 드러납니다. 이곳은 당시 암스테르담 최고의 교회와 맞먹을 만큼 화려하게 설계되었지요. 암스테르담에는 단순히 종교의 자유뿐만 아니라 종교에 관한 자유로운 사상이 있었답니다. 철학자 스피노자는 성경의 저자가 누구인지, 신과 세상의 관계는 무엇인지에 관한 전통적 사고에 도전했지요. 과학 분야에서도 암스테르담은 새로운 발견의 중심지였습니다. 과학자들은 현미경으로 박테리아를 관찰했고, 망원경의 개량은 머나먼 위성들의 발견으로 이어졌지요. 전 세계 사람들이 암스테르담을 통해 세상을 보는 관점을 달리하게 되었답니다.

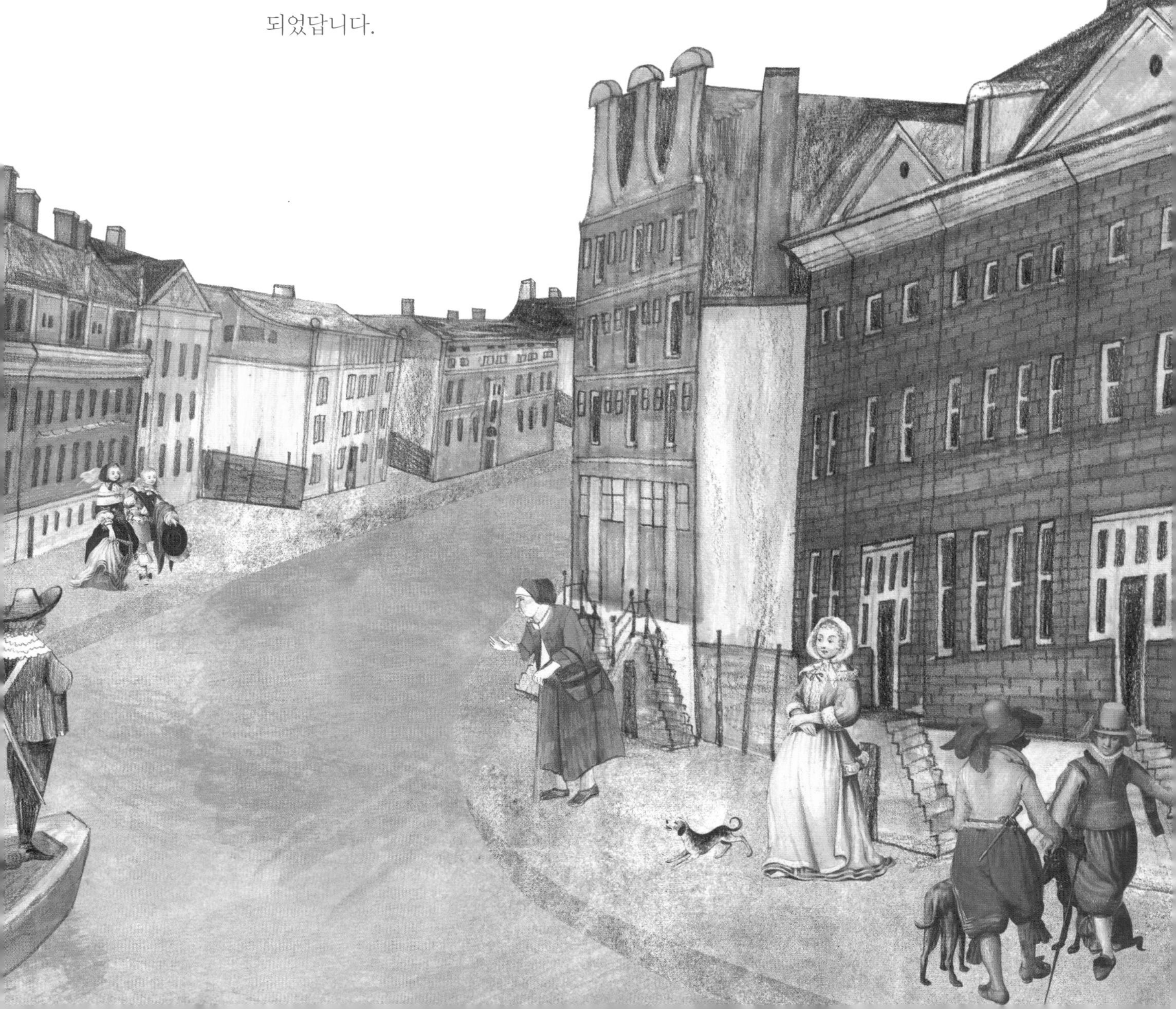

상업의 발달과 예술의 황금기

네덜란드의 황금기는 상업으로 정의됩니다. 네덜란드 동인도회사는 전 세계로 선박을 보내 인도네시아에서 일본까지 다양한 나라의 국민들과 거래했습니다. 일본의 경우 유럽 국가들 중에 오직 네덜란드에만 교역을 허락했지요. 상인들이 네덜란드로 가져온 물건들은 의복, 회화, 도자기 분야에서 새로운 양식을 낳았습니다. 델프트 근교의 장인들이 명나라 도자기에 영감을 받아 만들어 낸 청화백자 타일과 도자기는 유럽 전역에서 사랑받았습니다. 또한 상인들이 터키에서 들여온 튤립이 엄청난 인기를 끌자 사람들은 마치 주식시장에 투자하듯 튤립 구근에 돈을 쏟아붓기 시작했습니다. 결국 튤립 시장이 붕괴하자 구근을 너무 많이 사둔 나머지 파산한 사람들까지 생겼지요!

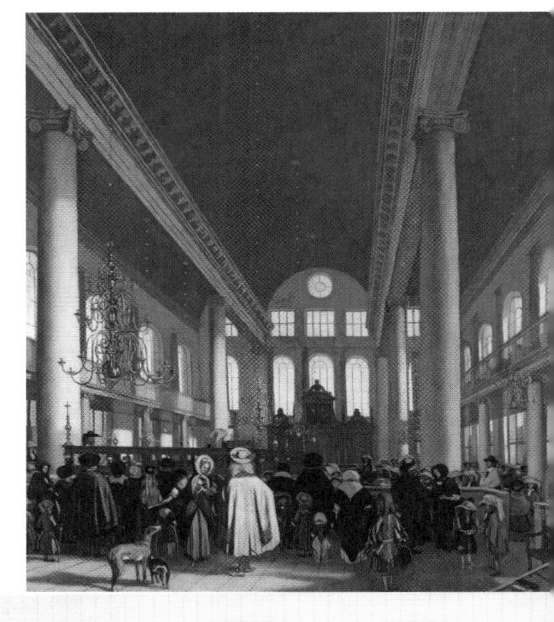

암스테르담에서 유대인들은 자유롭게 그들의 예배당을 지을 수 있었습니다. 이 그림 속의 포르투갈 시나고그는 당시 세계 최대의 시나고그였으며, 이로 인해 암스테르담은 유럽 유대인 세계의 중심으로 자리 잡았습니다. 이곳은 예루살렘에 있던 고대 성전과 비슷하게 설계되었답니다.

〈포르투갈 시나고그의 내부〉, 에마뉘엘 더비터, 1680년

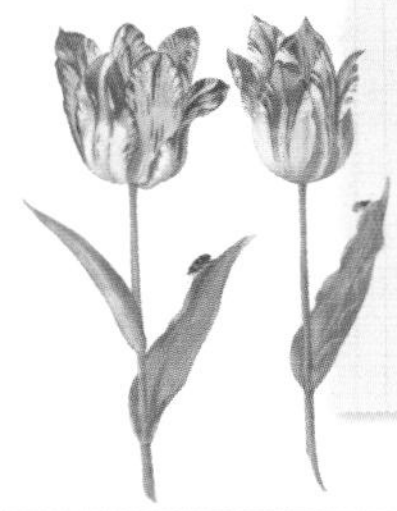

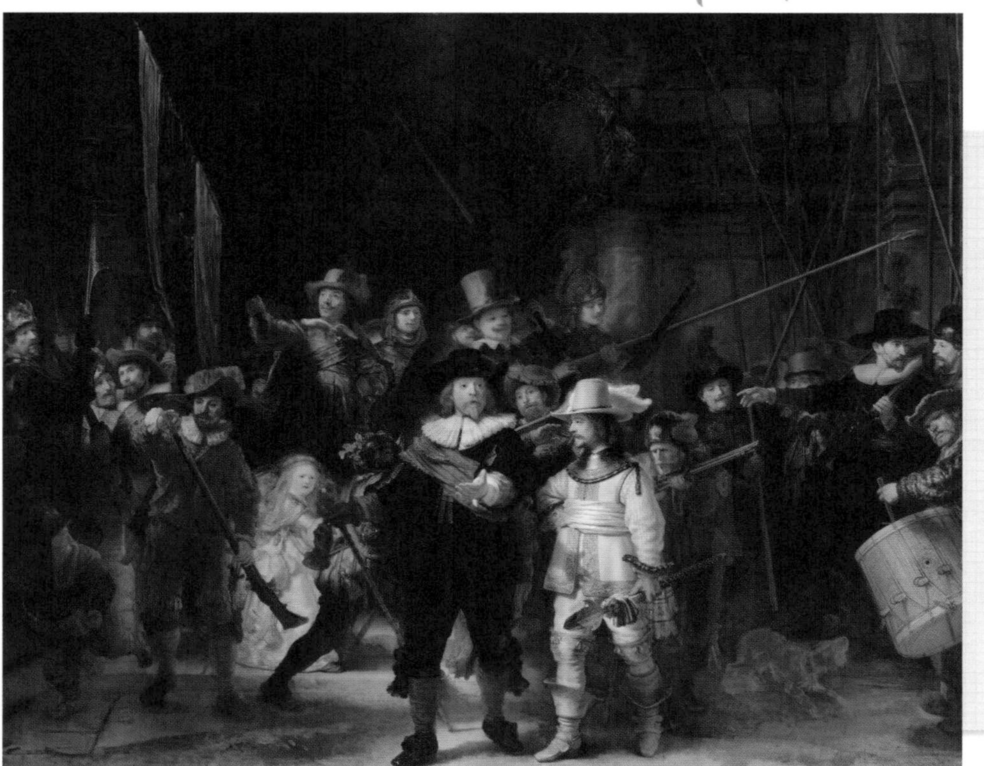

부자들은 화가에게 집단 초상화를 의뢰하곤 했습니다. 이 그림 속의 대장과 부관은 정면에 그려지는 대가로 군인들 중에서 가장 많은 돈을 지불했을 것입니다. 다른 화가라면 그냥 군인들이 테이블 주위에 둘러앉은 모습을 그렸을 수도 있겠지만, 렘브란트는 생동감 넘치는 분위기와 극적인 명암으로 특별한 장면을 창조해냈지요.

〈야경〉, 렘브란트 반 레인, 1642년

레이스터는 평생 동안 자신의 일상 속 장면들을 그렸으며 특히 음악가들을 다룬 그림들로 유명했습니다. 이 그림 속의 그녀는 여유롭고 편안한 모습으로 걸작으로 평가받은 <즐거운 사람들>의 바이올린 연주자를 그리고 있습니다. 하지만 레이스터는 죽은 후 수백 년 동안 거의 잊혀졌고, 사람들은 그녀의 그림들을 프란스 할스의 그림으로 오해했지요.

〈자화상〉, 유디트 레이스터, 1630년경

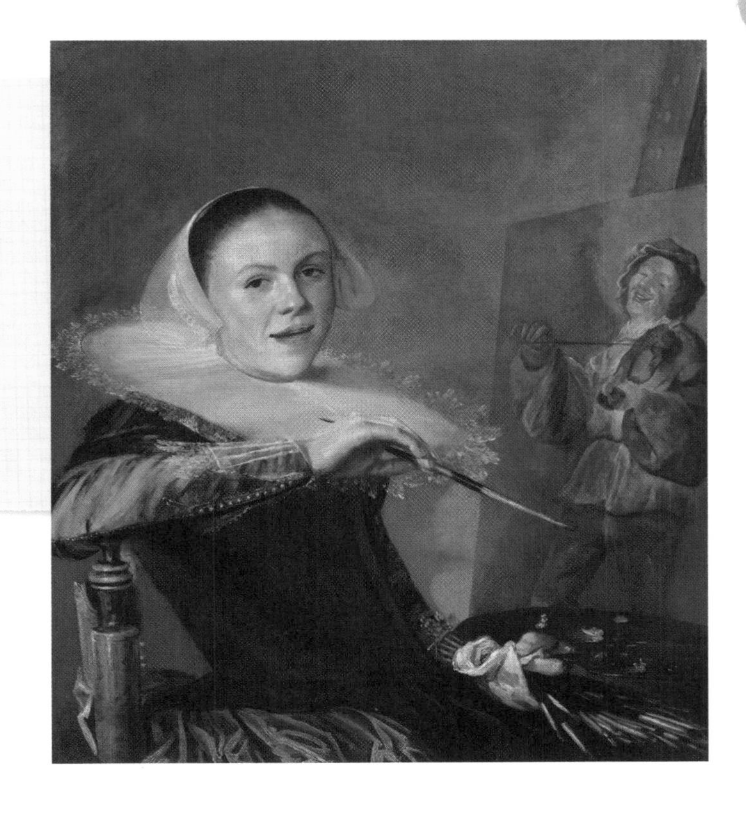

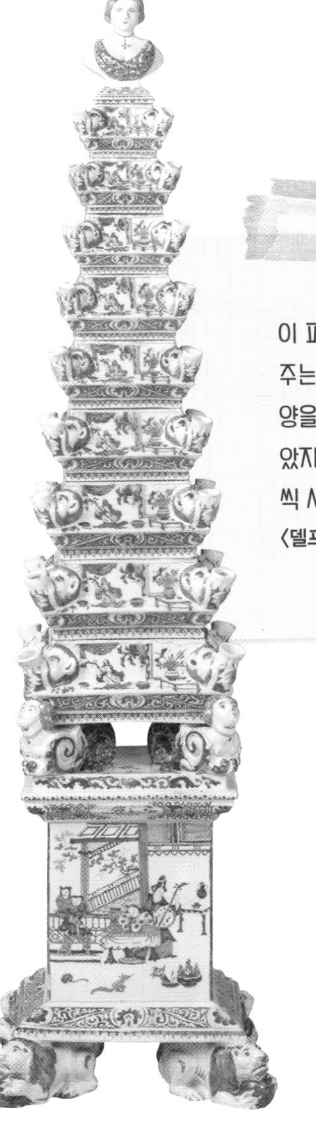

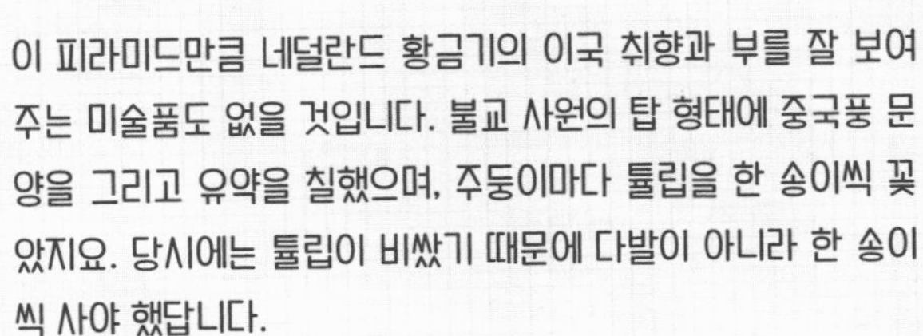

이 피라미드만큼 네덜란드 황금기의 이국 취향과 부를 잘 보여주는 미술품도 없을 것입니다. 불교 사원의 탑 형태에 중국풍 문양을 그리고 유약을 칠했으며, 주둥이마다 튤립을 한 송이씩 꽂았지요. 당시에는 튤립이 비쌌기 때문에 다발이 아니라 한 송이씩 사야 했답니다.

〈델프트 공방의 그리스인이 만든 꽃 피라미드〉, 1695년경

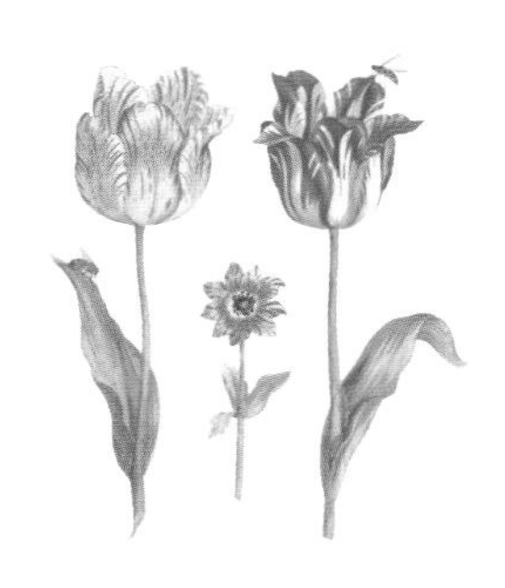

모든 상업 분야에는 물건의 판매 장소와 방식을 통제하는 길드가 있었습니다. 화가들에게도 고유의 길드가 있었지요. 유디트 레이스터 같은 여성 화가들이 최초로 길드에 받아들여진 것도 이 시대였습니다. 길드를 비롯한 여러 집단들은 회의 장소에 모인 자신들의 초상화를 의뢰하곤 했습니다. 이런 집단 초상화 중 최고의 걸작은 렘브란트의 〈야경〉입니다. 이 그림은 자경단이 행진하기 위해 모여 있는 모습을 담았지요. 이 그림 속에서 깃발을 들고 북을 치는 군인들처럼, 암스테르담 시민들은 온갖 가능성이 넘치는 도시에서 산다는 것을 자랑스러워했답니다.

지상의 천국, 이스파한(1700년)

황제의 새 도읍

16세기 말에 사파비 왕국의 아바스 1세는 수도를 이스파한으로 옮겼습니다. 자신의 권력을 가장 잘 드러낼 방법은 화려한 건물들을 설계하고 짓는 것이라 생각했기 때문이지요. 아바스 1세는 이 도시를 완전히 새롭게 변신시켰습니다. 17세기 중반에 이르자 이스파한은 50만 인구와 150곳 이상의 모스크, 수천 개의 가게와 수백 개의 공중목욕탕이 있는 대도시가 되었습니다. 도시 중앙에는 마이단이라는 광장이 있었습니다. 유럽 어느 도시의 광장보다도 크고 화려한 곳이었지요. 당시 이곳을 방문한 누군가의 기록처럼, 마이단은 '의심할 여지없이 우주의 어느 곳보다도 드넓고 유쾌하며 향기로운 장터'였답니다.

시아파

이슬람교는 크게 수니파와 시아파 두 가지 종파로 나뉩니다. 시아파는 전 세계의 무슬림 중에서도 소수를 차지하지요. 이들은 예언자 무함마드의 진정한 후계자가 그의 사위였던 알리라고 믿습니다. 알리가 죽은 지 수백 년 뒤 사파비 왕국에서는 시아파 이슬람교를 국교로 정했습니다. 오늘날에도 이란 국민의 대다수는 시아파 신자랍니다.

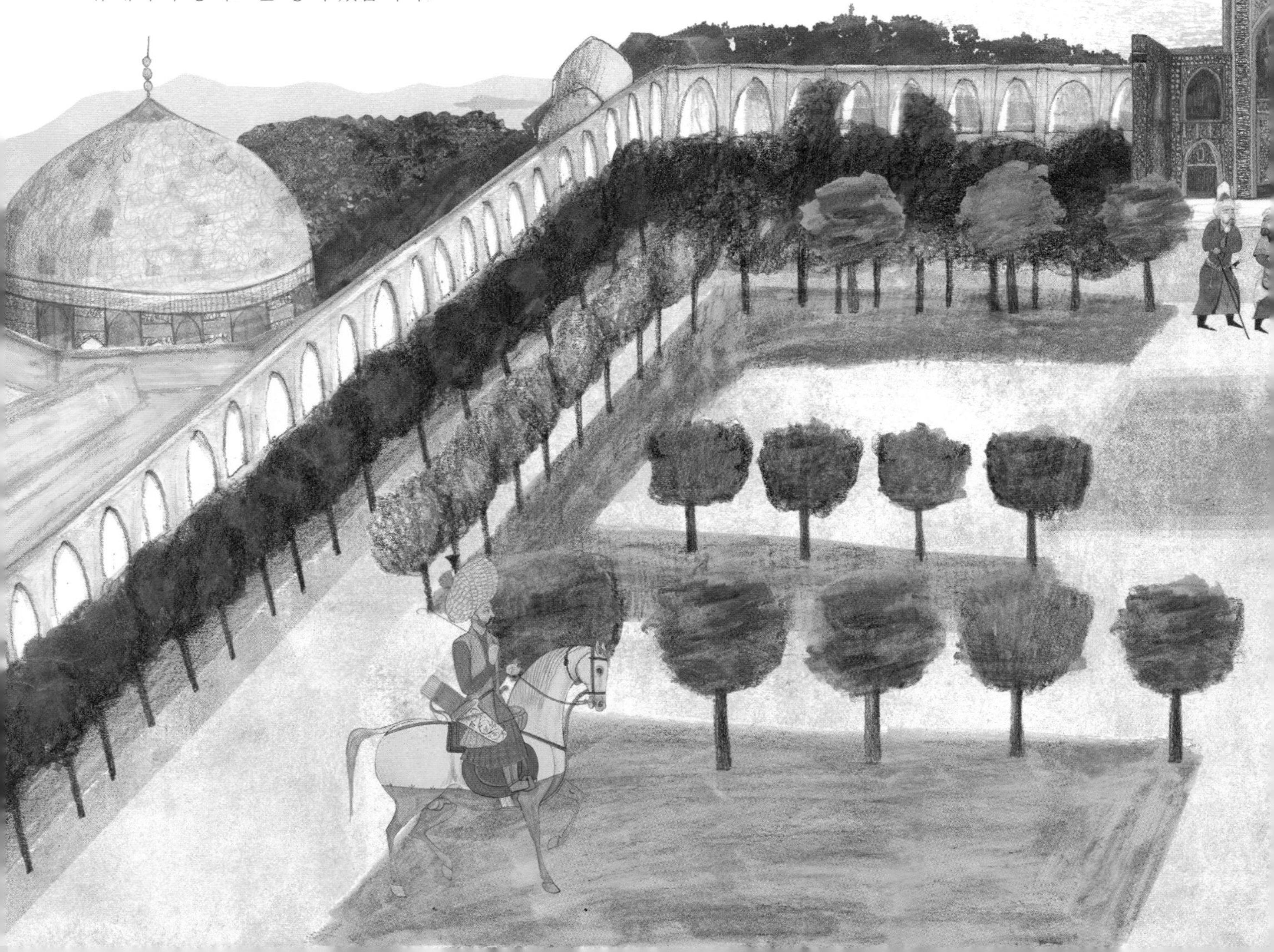

도시의 중앙 광장인 마이단 주위에는 왕궁과 시장, 모스크가 완벽한 대칭 형태로 배치되었습니다. 광장 뒤쪽에는 학교, 주택, 공방들이 있었지요. 낙타를 타고 대상을 이루어 다녔던 수천 명의 상인들을 위한 여관도 수백 개나 있었답니다. 이들은 아시아와 유럽을 오가는 도중에 이스파한에 들르곤 했지요.
〈마이단〉, 이스파한

광장은 상업의 중심일 뿐만 아니라 샤(페르시아의 왕)가 종교적 · 예술적 · 신체적 우월함을 과시하는 장소이기도 했습니다. 순례 행렬을 할 때든 말을 타고 공을 칠 때든, 사파비 왕국의 샤들은 완벽한 통제력을 보여주려 했지요. 그들은 외국에서 온 상인들에게 관대했고 기독교인, 유대인, 고대 페르시아에서 전해진 조로아스터교 신자와 힌두교도 등 다양한 신앙을 지닌 모든 사람들이 이스파한에 살 수 있게 했습니다. 하지만 샤의 신성한 통치권에는 의문의 여지가 없었습니다. 그들은 자신이 신의 대리인이며 이스파한이 지상의 천국이라고 굳게 믿었답니다.

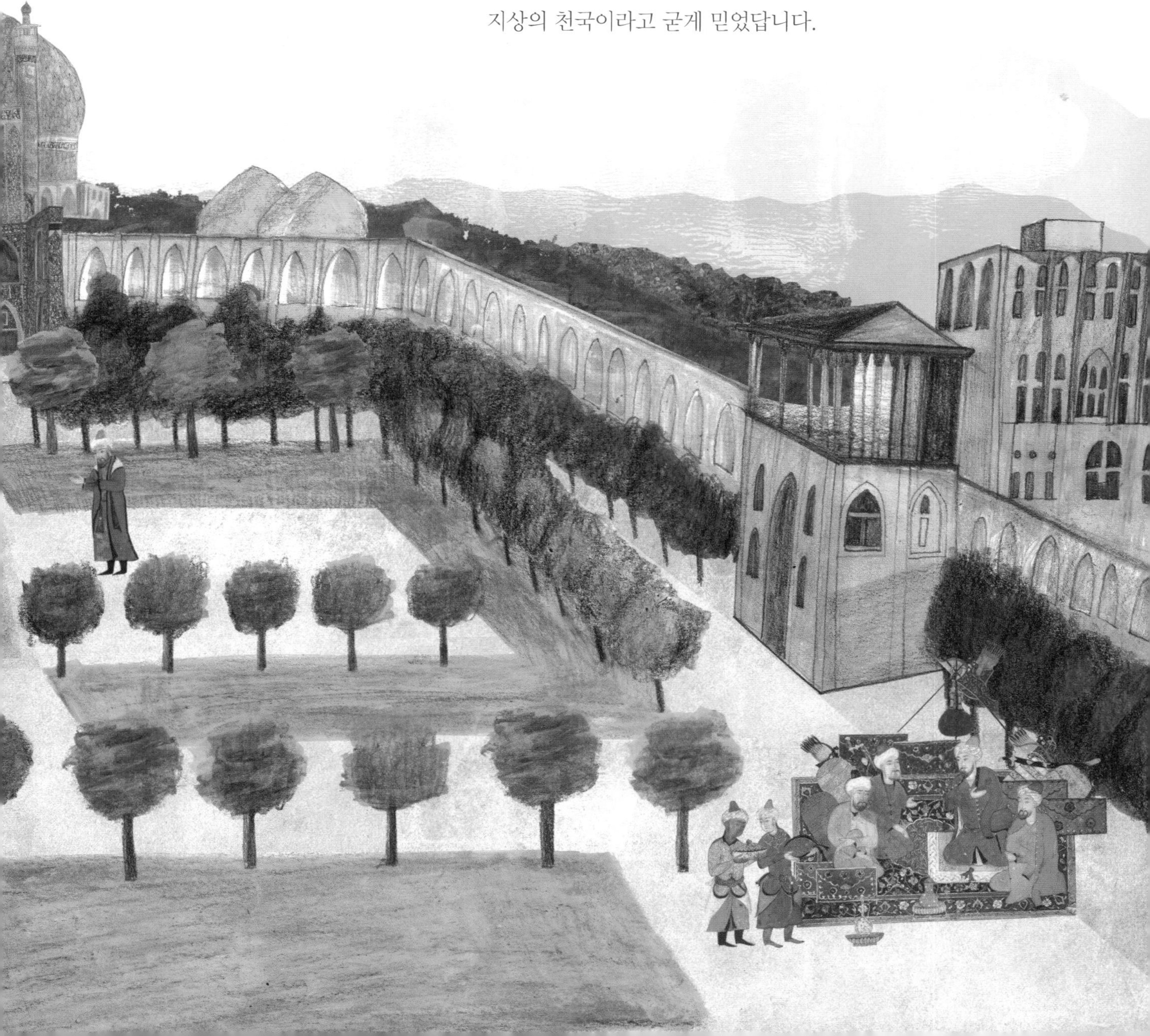

이스파한의 크고 작은 걸작들

이스파한이 점점 커지면서 페르시아에는 이런 속담이 생겼습니다. '이스파한이 세상의 절반이다.' 사파비 왕국의 샤들은 웅장한 건물을 신속하게 짓고 싶어했습니다. 해결책은 돔이나 탑, 아치 등 기본 형태를 다양하게 조합하는 것이었지요. 거기에 화려한 타일들을 붙이면 건물들은 각각 독특하면서도 호화롭게 보였습니다. 샤들은 다른 미술 분야에서도 이와 비슷한 접근 방식을 택하여 양탄자를 짜고 필사본에 채색 세밀화를 그리는 장인들의 대규모 공방을 만들었습니다. 페르시아 양탄자는 종종 이스파한 주변의 정원과 분수, 돔들을 담은 지도처럼 보입니다. 특히 재능 있는 삽화가들이 높이 평가받았고, 어떤 샤는 심지어 직접 삽화를 그리기도 했지요. 미술가들은 고대 페르시아의 유명한 전설들이 담긴 『왕들의 서』 같은 거대한 책을 공동 제작했답니다.

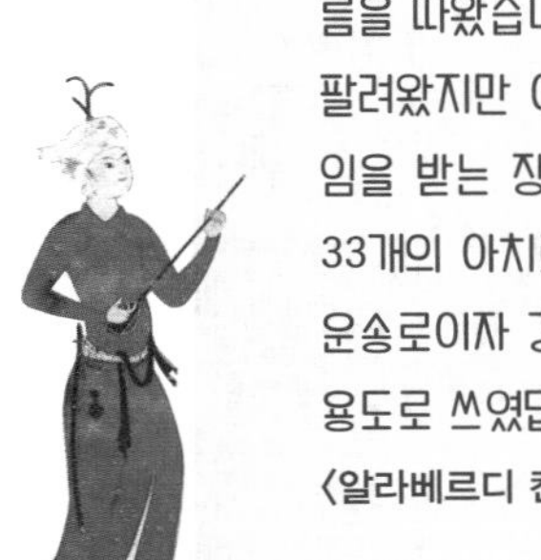

이 다리는 알라베르디 칸이라는 기독교인의 이름을 따왔습니다. 그는 전투에서 패배해 노예로 팔려왔지만 이후 이슬람교로 개종하여 샤의 신임을 받는 장군이 되었지요. 이 거대한 다리는 33개의 아치로 이루어져 있으며 무거운 물건의 운송로이자 강변 전망대, 수량 조절까지 다양한 용도로 쓰였답니다.

〈알라베르디 칸 다리〉, 1602년 건설 시작

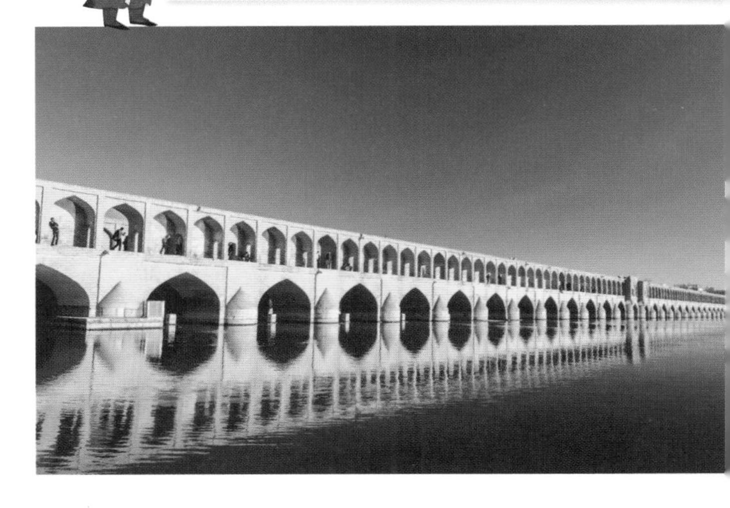

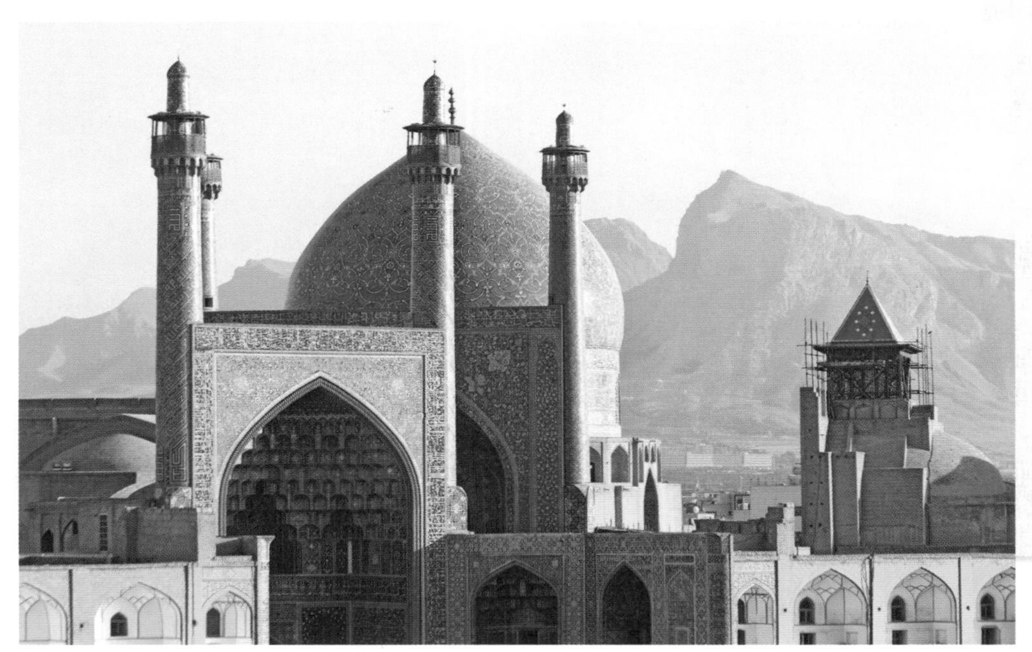

이 모스크의 특이한 형태는 한 가지 문제점을 해결하기 위한 것이었습니다. 건축가들은 모스크의 정면이 마이단을 마주 보도록 설계했지요. 그런 다음 건물의 나머지 부분을 45도 돌려놓아 그 안의 예배자들이 무함마드의 탄생지인 메카를 향해 기도할 수 있게 했답니다.

〈마스지드 이맘 모스크〉, 이스파한, 1611~38년

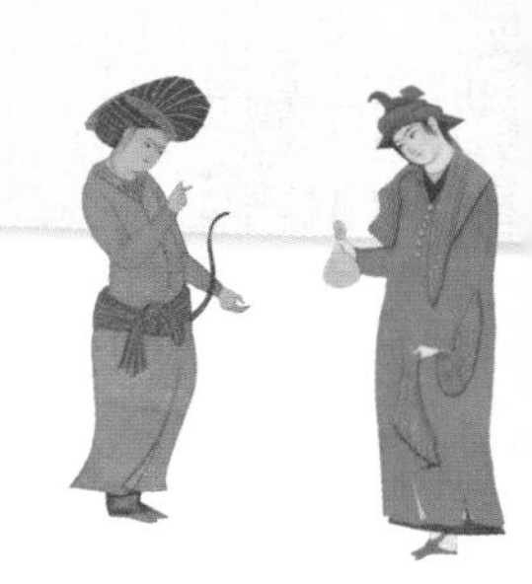

모든 화가에게는 서예부터 인물 묘사, 귀금속 세공 등 각자의 전문 분야가 있었습니다. 화가들은 페르시아고양이의 털로 만든 붓을 가지고 수백 시간 작업하여 필사본을 하나의 작은 미술관으로 바꿔놓았지요. 샤들은 자신의 권세가 화가들을 통해 영원히 살아남길 바랐지만, 오늘날 우리가 기억하는 것은 왕들의 이름이 아니라 그들이 고용했던 레자와 무인 같은 화가들의 이름입니다.

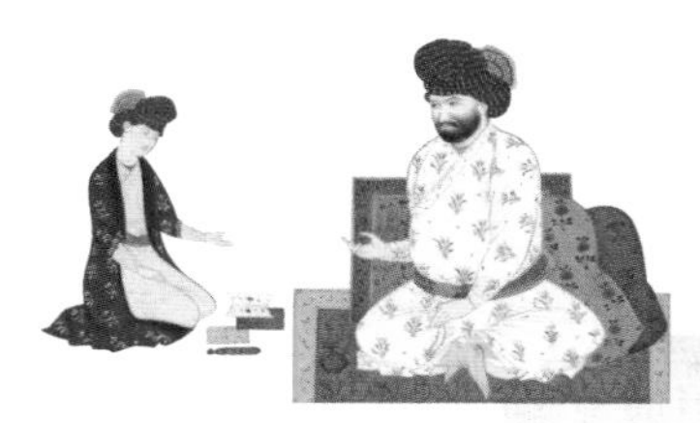

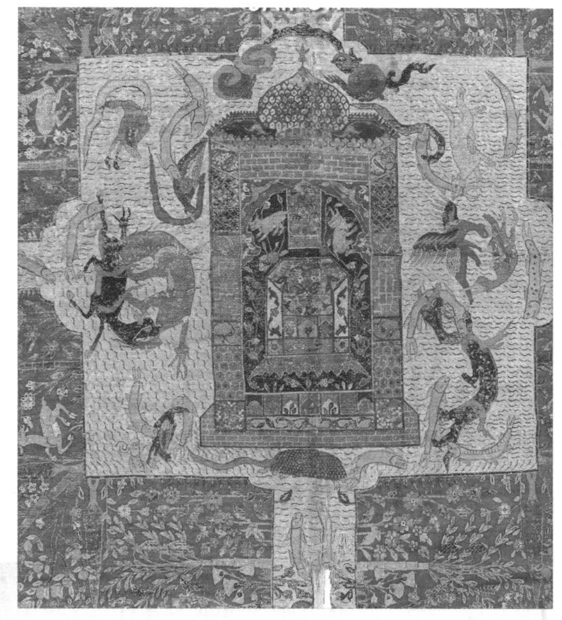

이 같은 대형 페르시아 양탄자는 수천만 개의 매듭으로 이루어져 있습니다. 겨우 몇 제곱센티미터 넓이에 수천 개의 매듭이 들어가지요. 페르시아뿐만 아니라 유럽의 귀족들도 이 양탄자에 감탄했습니다. 양탄자 가운데에는 연못 안을 헤엄치는 화려한 빛깔의 생물들이 보이는데, 용의 존재는 중국 미술의 영향을 보여줍니다.

〈정원 양탄자〉, 케르만 지역, 1625년경

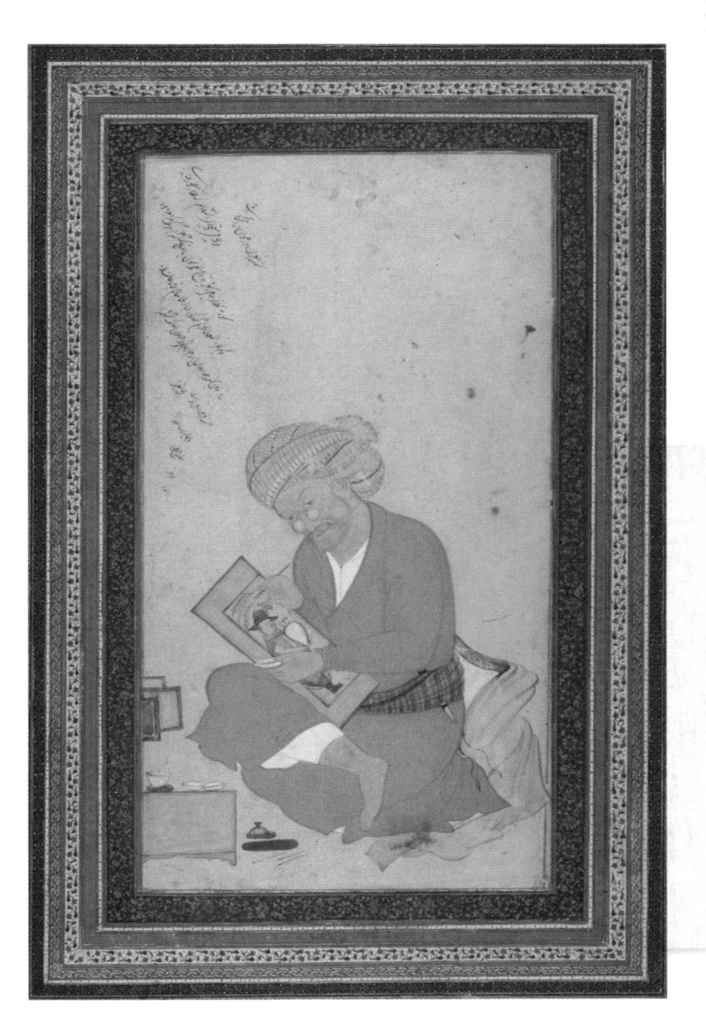

17세기 말이 되자 페르시아 화가들은 세밀화보다도 각자의 개성이 드러나는 단독 회화를 더욱 많이 그리게 됩니다. 그 전환점이 된 것은 일상 속의 인물들에 주목했던 화가 레자 아바시의 작품들이었지요. 이 그림은 레자의 가장 뛰어난 제자였던 무인이 작업 중인 스승의 모습을 묘사한 것입니다.

〈레자 아바시의 초상〉, 무인 무사비르, 1673년

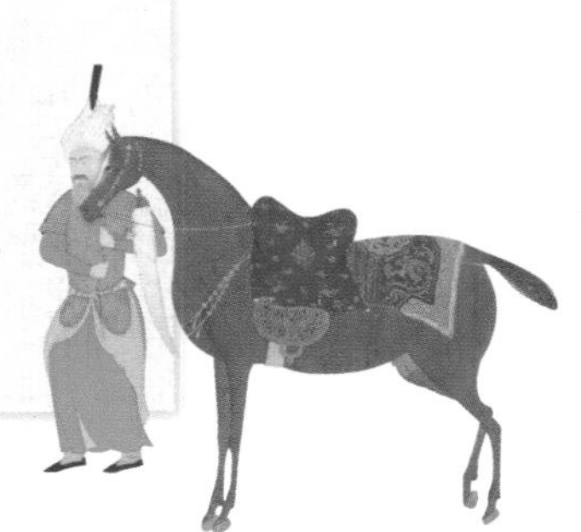

격동하는
근대와
파격적인
현대의 미술

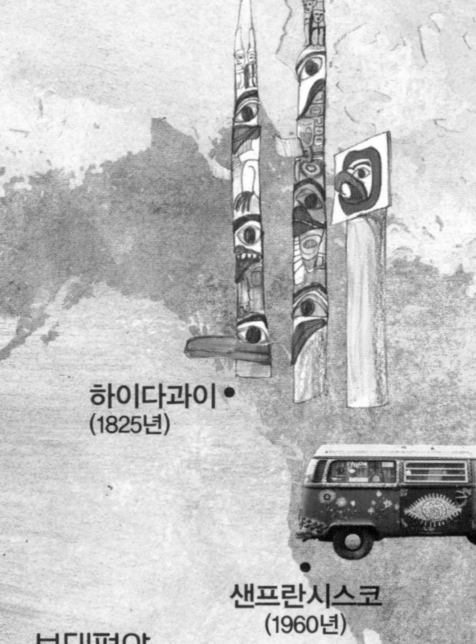

하이다과이
(1825년)

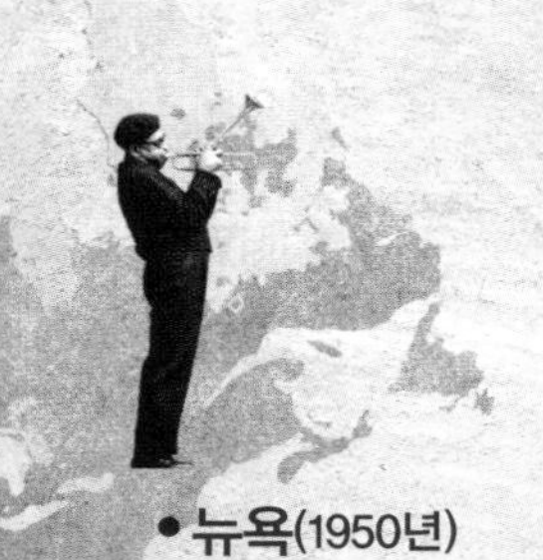

런던(185
파리(

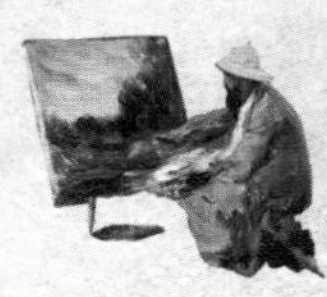

샌프란시스코
(1960년)

뉴욕(1950년)

북대서양

북태평양

멕시코시티(1930년)

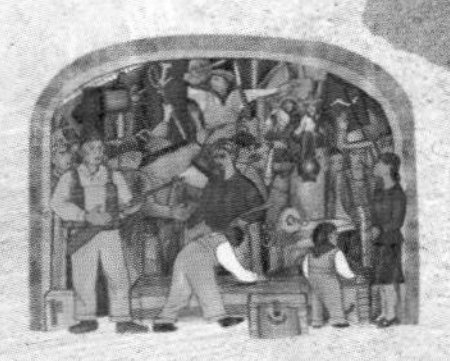

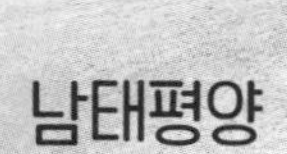

남태평양

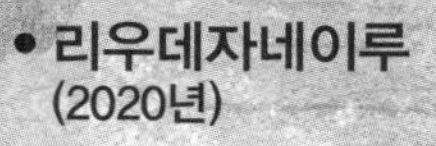

리우데자네이루
(2020년)

남대서양

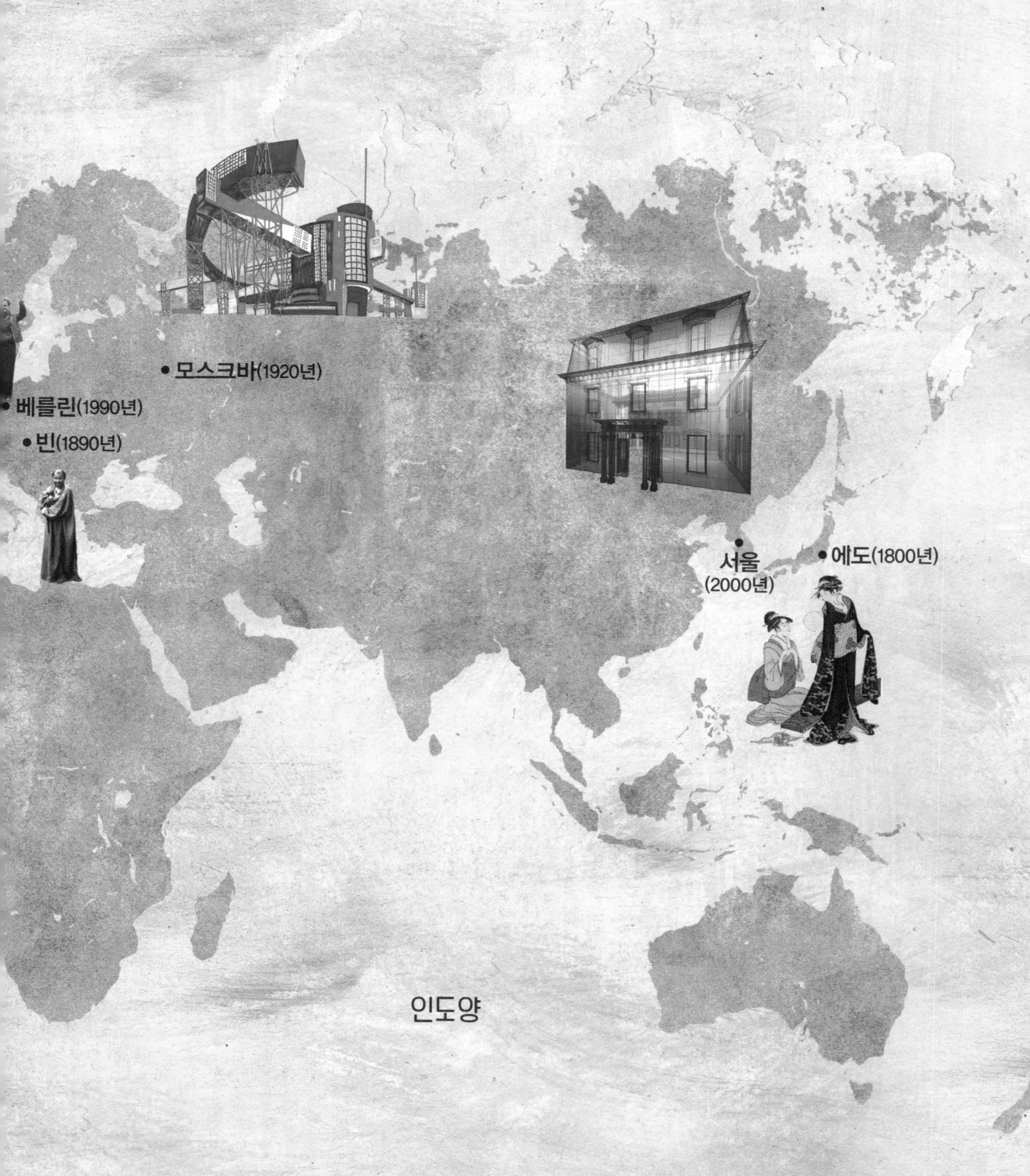
모스크바(1920년)
베를린(1990년)
빈(1890년)
서울
(2000년)
에도(1800년)
인도양
남극해

쇼군을 위한 도시, 에도(1800년)

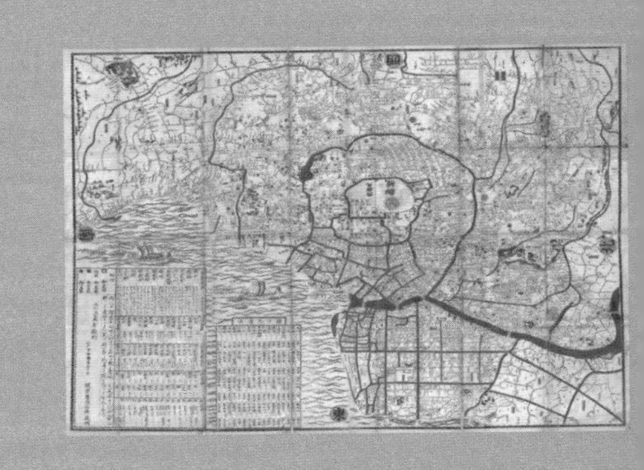

쇼군과 일왕의 대립

19세기의 일본 사람들은 엄격히 자신의 계급에 맞게 살았습니다. 하지만 그들의 계급 제도는 우리가 생각하는 것과 크게 달랐답니다. 예를 들어 일본의 왕은 나라를 다스리지 않았습니다. 진정한 권력자는 군사 독재자인 쇼군이었지요. 17세기 초에는 도쿠가와 가문이 새로이 쇼군 자리를 손에 넣었습니다. 그들은 왕으로부터의 독립성을 과시하기 위해 일본의 수도를 전통적인 왕도(王都) 교토에서 현재의 도쿄인 에도로 옮겼습니다. 쇼군은 지역 귀족들을 통제할 효과적 방법들을 고안해냈습니다. 귀족들이 반드시 일정 기간 에도에 머물게 하여 그들을 감시했지요. 일본의 지방 귀족들은 사무라이라는 전사 집단을 거느렸습니다.

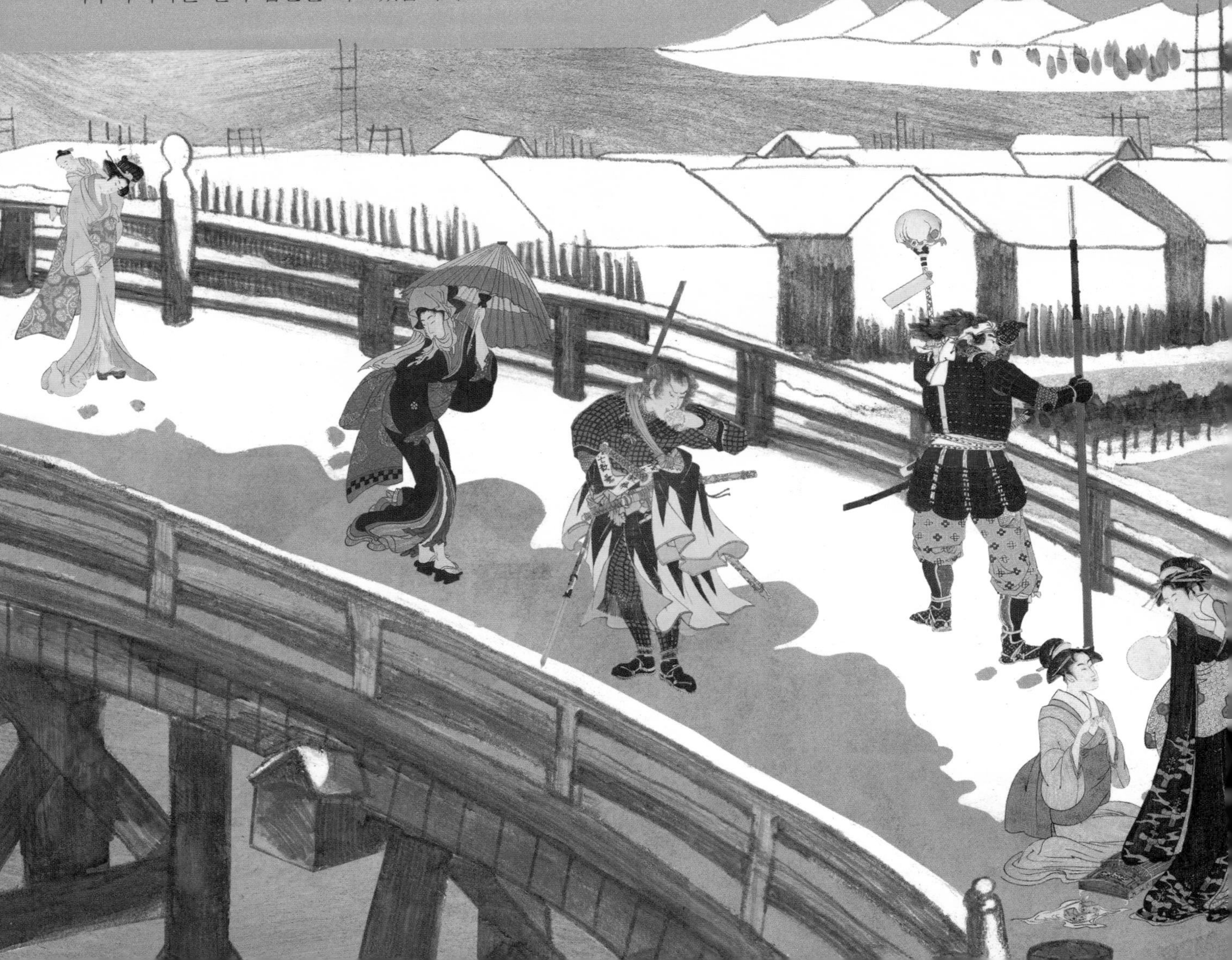

도쿠가와 가문의 쇼군들은 에도를 수도로 삼고 자신들의 편의에 맞추어 설계했습니다. 외부에서 공격해오기 어렵도록 나선형 구조로 만든 것이지요. 주민들은 계급별로 각각 다른 구역에 살게 되었습니다.
〈에도 지도〉, 1849년

사무라이 아래 계급은 농부, 장인, 그리고 최하층인 상인이었답니다. 19세기 일본의 상인들은 불행했습니다. 돈은 많이 벌었지만 여전히 최하층 계급으로 여겨졌으니까요. 그렇다고 다른 나라에 가서 일자리를 찾을 수도 없었습니다. 일본인들에게는 출국이 허용되지 않았기 때문입니다. 외국인들에게도 입국이 허용되지 않았습니다. 중국과 한국, 네덜란드의 배들만이 특정한 항구에 한하여 입항할 수 있었답니다. 하지만 19세기 중반이 되자 쇼군은 더 이상 쇄국 정책을 고수할 수 없게 되었지요. 그들이 엄격하게 통제해왔던 일본 사회에도 어쩔 수 없이 변화의 흐름이 나타난 것입니다. 얼마 지나지 않아 일본에서는 쇼군이라는 직책 자체가 없어지게 되었습니다.

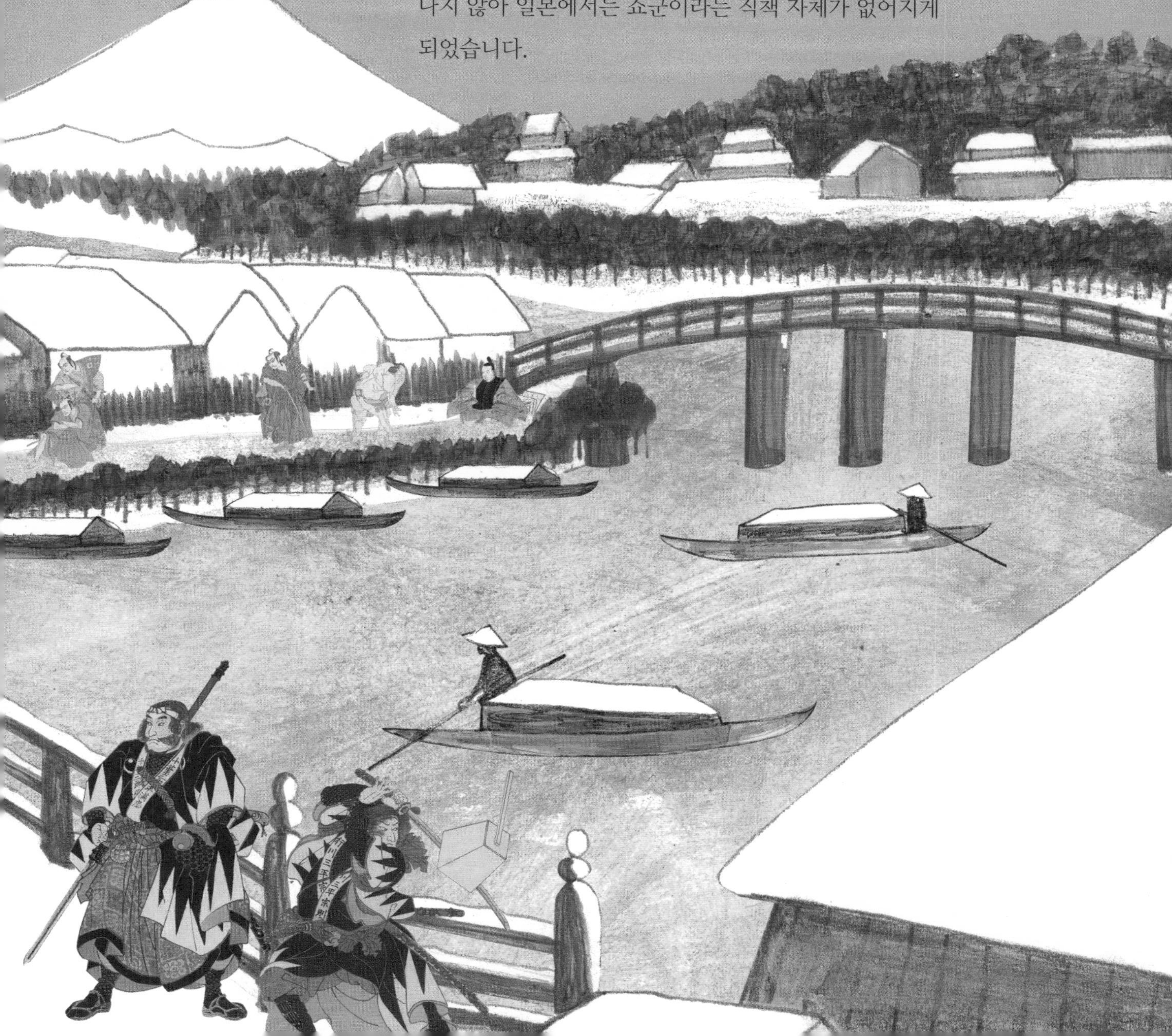

뜬구름 같은 세상을 찍어내다

쇼군의 군사 독재하에서 사람들의 생활은 엄격하게 통제받았습니다. 긴장을 풀고 즐길 방법이 필요했지요. 사람들의 도피처는 유흥가였습니다. 에도의 사무라이와 상인 모두 요시와라에서 많은 시간을 보냈습니다. 이 구역에서는 사람들이 성별과 계급을 가리지 않고 뒤섞이곤 했습니다. 눈부신 옷을 걸친 여성들이 노래하고 춤추고 뛰어난 화술을 구사했지요. 가부키라는 새로운 연극이 대담한 의상과 뻔뻔한 유머로 인기를 끌었고, 가부키 배우들은 유명 인사 취급을 받게 되었습니다. 무법 지대였던 유흥가는 '뜬구름 같은 세상(우키요)'이라고 불리곤 했습니다. 예술가들은 이러한 세계관을 나타낼 새로운 양식을 만들었는데, 바로 목판을 이용해 여러 장 찍을 수 있는 화려한 다색판화인 우키요에였지요.

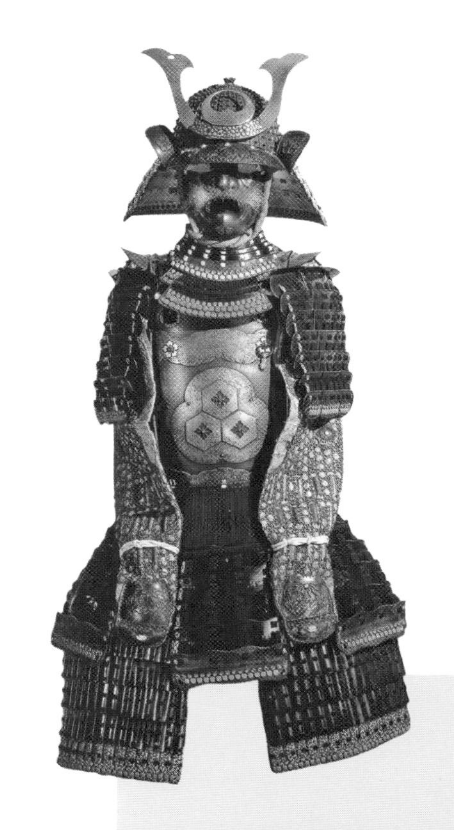

일본에 총이 도입되면서 사무라이들도 방탄 판갑을 착용하게 되었습니다. 에도 시대는 비교적 평화로웠기 때문에 갑옷은 주로 의식에서만 착용되었습니다. 갑옷 장인은 무척 오랜 시간을 들여 기술을 갈고닦아야 했지요.

〈에도 시대의 갑옷〉, 18세기 말

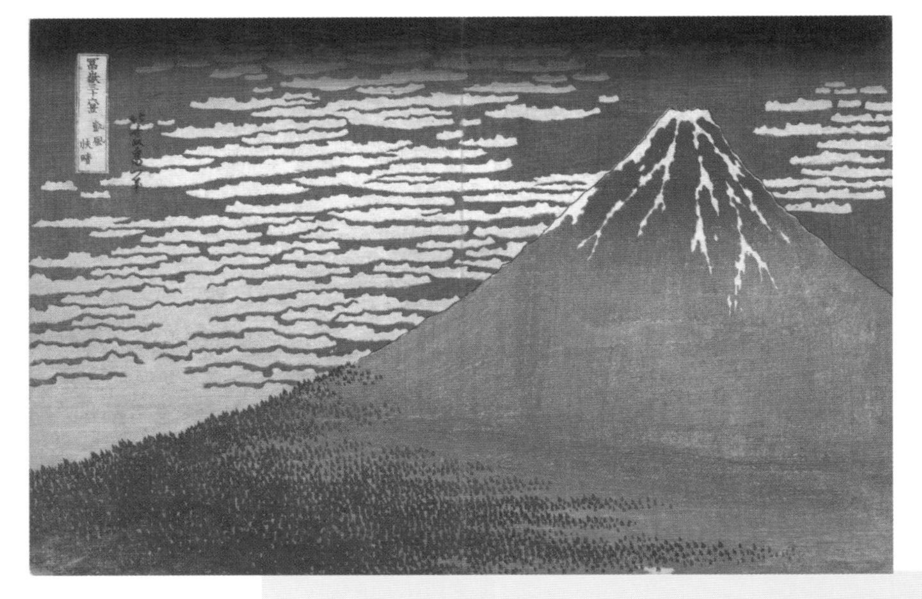

호쿠사이가 신성한 후지 산을 묘사한 이 그림을 그린 것은 70세가 넘어서였습니다. 그는 예술적 재능이란 나이 들수록 원숙해진다고 믿었습니다. "100세에 나는 진정으로 놀라운 예술가가 될 것이며, 110세에는 내가 찍는 점과 선 하나하나가 고유의 생명을 지니게 될 것이다." 그러나 호쿠사이는 유감스럽게도 89세에 세상을 떠났답니다.

〈'후지 산 36경' 중 개풍쾌청(凱風快晴)〉, 가츠시카 호쿠사이, 1830~32년

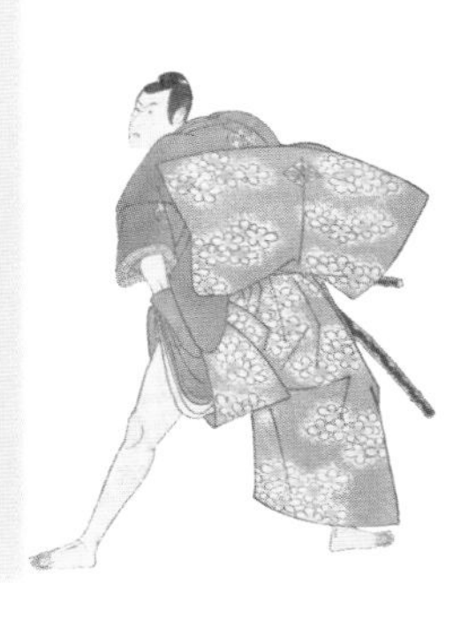

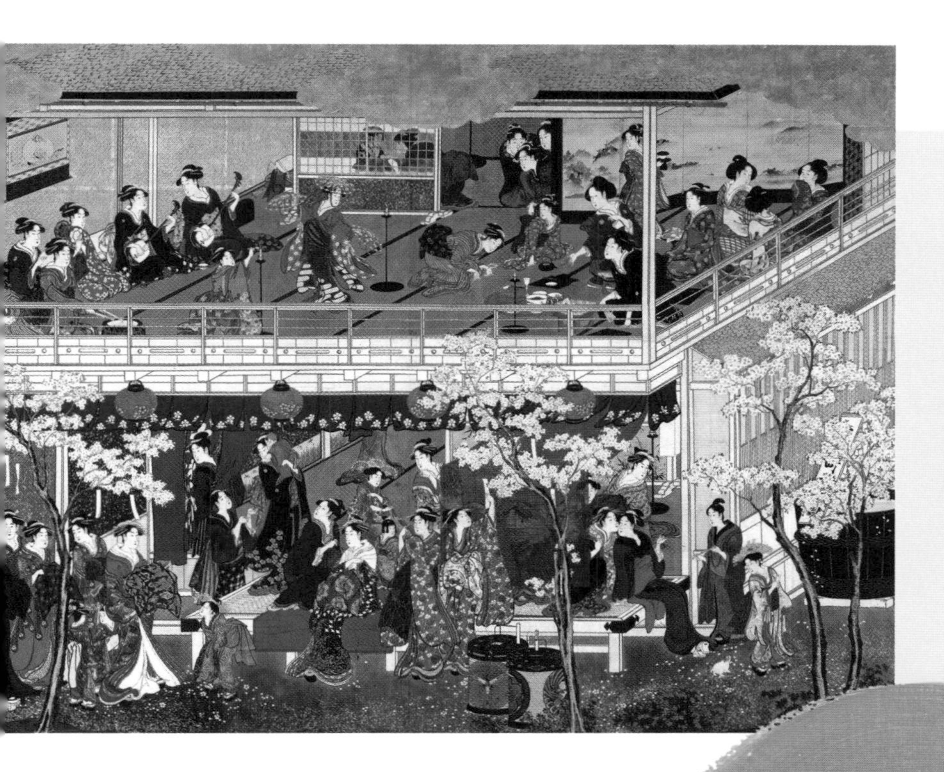

우타마로는 에도 유흥가의 인기 있는 여성들을 그려 유명해진 화가입니다. 이 족자 그림은 벚나무 아래 모인 요시와라의 여성들을 담았습니다. 피어나는 벚꽃을 감상하는 것은 지금까지도 일본의 특별한 관습으로 남아 있답니다.

〈요시와라의 벚꽃〉, 기타가와 우타마로, 1793년경

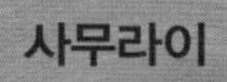

사무라이

사무라이가 되려면 신체적 · 정신적으로 엄격한 수련을 거쳐야 했습니다. 사무라이들은 검도와 불교의 가르침을 공부했으며 남녀를 불문하고 명예와 복종의 엄격한 규칙에 따랐습니다.

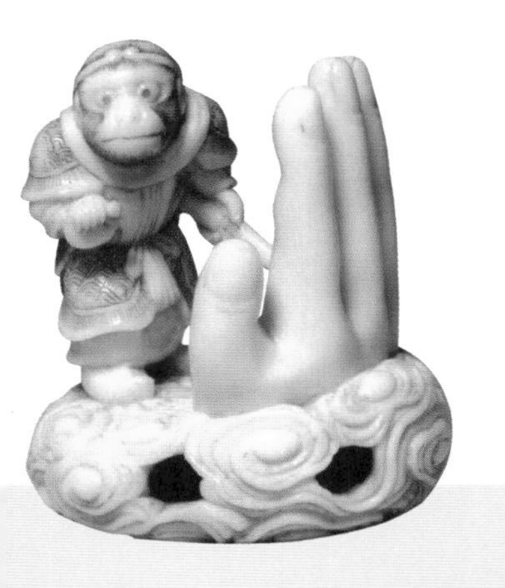

에도 사람들은 긴 가운 형태의 옷을 입었습니다. 그래서 이처럼 네쓰케라는 작은 함을 이용해 허리띠에 쌈지를 달았답니다. 이 조각상들은 실용적인 동시에 아름다운 작품이기도 하지요. 높이 4센티미터의 이 조각상은 중국 전설 속의 원숭이 손오공을 묘사한 것입니다. 그는 삼장법사의 모험에 따라가겠다고 동의할 때까지 오행산 밑에 갇혀 있었다고 합니다.

〈손오공 모양의 상아 네쓰케〉, 슈교쿠, 19세기

일본이 문호를 개방하면서 우키요에는 세계적으로 유명해졌습니다. 심지어 머나먼 파리의 예술가들도 그 영향을 받았지요. 하지만 소박한 의식 또한 사치스러움만큼 에도 시대의 삶을 이루는 중요한 요소였습니다. 당시 녹차를 준비하고 마시는 일은 19세기부터 중요한 의식이 되었으며 오늘날까지도 그러합니다. 작고 단순한 다실 안에 앉는 방식부터 손으로 만든 비대칭 형태의 찻잔을 잡는 방식에 이르기까지, 일본의 다도는 소박한 기쁨을 찬미하는 행위이며 불완전한 것도 완전한 것만큼 아름답다는 교훈을 전합니다.

푸르른 섬, 하이다과이(1825년)

하이다 민족의 섬

태평양 북서 연안은 지금까지도 신비의 지역입니다. 북부 캘리포니아에서 캐나다를 지나 알래스카까지 2,400킬로미터의 이 바위 해변은 춥고 척박하게만 보입니다. 하지만 사실은 비교적 온난하고 비도 자주 내려 지구상에서 가장 푸르른 지역 중 하나지요. 과학자들은 이런 기후 지역을 온대강우림이라고 부른답니다. 태평양 연안의 캐나다 원주민들은 독특한 기후 덕분에 수천 년 동안 이 지역에서 살아올 수 있었습니다. 그들은 연어를 잡고 곰을 사냥하고 고유의 주택을 지었으며 거대한 붉은 삼나무를 깎아 카누를 만들었답니다. 이 같은 자원들 덕에 태평양 북서 연안 원주민들은 작은 해안 마을에서도 고도의 사회 조직을 형성할 수 있었지요.

하이다 사람들은 수천 년 동안 그들이 사는 지역을 '하이다과이'라고 불러왔습니다. '하이다 민족의 섬들'이라는 뜻이지요. 19세기에 천연두를 비롯한 서구의 전염병들이 덮쳐오자 하이다 사람들은 죽은 이들을 기리기 위해 집 앞에 더욱더 많은 토템 기둥을 세웠답니다.

〈하이다의 주택과 토템 기둥〉, 하이다과이

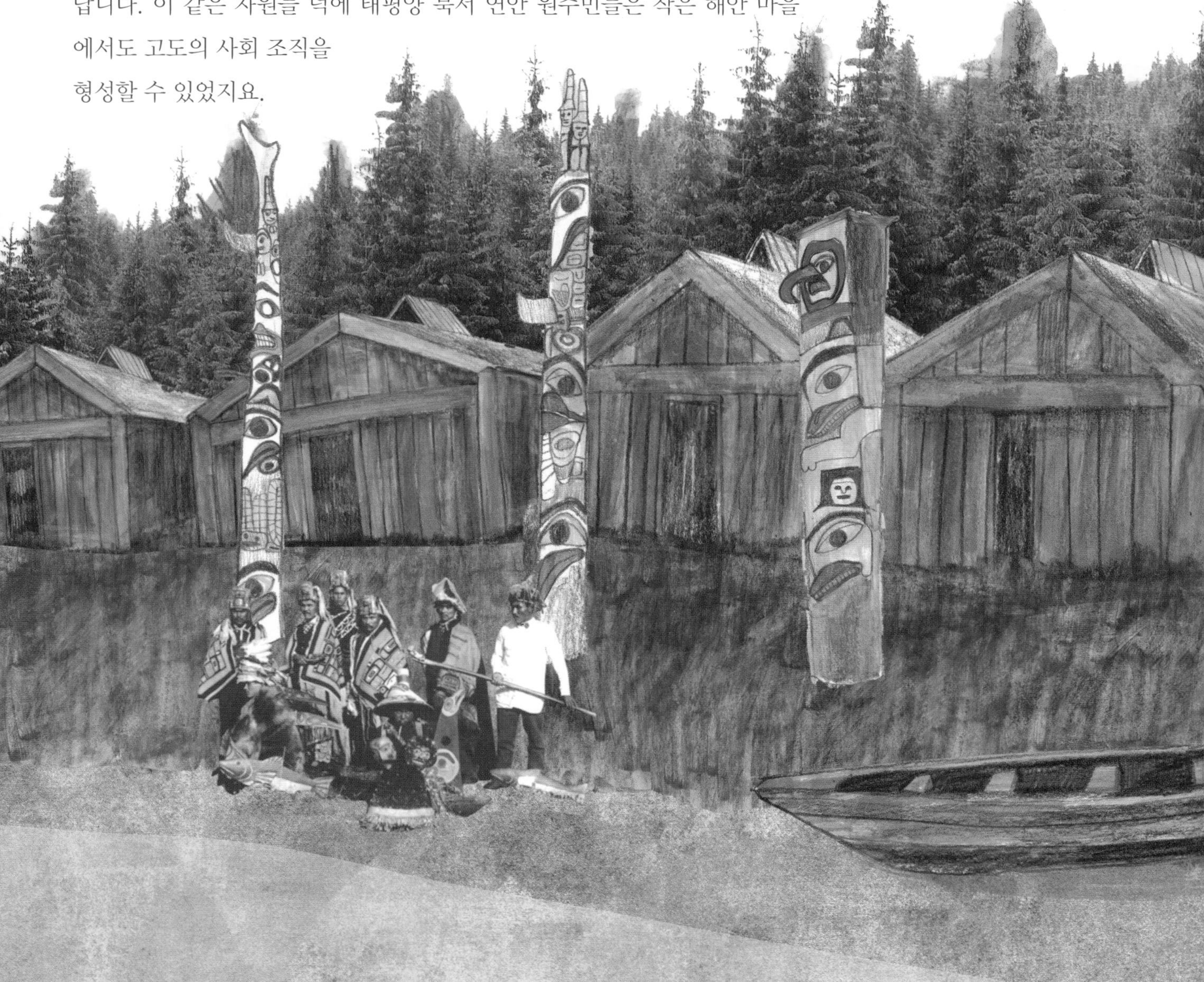

하이다 사람들은 태평양 북서 연안의 여러 민족 중 하나입니다. 그들은 아직도 캐나다 본토에서 떨어진 여러 섬에 살지요. 이 같은 섬들 중에 하이다과이, 영어로는 퀸샬럿 제도가 있습니다. 하이다 사람들은 까마귀 부족과 독수리 부족 두 갈래로 나뉩니다. 한 부족 사람은 무조건 다른 부족 사람과 결혼합니다. 까마귀 부족 남자가 독수리 부족 여자와 결혼하면 독수리 부족 사람이 되어 아내의 씨족과 함께 삽니다. 이 같은 씨족의 유대를 미술로 풀어내는 일은 무척 중요하게 여겨집니다. 태평양 북서 연안 문화에서 미술은 여러 목적을 갖지만, 가장 중요한 목적은 바로 모두가 볼 수 있도록 사실을 기록하는 것이지요.

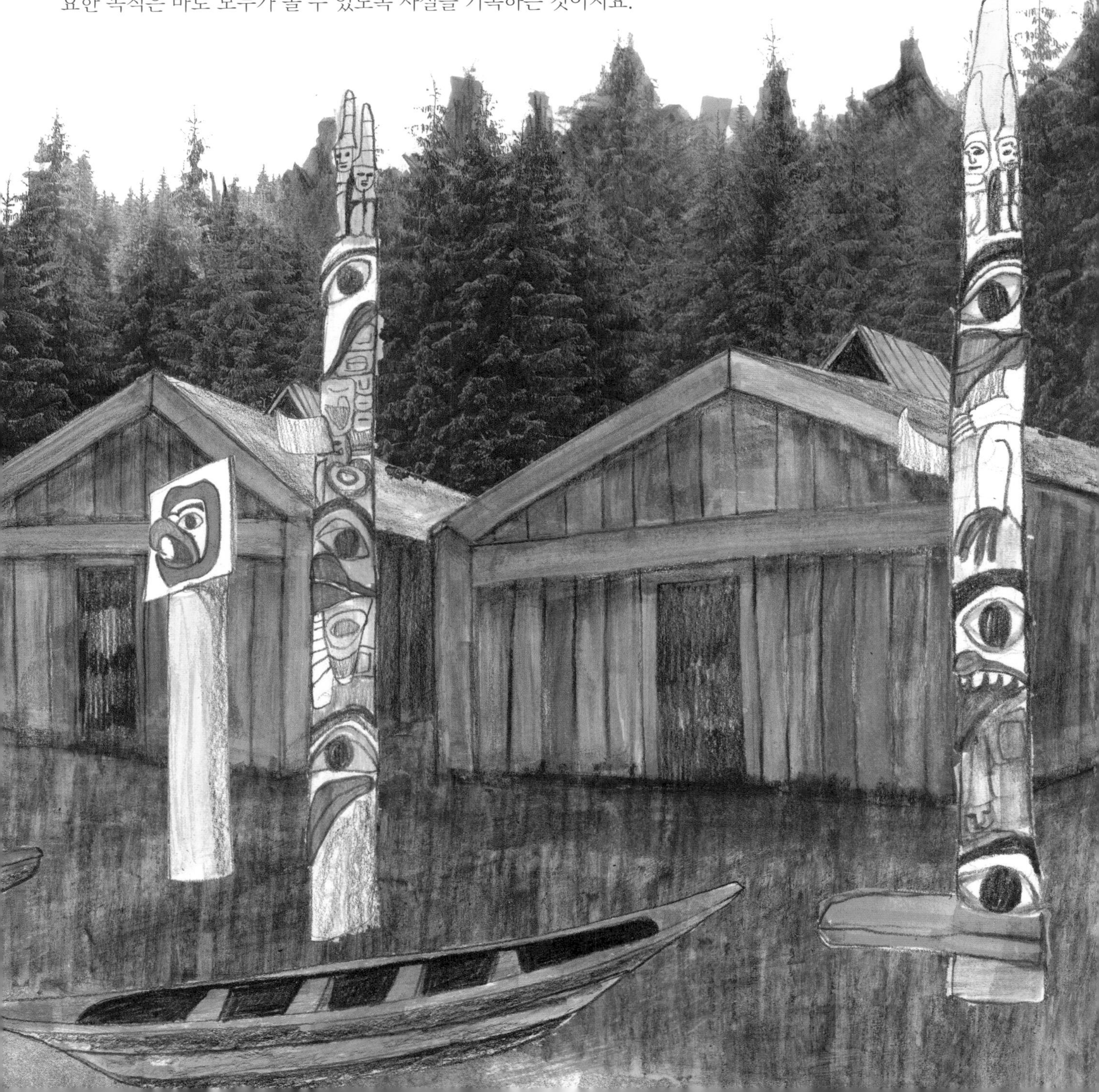

정체성 선언을 위한 장식미술

태평양 북서 연안 미술의 도상과 상징은 수수께끼처럼 보입니다. 하지만 캐나다 원주민에게 이런 장식들은 거리의 표지판만큼이나 쉽고 명백하지요. 하이다 사람들이 조각하는 유명한 토템 기둥도 마찬가지입니다. 꼭대기에 장식을 새겨 넣은 이 기둥들은 귀족 가문의 문장처럼 씨족의 역사와 소유물, 권리 등 중요한 정보를 알립니다. 토템 기둥에 새겨지는 장식의 대다수는 실제로 존재하거나 신화적인 동물들입니다. 태평양 북서 연안의 씨족들은 그들의 정체성을 확인하기 위해 고대의 선조에게 특별한 힘을 주었다는 수호 동물로까지 거슬러 올라가곤 합니다. 그들은 포틀래치 축제에서 정교한 가면과 춤, 노래로 씨족의 설화를 구현하지요.

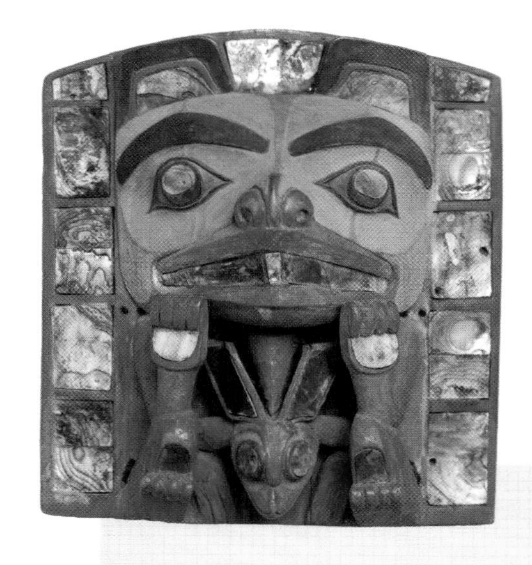

하이다 문화에서 미술품 제작은 고귀한 특권이었습니다. 여러 위대한 족장들은 뛰어난 예술가이기도 했지요. 최고의 하이다 미술가 중 하나인 찰스 에덴쇼는 족장이었던 삼촌 밑에서 수련했답니다. 가면의 일부인 이 머리 장식은 모기 위로 구부린 곰을 묘사한 것입니다.

〈머리 장식〉, 찰스 에덴쇼, 1880년경

원주민들이 그들의 가장 좋은 의식용 복장을 착용하고 있습니다. 부족 여성들이 산양 털과 삼나무 껍질로 짠 화사한 빛깔의 담요를 걸치고 있고, 남성들은 가면과 북과 까마귀처럼 생긴 신성한 딸랑이를 든 모습입니다. 머리 장식은 특별히 중요했는데, 이 사진에서는 조각한 쓰개와 원뿔 모자가 눈에 띕니다.

〈포틀래치 의식 동안 전통 의상을 입고 에드윈 스콧의 독피시 하우스 앞에 모인 사람들〉, 클링칸, 1901년

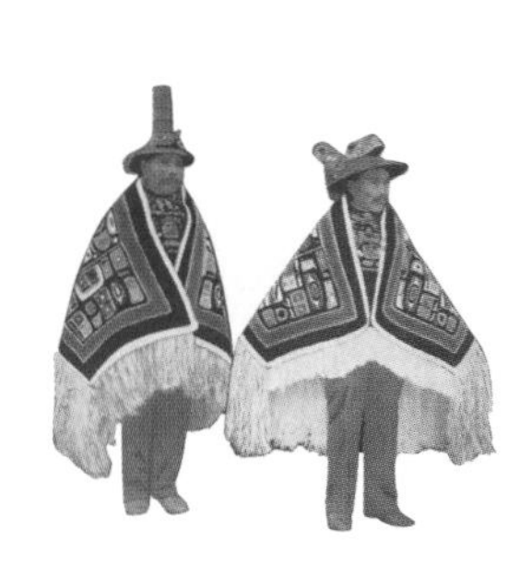

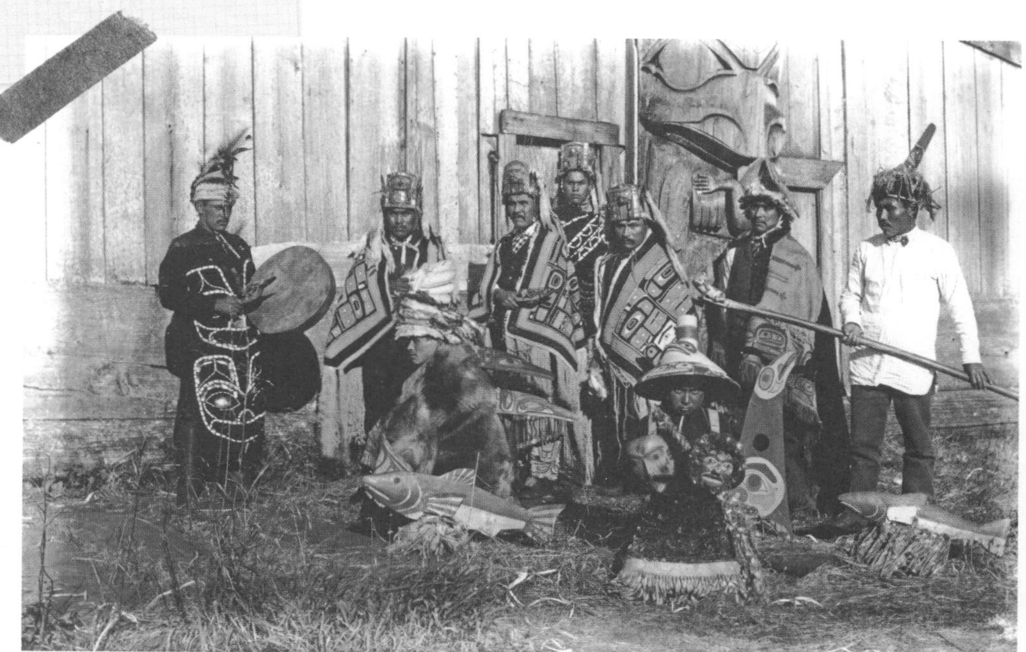

19세기에 태평양 북서 연안 원주민들은 더 복잡한 가면들을 만들기 시작했습니다. 의식용 춤을 출 때 일부분을 움직일 수 있는 가면도 많았지요. 이 가면은 곰의 얼굴을 펼치면 새의 머리가 나오게 되어 있습니다. 동물이나 인간, 신들 간의 변신은 태평양 북서 연안의 신화와 전설에서 중요한 요소였습니다.

〈변신 가면〉, 1850년경

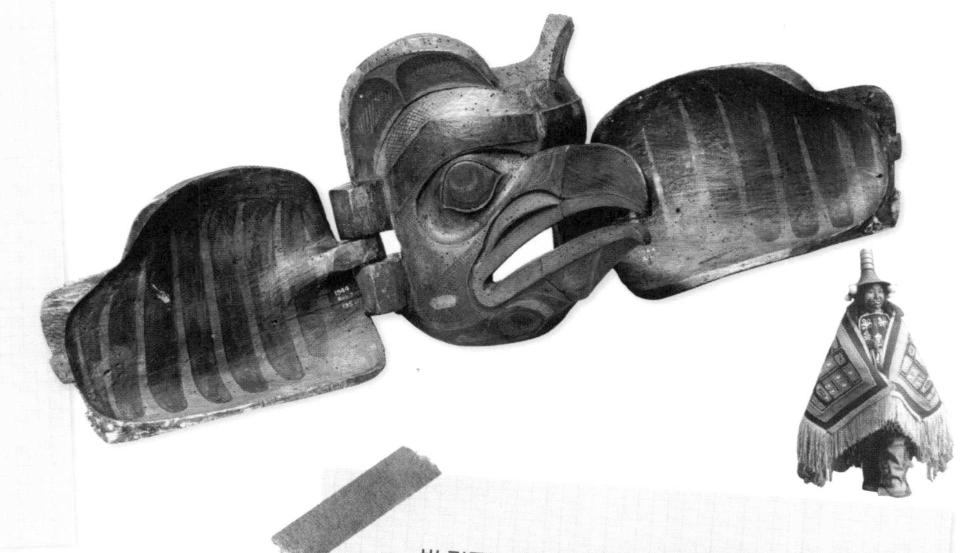

빌 리드는 찰스 에덴쇼의 증손자로, 에덴쇼의 조각을 연구하여 하이다의 전통 조각 기술을 터득했습니다. 이 작품은 하이다 창조 신화의 한 장면입니다. 꾀 많은 까마귀가 홍합 껍데기 속에 갇힌 최초의 인간들을 발견하고 이 세상으로 나오라며 설득하는 모습을 담았지요.

〈까마귀와 최초의 인간들〉, 빌 리드, 1983년

포틀래치는 흡사 거꾸로 된 생일잔치와 같습니다. 의식을 주최한 씨족이 모든 손님에게 선물을 주니까요! 손님들은 선물을 받음으로써 주최 측인 씨족의 위대한 역사를 인정하는 것입니다. 이미 상당수의 유럽인들이 와 있던 1825년에도 이 관습은 여전히 지켜지고 있었습니다. 하지만 1860년대에 이르자 유럽에서 전파된 여러 질병 때문에 원주민들이 10명 중 8명꼴로 죽고 말았습니다. 새로 제정된 법률에서 1884년부터 1951년까지 포틀래치 의식을 금지한 탓에 태평양 북서 연안의 원주민 문화는 큰 타격을 입었지요. 오늘날에는 다시 포틀래치 의식이 주최되고 있으며 이 지역의 원주민 미술도 새롭게 주목받고 있답니다.

포틀래치

높은 신분의 씨족들은 아기의 이름을 지어주거나 족장의 죽음을 애도하는 등 특별한 경우에 포틀래치 축제를 열었습니다. 신성한 춤을 추었고, 연회를 열어 선물을 뿌리며 손님들을 아낌없이 대접했지요. 포틀래치는 미술과 종교, 정치가 결합된 복잡한 관습이었습니다.

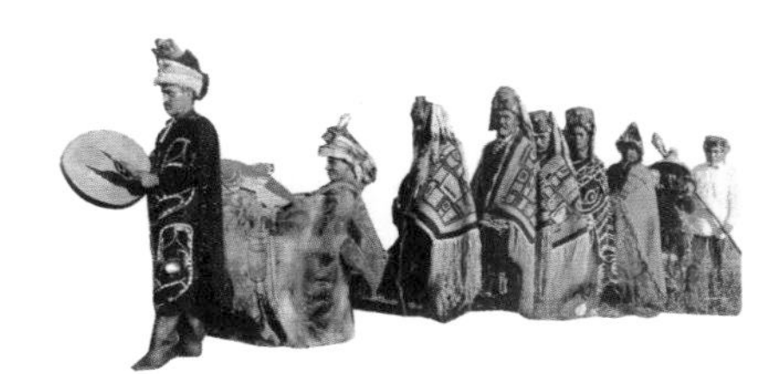

변화하는 도시, 런던(1850년)

긍지와 빈곤

런던 사람들에게 1850년대는 최고의 시기이자 최악의 시기였습니다. 런던은 (에도를 제외하면) 세계 그 어디보다도 심각한 인구 과밀을 겪었습니다. 가난한 사람들은 빈민가에 살았고 집세를 제때 내지 않으면 바로 감방에 들어가야 했습니다. 이 시대에는 어린이들도 살기가 힘들었답니다. 찰스 디킨스를 비롯해 많은 사람들이 학업을 몇 년 만에 중단하고 일하러 가야 했지요. 소설가가 된 뒤 디킨스는 『크리스마스 캐럴』의 이기적인 고용주 스크루지와 같은 인물을 만들어 불우한 사람들을 도와줄 것을 촉구했답니다.

런던 생활은 힘겨웠습니다. 하지만 당시는 큰 변화의 시대였으며 그중에는 모든 사람들에게 도움이 되는 변화도

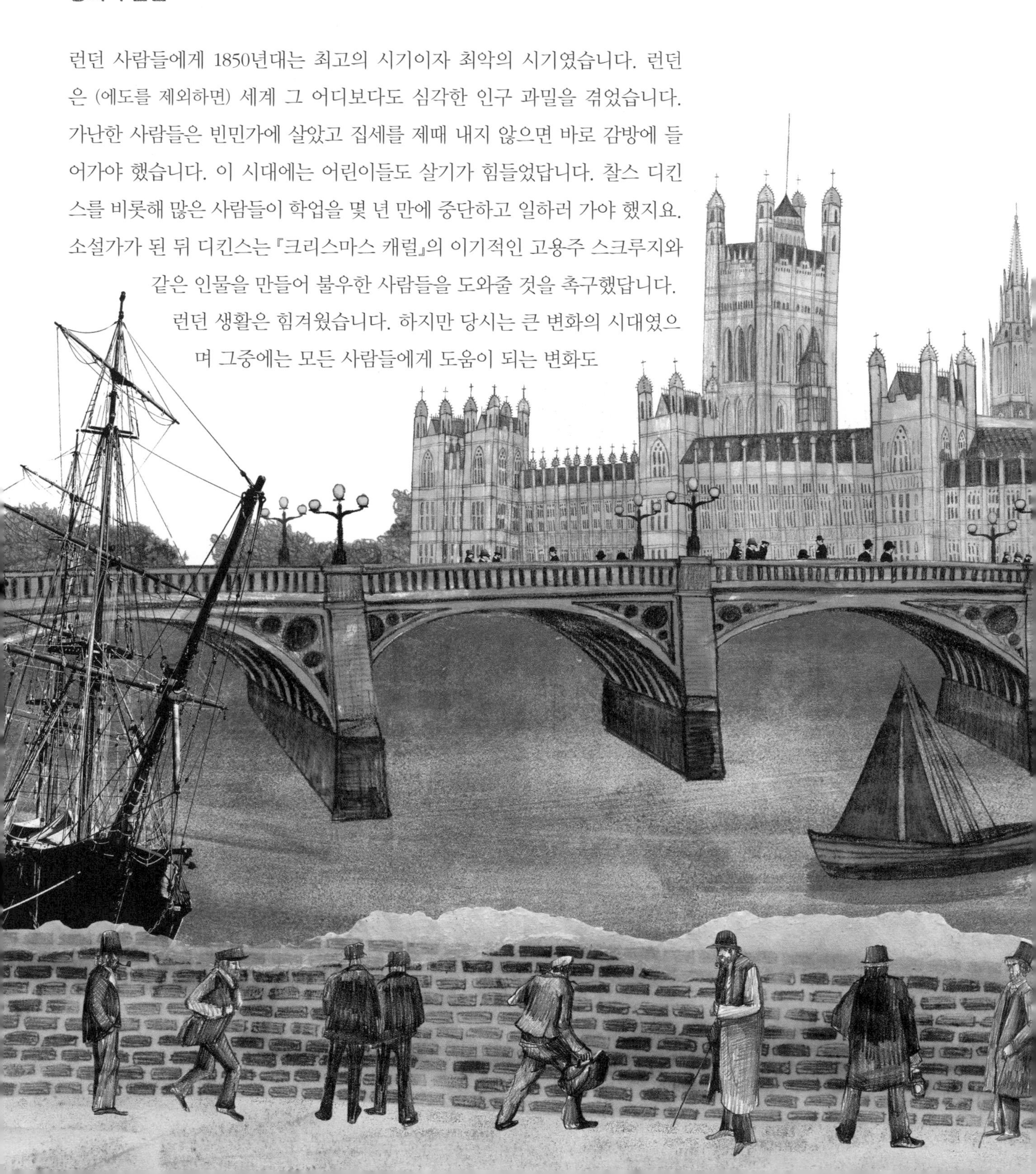

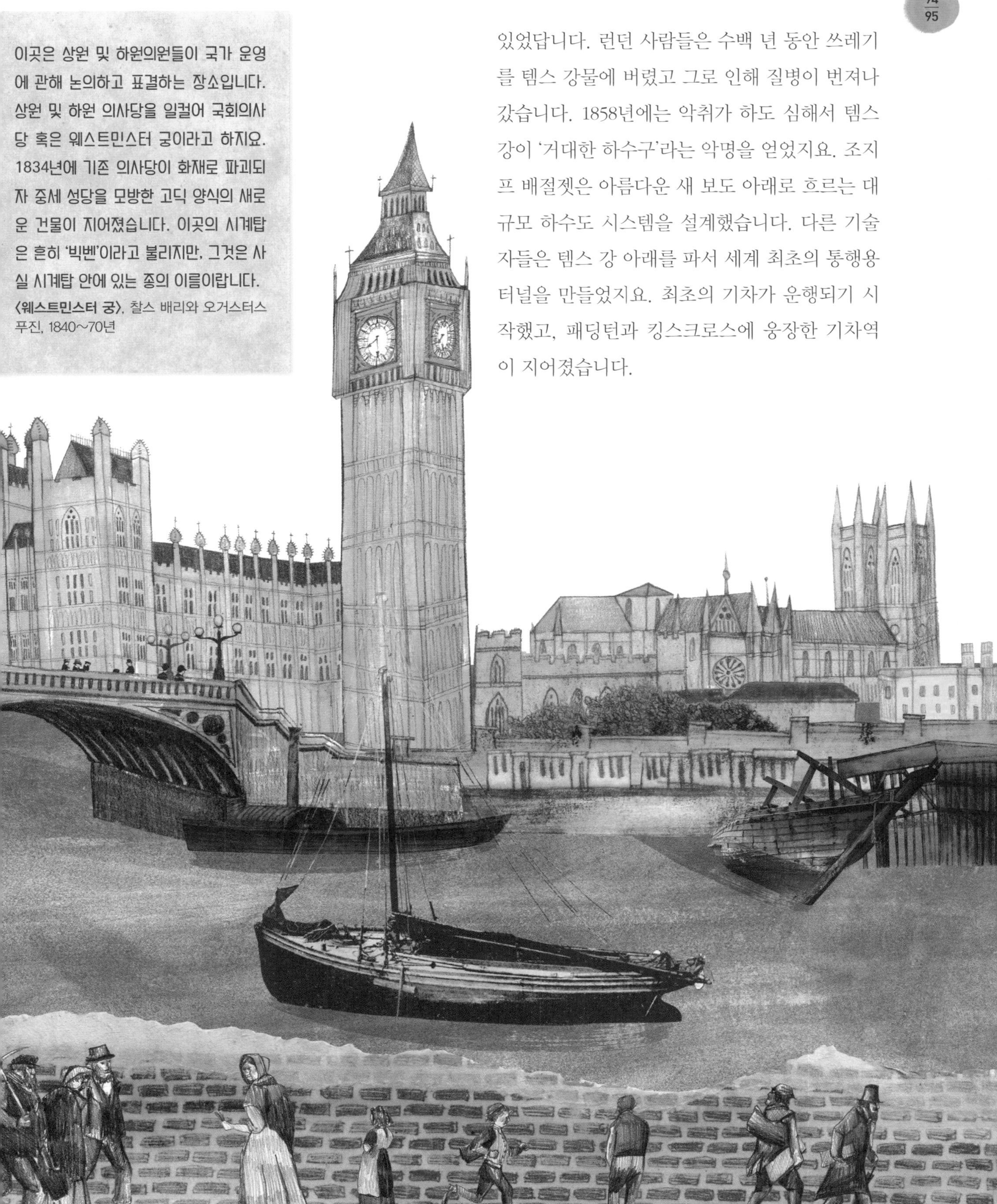

이곳은 상원 및 하원의원들이 국가 운영에 관해 논의하고 표결하는 장소입니다. 상원 및 하원 의사당을 일컬어 국회의사당 혹은 웨스트민스터 궁이라고 하지요. 1834년에 기존 의사당이 화재로 파괴되자 중세 성당을 모방한 고딕 양식의 새로운 건물이 지어졌습니다. 이곳의 시계탑은 흔히 '빅벤'이라고 불리지만, 그것은 사실 시계탑 안에 있는 종의 이름이랍니다.
〈웨스트민스터 궁〉, 찰스 배리와 오거스터스 푸진, 1840~70년

있었답니다. 런던 사람들은 수백 년 동안 쓰레기를 템스 강물에 버렸고 그로 인해 질병이 번져나갔습니다. 1858년에는 악취가 하도 심해서 템스 강이 '거대한 하수구'라는 악명을 얻었지요. 조지프 배절젯은 아름다운 새 보도 아래로 흐르는 대규모 하수도 시스템을 설계했습니다. 다른 기술자들은 템스 강 아래를 파서 세계 최초의 통행용 터널을 만들었지요. 최초의 기차가 운행되기 시작했고, 패딩턴과 킹스크로스에 웅장한 기차역이 지어졌습니다.

혁신의 온상이 된 만국박람회

이 시대에는 시각미술 또한 일상생활만큼이나 빠르게 변화했습니다. 미술가들은 자연을 새로운 관점으로 보기 시작했습니다. J.M.W. 터너는 소용돌이치는 구름, 몰아치는 파도, 타오르는 석양을 그렸습니다. 존 에버릿 밀레를 비롯한 '라파엘 전파(前派)'는 자연에 색다르게 접근하여 주변 세계를 세밀하고 보석같이 반짝이는 이미지들로 묘사했습니다. 장신구와 도자기, 가구 등의 장식미술도 황금기를 맞았습니다. 1851년 만국박람회에서는 이러한 공예품들을 비롯하여 세계에서 가장 큰 다이아몬드가 전시되었습니다. 모든 사람들이, 심지어 빅토리아 여왕과 앨버트 공을 비롯한 왕족들도 박람회에 열광했습니다. 여왕 부부는 박람회 계획에 직접 참여했을 뿐만 아니라 박람회장을 40번 이상 방문했다고 합니다.

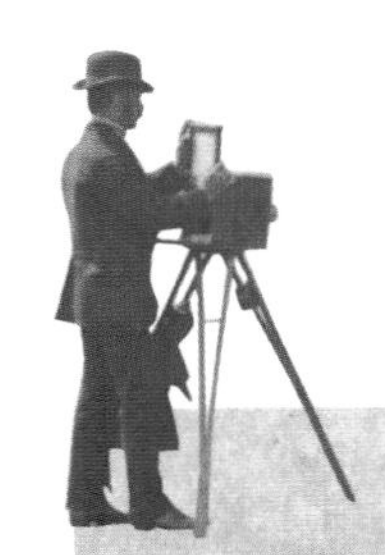

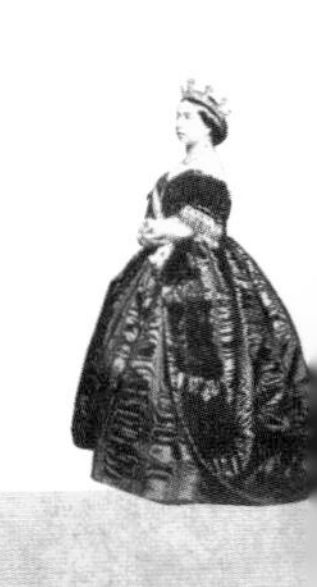

만국박람회가 열린 수정궁은 마치 온실처럼 생겼는데, 이는 우연의 일치가 아니었습니다. 수정궁을 설계한 조지프 팩스턴은 건축가인 동시에 정원사였으니까요. 이 건물을 짓는 데 90만 장 이상의 유리가 사용되었습니다. 수정궁은 이후 화재로 파괴되었지만, 만국박람회의 입장권 수익 덕분에 런던 최고의 박물관들이 지어질 수 있었답니다.

〈수정궁〉, 조지프 팩스턴, 1851년

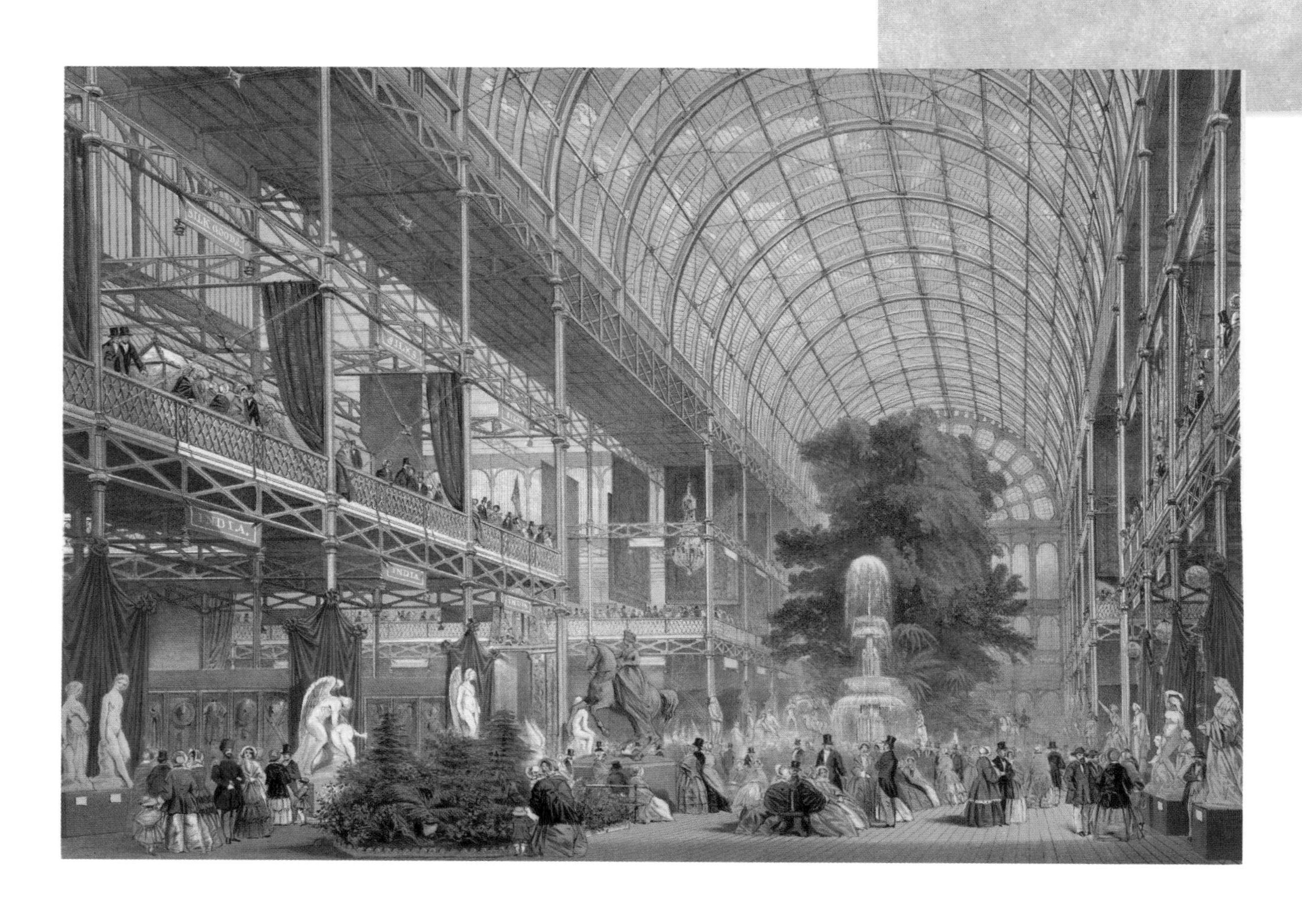

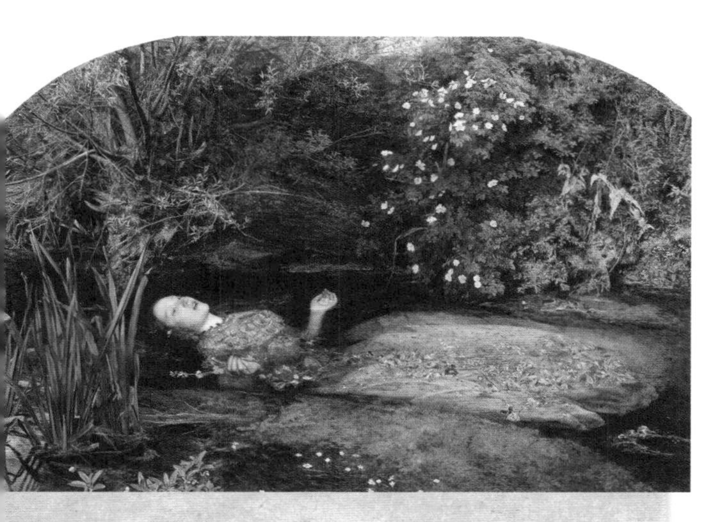

소설가 윌리엄 새커리는 이렇게 적었습니다.
“런던의 휘황한 거리에서 수많은 국가들이 조우한다.”
런던은 완벽함과는 거리가 먼 곳이었지만, 만국박람회를 보러 온 수백만 명의 사람들에게 이 도시는 정말로 세상의 중심처럼 느껴졌겠지요.

셰익스피어의 비극 <햄릿>에 영감을 받은 그림입니다. 여주인공 오필리어는 햄릿 왕자와의 결혼을 앞두고 시냇가에서 익사하지요. 밀레는 이 장면을 사실적으로 묘사하려고 런던의 강둑에 자라는 식물들을 연구했고, 물에 뜬 오필리어의 머리칼과 옷자락을 생생하게 그리기 위해 모델이 욕조에서 포즈를 취하게 했습니다. 이 여성은 너무 오래 물속에 있었던 탓에 독감에 걸리고 말았습니다.
〈오필리어〉, 존 에버릿 밀레, 1851~52년

숭고

미술은 여러 가지 이유로 기분 좋은 것입니다. 우리는 흔히 아름답고 마음을 진정시킨다는 이유로 미술을 좋아합니다. 하지만 때로는 무시무시한 롤러코스터처럼 걷잡을 수 없이 내면을 뒤흔들기에 좋아하기도 하지요. 이처럼 오싹하면서도 황홀한 감정을 숭고함이라고 합니다. 마치 터너의 그림들이 주는 것과 같은 감정이지요.

터너는 이 그림을 준비하는 과정에서 실제로 폭풍이 심한 날 배 돛대에 자신의 몸을 묶어달라고 요구했답니다. 비평가들은 터너의 그림이 ‘흐릿하다’고 비난했지만, 그것이야말로 그가 표현하고 싶었던 느낌이었습니다. 터너는 자연을 실제 우리의 경험대로 묘사하려면 때로는 빠르고 거칠며 흐린 붓질이 필요하다고 생각했지요.
〈눈보라: 항구를 떠나는 증기선〉, J.M.W. 터너, 1842년

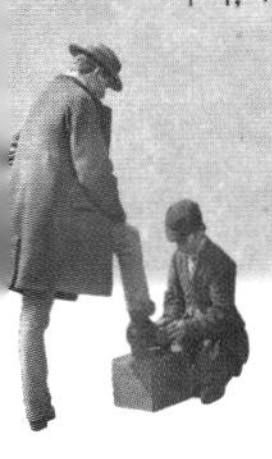

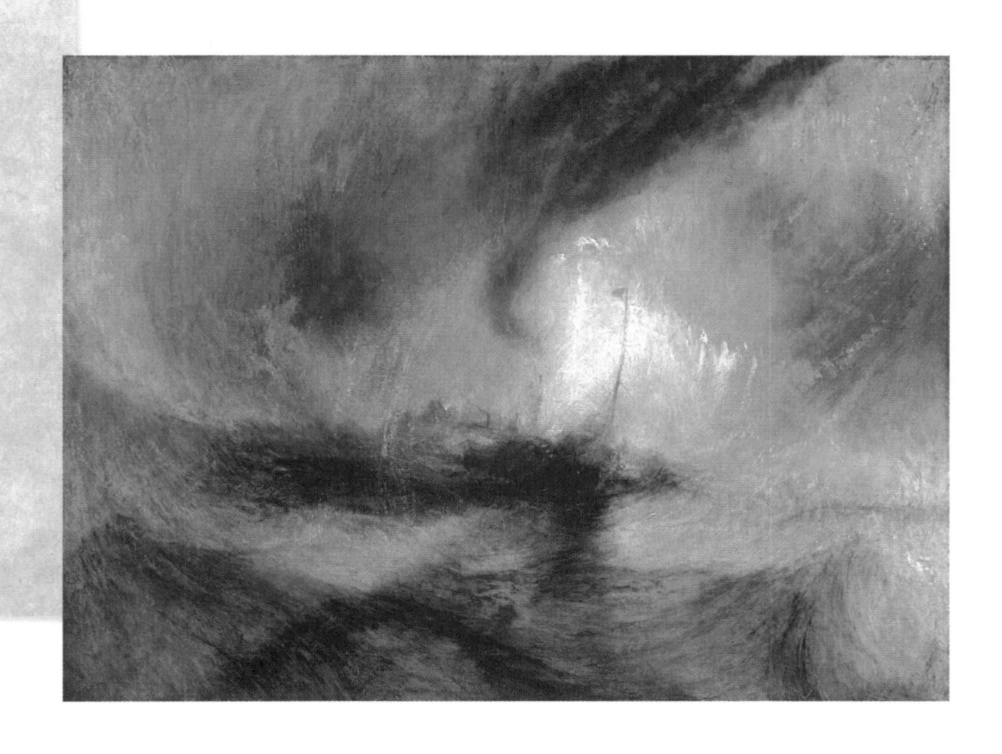

새로 설계된 도시, 파리(1875년)

철거와 새 출발

19세기 초의 파리는 과거 수백 년과 거의 비슷한 모습이었습니다. 많은 건물들이 중세로 거슬러 올라갈 만큼 오래되었기 때문이지요. 어둡고 좁고 구불구불한 골목길이 수천 개나 있었고, 방 하나를 여남은 사람이 함께 써야 하는 경우도 많았습니다. 하지만 1875년 무렵의 파리는 널따란 거리, 많은 공원, 환한 가로등과 개선된 하수도를 갖춘 현대적인 수도가 되었답니다.

이 국립 오페라 극장은 상류층 사교생활의 중심이었습니다. 파리의 부자들이 오페라 극장에 가는 것은 공연을 보는 만큼 자신의 모습을 보이기 위해서이기도 했답니다. 에드가 드가, 메리 커셋 같은 화가들은 배우뿐만 아니라 관객들도 그림에 담곤 했지요.

〈팔레 가르니에〉, 샤를 가르니에, 1875년

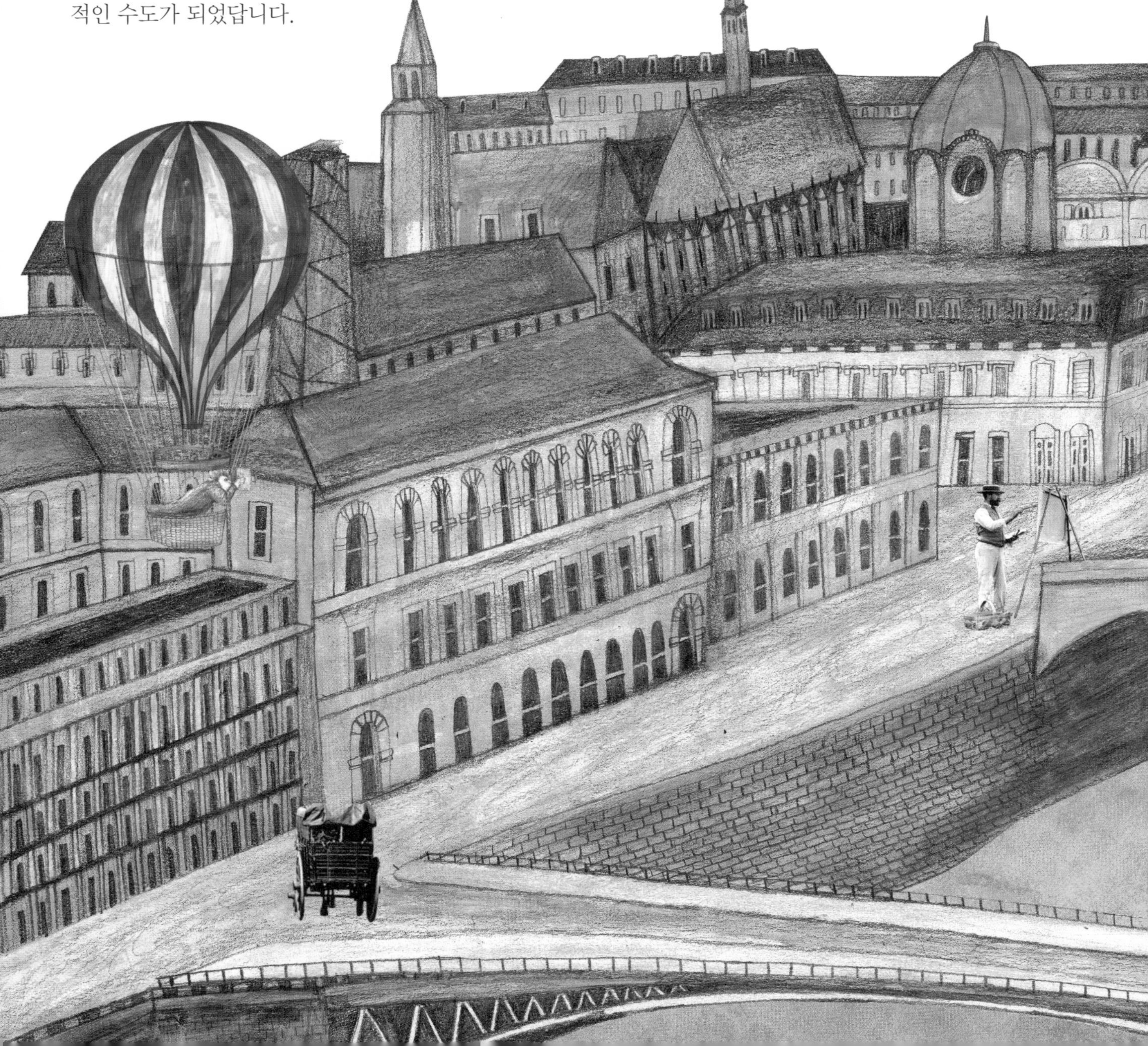

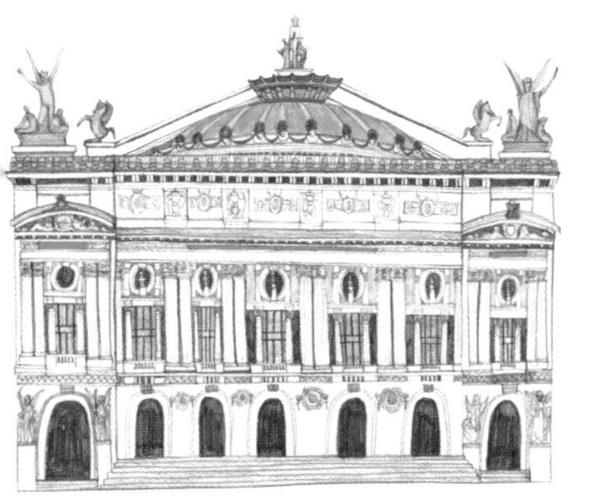

이 같은 혁신 뒤에는 '파괴자'라 불렸던 도시 계획가 조르주 외젠 오스만이 있었습니다. 오스만의 파리에서 핵심은 루브르 미술관에서 샤를 가르니에가 화려하게 설계한 새 오페라 극장까지 이어지는 오페라 대로였습니다. 1830년대에 발명된 사진술이 빠르게 발전한 덕분에 당시 파리의 철거와 건설은 생생히 기록될 수 있었습니다. 미술가들은 발아래서 급변해가는 도시 광경을 포착하기 위해 새로운 높이에 도전했고, 심지어 완벽한 사진 한 장을 찍으러 열기구에 오르기도 했답니다.

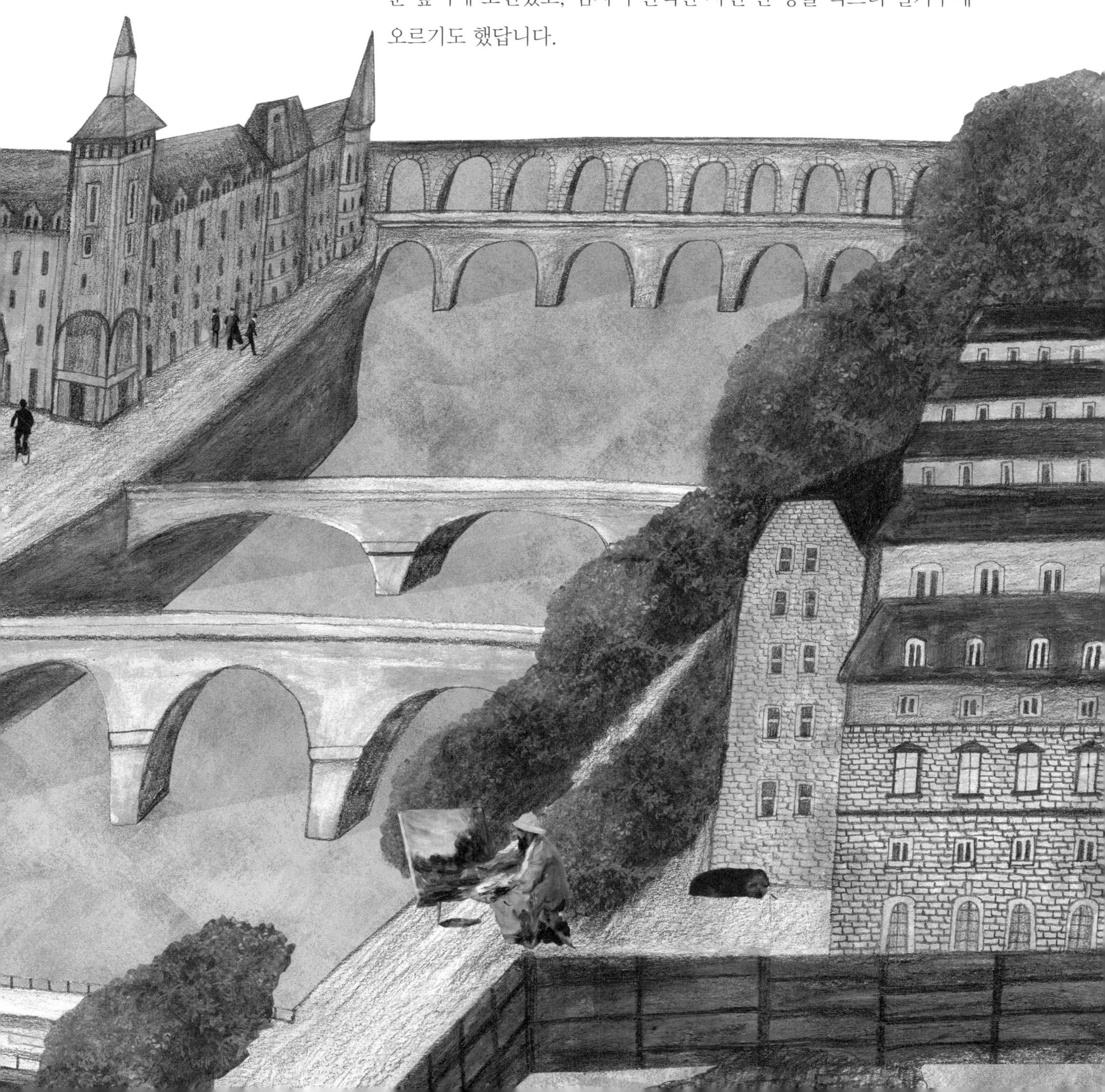

참신한 시선의 인상주의 출현

19세기 중반에 파리에서 미술가로 성공하려면 확고한 규정을 따라야 했습니다. 미술학교인 에콜 데 보자르에서 공부하고, 역사나 신화 속의 한 장면을 그려 대규모 연례 전시회인 살롱전에 출품해야 했지요. 하지만 1860년대에 이르자 이런 규칙이 깨지기 시작했습니다. 오귀스트 로댕은 고대 그리스와 로마 미술품의 우아한 포즈를 모방하는 대신 실제 사람들의 움직임을 보여주는 조각을 만들었지요. 하지만 많은 비평가들은 이런 사실주의가 부적절하다고 생각했습니다.

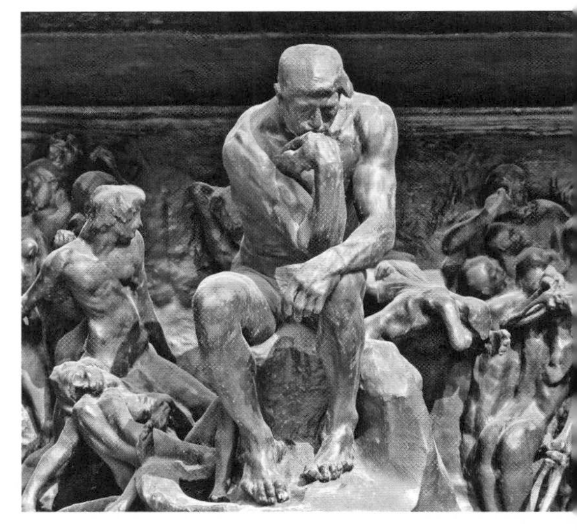

로댕은 죽을 때까지 37년에 걸쳐 <지옥의 문>을 작업했습니다. 14세기 단테 알리기에리의 걸작 서사시 『신곡』 중 가상의 지옥 여행을 담은 「지옥 편」에서 영감을 받은 작품이지요. 사진은 지옥의 문간에 앉아 있는 단테를 보여주는데, 이 인물상은 로댕의 가장 유명한 조각이자 그의 무덤 옆에 놓인 작품 <생각하는 사람>의 원형이 되었답니다.

〈지옥의 문〉 세부, 오귀스트 로댕, 1880~1917년

인상주의

인상주의는 세상을 묘사하는 새로운 방식을 찾으려 했던 미술 유파였습니다. 화가들은 자연의 빛과 색채를 좀 더 충실하게 담기 위해 화실 대신 야외에서 작업하기 시작했지요. 빛의 효과는 시간에 따라 신속하게 변했기 때문에 화가들은 급히 그림을 그려야 했고 그로 인해 빠르고 자유로운 붓질을 구사하게 되었습니다. 그들의 화풍은 처음엔 조롱당했지만 시간이 지나면서 미술에 관한 대중의 생각을 크게 바꾸어놓았답니다.

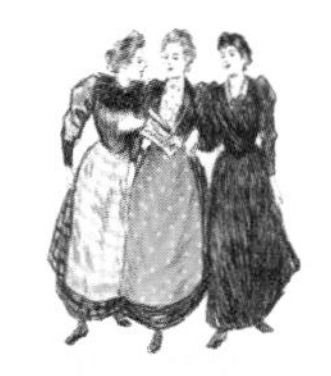

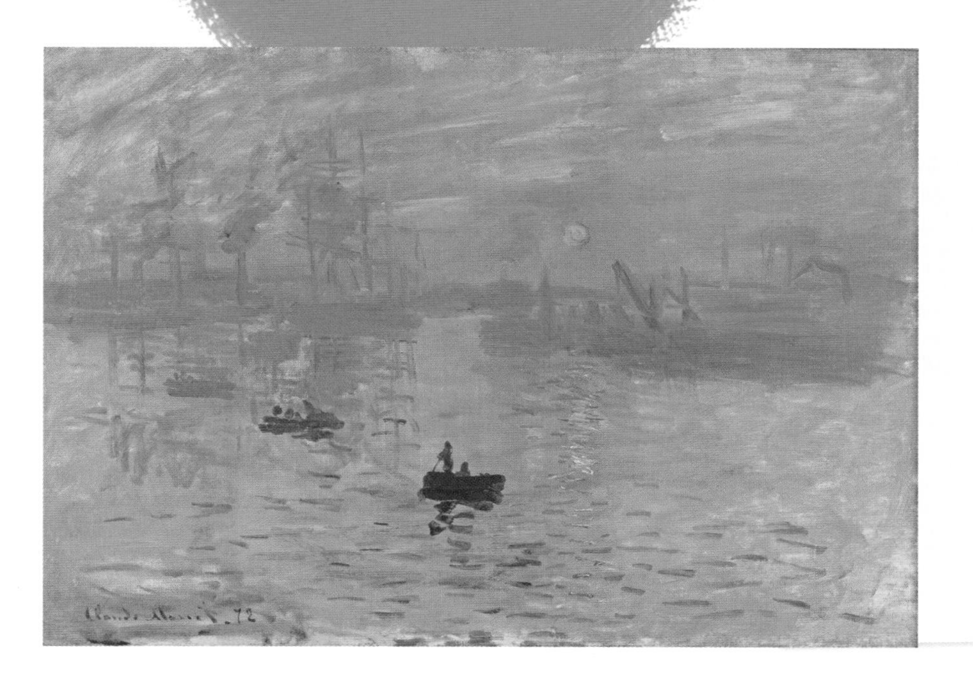

이 그림이 처음 전시되었을 때 많은 관람객들은 그림의 느슨한 붓질과 흐릿한 형체에 질색했습니다. 한 비평가는 제목인 <인상>에서 착안해 모네와 동료들을 '인상주의자들'이라며 비웃었지요. 따라서 인상주의란 본래 그들을 욕하는 말이었지만, 화가들은 이 말을 받아들여 당당히 '인상주의자'로 자칭하게 되었답니다.

〈인상, 해돋이〉, 클로드 모네, 1872년

'인상주의자'라는 새로운 화가 집단은 사실주의에 있어 독자적 관점을 드러냈습니다. 사람과 물체를 정확하게 복제하는 대신 눈앞에서 일어나는 빛과 색채의 변화를 포착하려 했지요. 살롱전에서 이 새로운 화파의 그림을 전시하지 않으려 하자 클로드 모네, 에드가 드가, 피에르 오귀스트 르누아르를 비롯한 화가들은 1874년에 그들만의 전시회를 개최했습니다. 이 화파에서는 여성들도 화가이자 취향 선도자로 중요한 역할을 했는데, 미국에 인상주의를 전파하는 데 공헌한 메리 커셋이 그 예입니다. 아름다움에 관한 생각은 급속도로 변화했습니다. 1889년에 기술자 귀스타브 에펠은 만국박람회를 위해 거대 철제 구조물을 세웠습니다. 파리의 많은 사람들은 이 탑이 흉하다고 생각했지만, 얼마 지나지 않아 에펠 탑은 파리의 찬란함을 상징하는 존재가 되었답니다.

메리 커셋은 파리에 사는 미국인 화가였습니다. 당시에는 직업적 여성 미술가는커녕 혼자 카페에 오는 여성조차도 드물었지요. 커셋은 이탈리아 르네상스 미술과 일본 판화를 좋아했고, 후자의 화사한 색채와 문양에서 영감을 받았습니다. 남성 미술가들과 달리 그녀는 집에서 느긋한 자세를 취한 여성과 아이들을 즐겨 그렸답니다.

〈푸른 소파에 앉은 소녀〉, 메리 커셋, 1878년

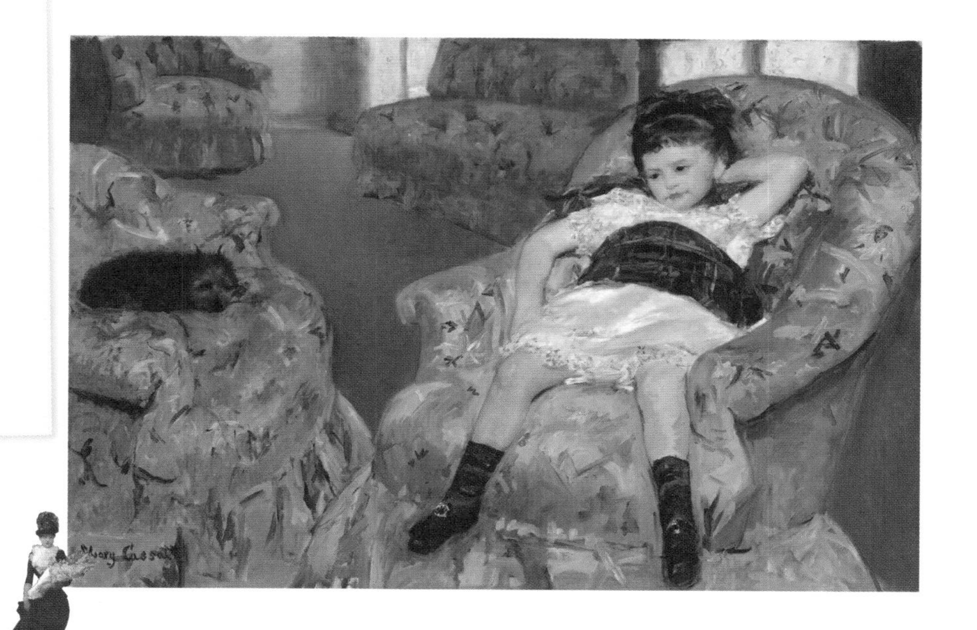

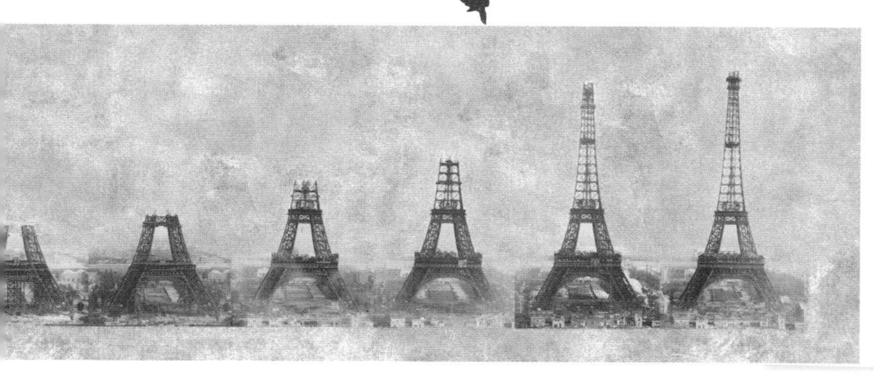

에펠 탑은 당시 세계에서 가장 큰 인공 구조물이었습니다. 1930년대 뉴욕에 크라이슬러 빌딩이 세워지기 전까지는 말이지요. 이 탑은 본래 20년 정도만 유지될 예정이었지만 건설에 도입된 놀라운 공학 기술 덕에 지금까지 그대로 남아 있답니다. 날씨가 추우면 크기가 15센티미터나 수축하고, 강풍이 불면 유연하게 몇 센티미터 굽어지면서도 끄떡없이 자리를 지키고 있지요.

〈에펠 탑의 건설 과정〉, 귀스타브 에펠, 1888년

예술가들의 감성 도시, 빈(1890년)

감상을 위한 공간

20세기로의 전환기에 유명해지고 싶은 사람이라면 빈을 찾아가야 했습니다. 오스트리아 헝가리 제국의 수도였던 이 도시는 미술가, 음악가, 작가, 철학자와 혁명가들을 끌어당겼습니다. 빈의 카페에서는 유럽 전역의 지성인들이 신문을 읽고 슈트루델(오스트리아의 대표적 패스트리 – 옮긴이)을 씹으며 휘핑크림이 얹힌 이 도시 특유의 커피를 음미하는 모습을 볼 수 있었습니다. 빈에서는 새로운 사상들이 활발히 논의되었습니다. 테오도어 헤르츨은 유대인을 위한 국가를 만들려고 계획했습니다. 지크문트 프로이트는 인간의 마음을 연구하는 정신분석학 분야에서 새로운 접근법을 개발했습니다. 꿈의 내용이나 농담, 심지어 말실수도 사람들의 숨은 욕망을 드러낸다는 것이었지요. 한편 빈의 신세대 예술가와 사상가들도 전성기에 도달하고 있었는데, 그중에는 20세기 최고의 철

이 건물은 단순한 전시 공간을 넘어 분리파 운동의 상징이 되었습니다. 입구 위에는 분리파의 좌우명이 금으로 새겨져 있습니다. '모든 시대에 고유한 예술을, 모든 예술에 각자의 자유를.' 이 호화로운 장소의 건축비를 후원한 사람은 루트비히 비트겐슈타인의 아버지인 카를이었습니다.

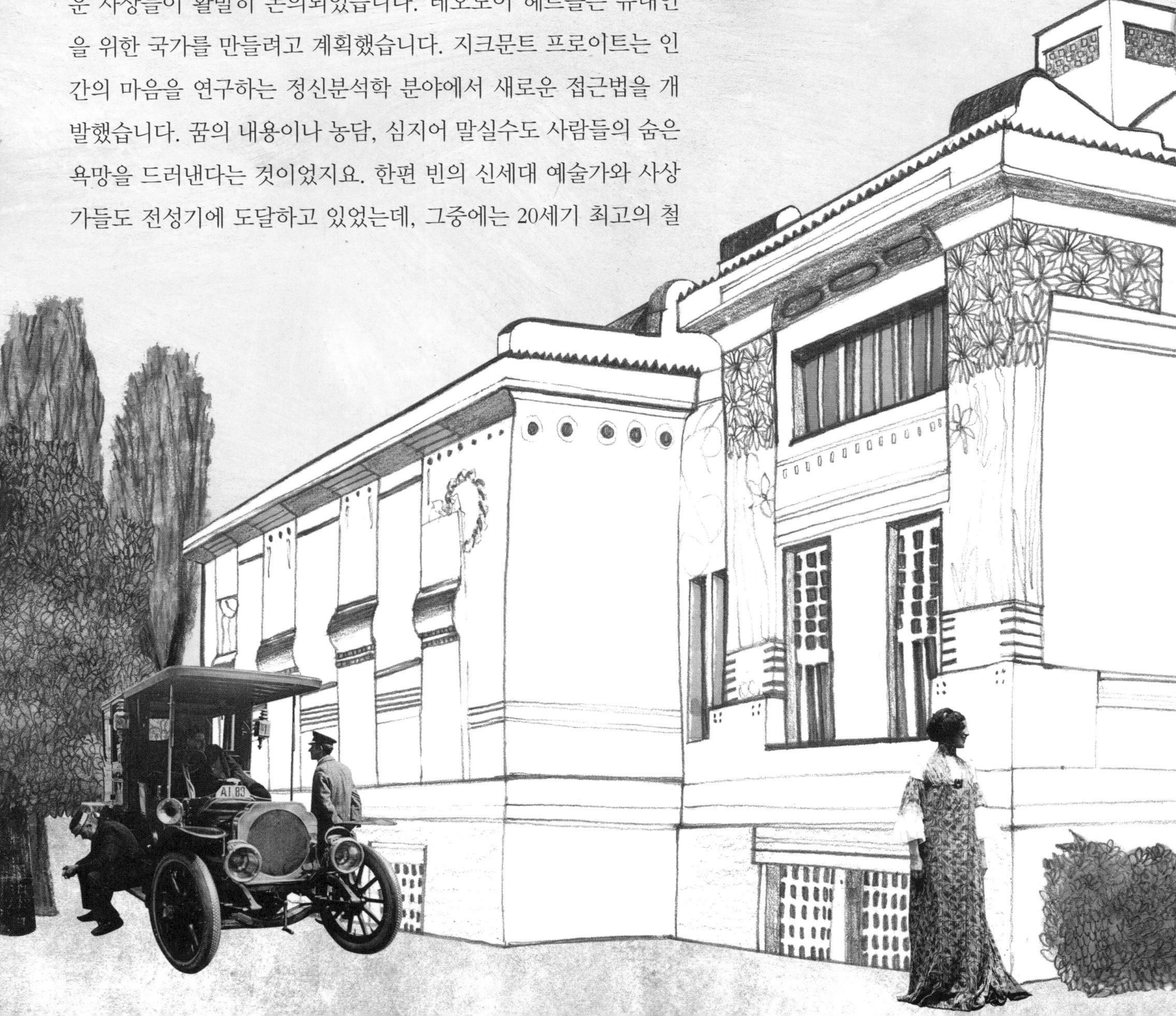

〈분리파 건물〉, 요제프 마리아 올브리히, 1898년

학자로 꼽히는 루트비히 비트겐슈타인도 있었답니다.

빈은 파리와 비슷하게 당대에 새로이 설계된 도시였습니다. 중세의 성벽이 파괴되고 그 자리에 옛 도심을 에워싸는 장엄한 대로가 생겼지요. 새로운 철도 시스템은 이후로 백 년간 시민들에게 봉사했습니다. 하지만 이 모든 화려한 성취로도 오스트리아 헝가리 제국의 쇠퇴를 숨길 순 없었지요. 통치자였던 합스부르크 가문은 연달아 큰 정치적 실수를 저질렀습니다. 이러한 오류들은 결국 제1차 세계대전으로 이어졌고, 위대했던 제국은 결국 산산조각 나고 말았습니다.

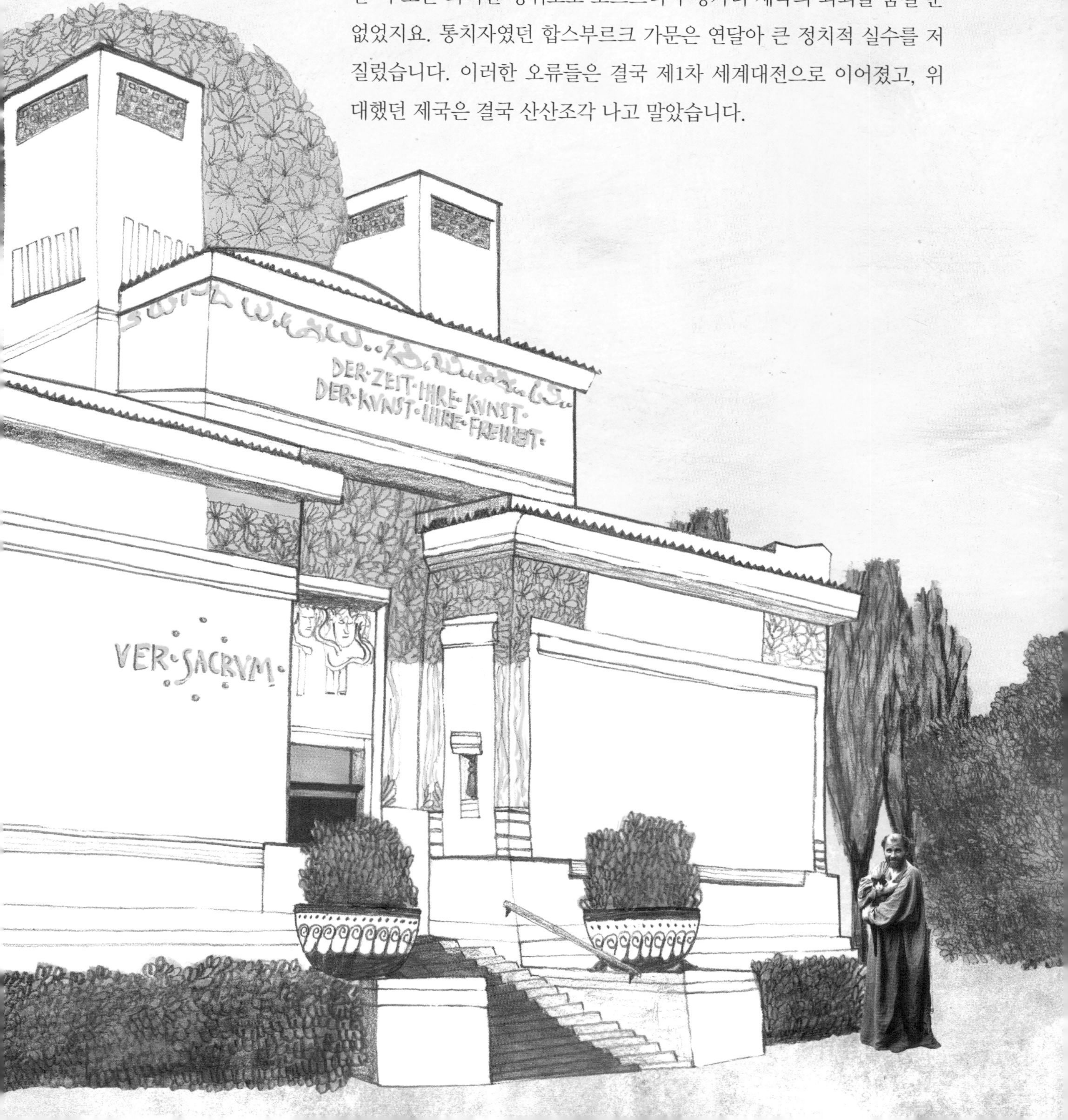

거대한 총체예술의 집합체, 빈

우리는 흔히 각각의 예술 분야가 완전히 별개라고 생각합니다. 연극은 극장에서, 미술은 전시회장에서, 음악은 연주회장에서 감상하는 것으로 여기지요. 19세기 말의 예술가들은 이런 선입견을 뒤집고 싶었습니다. 그들은 각자의 재능을 결합하여 종합 예술작품을 창조할 방법을 모색했지요. 이를 총체예술(Gesamtkunstwerk)이라고도 합니다. 이러한 관점은 특히 빈에서 큰 반응을 얻었습니다. 수백 년 동안 루트비히 반 베토벤을 비롯한 최고의 클래식 음악가들은 이 도시를 보금자리로 삼아 왔습니다. 1890년대에 빈 궁정 오페라단은 구스타프 말러를 지휘자로 지명했지요. 말러는 자연 음향과 민요를 최초로 클래식 음악에 도입한 선구적 작곡가였습니다. 음악은 빈의 미술가들에게 중요한 영감의 원천이었습니다. 1897년에는 구스타프 클림트를 비롯한 여러 미술가들이 빈의 기존 미술가협회에서 탈퇴하여 빈 분리파를 결성했습니다. 그들의 가장 인기 있었던 전시회는 베토벤에 헌정되었으며 회화와 조각 등 여러 분야의 미술품들로 구성되었습니다.

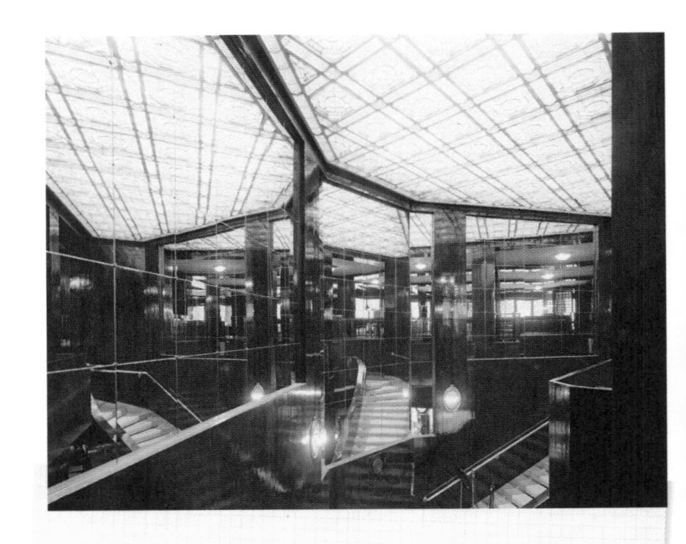

사실 아돌프 로스는 분리파 건축을 좋아하지 않았습니다. 너무 장식적이라고 생각했기 때문이지요. 그는 장식이 '범죄'라고까지 말했지만, 그럼에도 불구하고 로스가 만든 여러 건물들의 내부도 값비싼 목재와 석재의 자연무늬를 강조하여 화려하게 꾸며져 있답니다.

〈미하엘러플라츠의 로스 저택〉, 아돌프 로스, 1909~10년

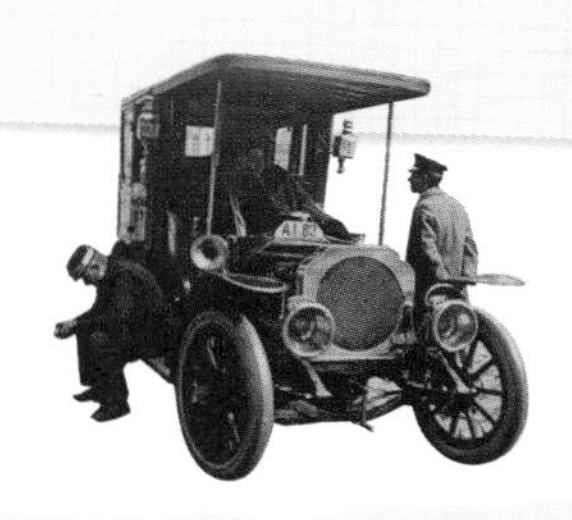

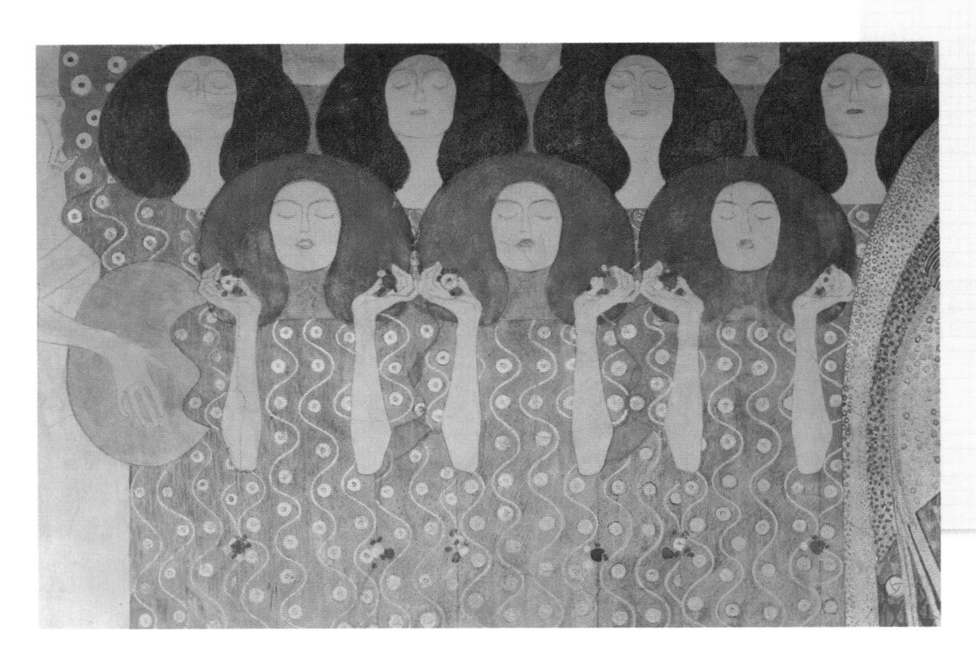

구스타프 클림트는 제14회 분리파 전시회를 위해 길이 30미터 이상의 벽화를 그렸습니다. 그리스 신화에서 따온, 유혹하는 악마와 괴물들과 싸우는 기사를 묘사한 벽화였지요. 벽화의 마지막 부분에는 합창단이 그려져 있는데, 관람객들에게 베토벤 9번 교향곡의 일부인 <환희의 송가>를 상기시키기 위해서였습니다. 클림트는 무엇보다도 특유의 금빛 채색과 화려하고 복잡한 문양으로 유명했지요.

〈베토벤 프리즈〉 세부, 구스타프 클림트, 1902년

분리파 미술가들은 다양한 양식을 구사했습니다. 상징주의에 집중하는 사람들도 있었고 자연이나 일본 미술에서 영감을 구하는 사람들도 있었지요. 한편 패션 디자이너들도 고전적 형태와 당대의 복잡한 장식에 고루 영감을 받아 실험적 시도에 나섰습니다. 에밀리 플뢰게는 대담한 문양이 있는 직물로 현대 여성들에게 필요한 의상을 몸에 편하게 맞도록 제작했지요. 빈 자체가 하나의 거대한 총체예술이 되어가고 있었답니다.

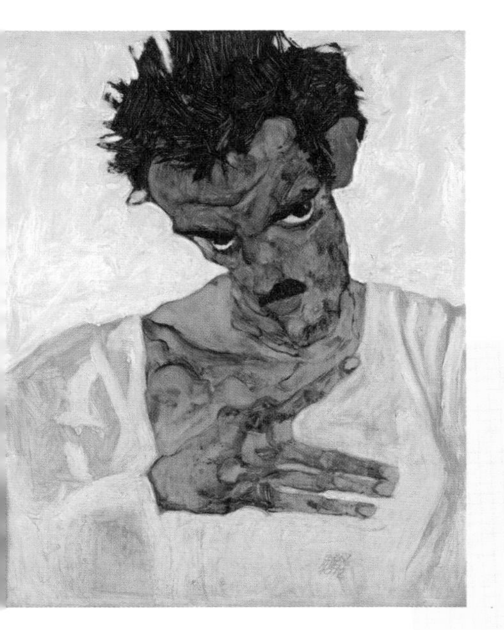

클림트는 젊은 화가 에곤 실레의 후원자가 되었습니다. 실레는 요절했음에도 확고한 자기만의 양식을 만들어 냈지요. 그의 그림은 주로 자화상과 누드인데, 길고 울퉁불퉁한 손가락에 얼룩진 피부, 야위고 어색한 신체 표현이 인상적입니다.

〈고개 숙인 자화상〉, 에곤 실레, 1912년

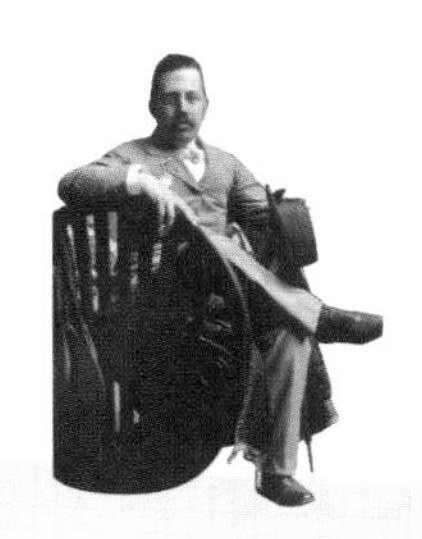

요제프 마리아 올브리히보다 윗세대였던 오토 바그너는 여러 후배 분리파 건축가들에게 멘토 역할을 했습니다. 그는 사진과 같은 기차역부터 은행과 아파트, 가톨릭 성당까지 고향인 빈에 분리파 양식을 전파하는 데 공헌했답니다.

〈카를스플라츠 전차역〉, 오토 바그너, 1898년

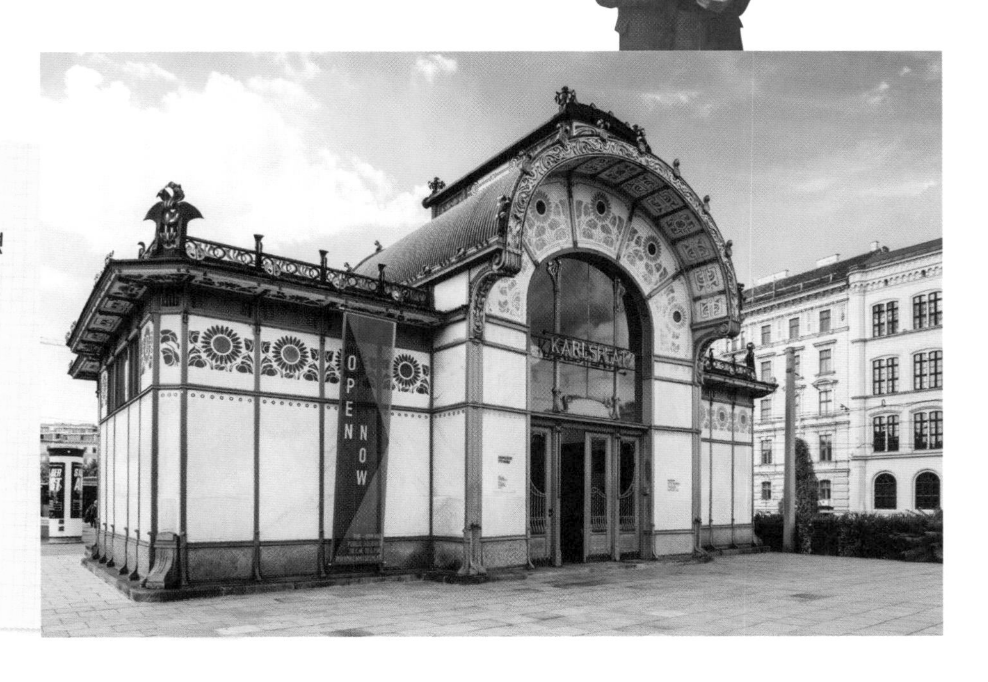

혁신의 도시, 모스크바(1920년)

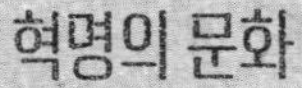

혁명의 문화

역사상 그 어떤 국가도 20세기 초의 러시아만큼 빠르고 극적으로 변화하진 않았을 것입니다. 러시아 제국은 수백 년 동안 차르의 절대왕정 아래 있었지요. 국민의 대부분은 가난했고 권리라고는 거의 누리지 못했습니다. 1905년 반란이 일어나면서 궁지에 몰린 차르 니콜라이 2세는 의회를 개설하고 헌법을 만들 수밖에 없었습니다. 약간의 변화가 일어나긴 했으나 국가의 본질적 문제가 해결된 것은 아니었지요. 제1차 세계대전 동안 혼란은 점점 커져갔고, 극좌 정당인 볼셰비키는 이 혼란을 기회 삼아 1917년에 권력을 잡았습니다. 그들의 수장은 블라디미르 레닌이었습니다.

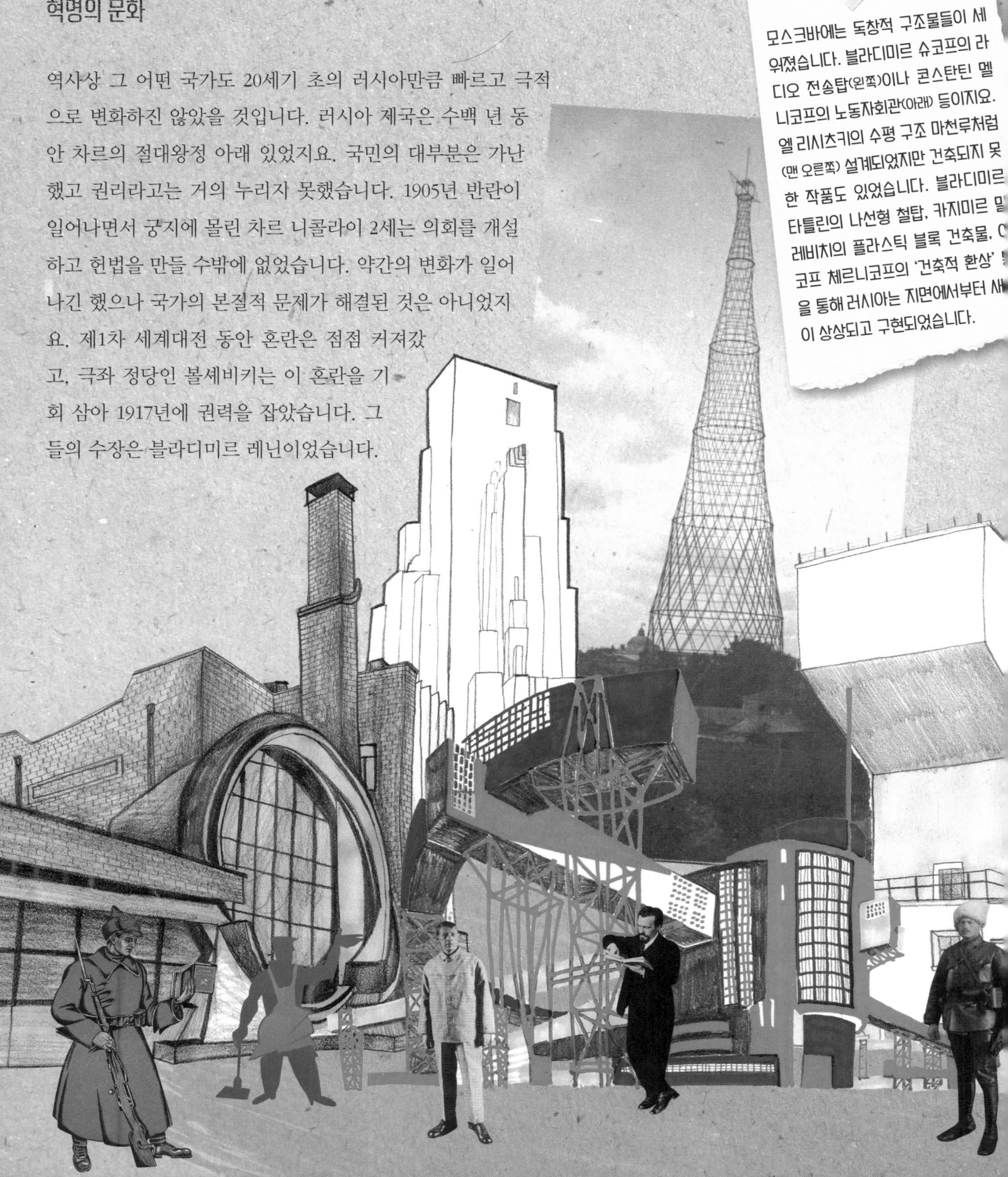

모스크바에는 독창적 구조물들이 세워졌습니다. 블라디미르 슈코프의 라디오 전송탑(왼쪽)이나 콘스탄틴 멜니코프의 노동자회관(아래) 등이지요. 엘 리시츠키의 수평 구조 마천루처럼(맨 오른쪽) 설계되었지만 건축되지 못한 작품도 있었습니다. 블라디미르 타틀린의 나선형 철탑, 카지미르 레비치의 플라스틱 블록 건축물, 코프 체르니코프의 '건축적 환상' 을 통해 러시아는 지면에서부터 새 이 상상되고 구현되었습니다.

레닌은 러시아가 노동자 계급이 다스리는 공산주의 국가라고 선언했습니다. 처음에는 러시아 내외에서 레닌에게 대항하는 집단들도 있었습니다. 하지만 1920년대에 이르자 볼셰비키가 대부분의 적수를 무너뜨렸지요. 이후로 그들은 건축과 상업, 언론, 교육까지 일상생활을 온전히 통제하게 되었습니다. 후에 레닌이 죽고 이오시프 스탈린이 권력을 쥐면서 소비에트 연방공화국은 점점 더 억압적 국가로 변했습니다. 하지만 1920년대 초의 소련은 아직 낙관적 분위기였답니다. 화가, 건축가, 작가, 영화감독 등 모든 예술가가 새로운 주제와 양식을 발견했습니다. 예술이 새로운 사회를, 나아가 새로운 세계를 구현하는 데 공헌하는 것처럼 보였지요.

공산주의

공산주의는 계급 구분뿐만 아니라 부동산이나 기업 등 일체의 사적 소유를 없애는 것을 목표로 하는 정치체제입니다. 공산주의 사상은 19세기에 카를 마르크스가 수립한 것이며, 20세기 들어 레닌은 이를 현실 정치에서 구현하려고 했습니다.

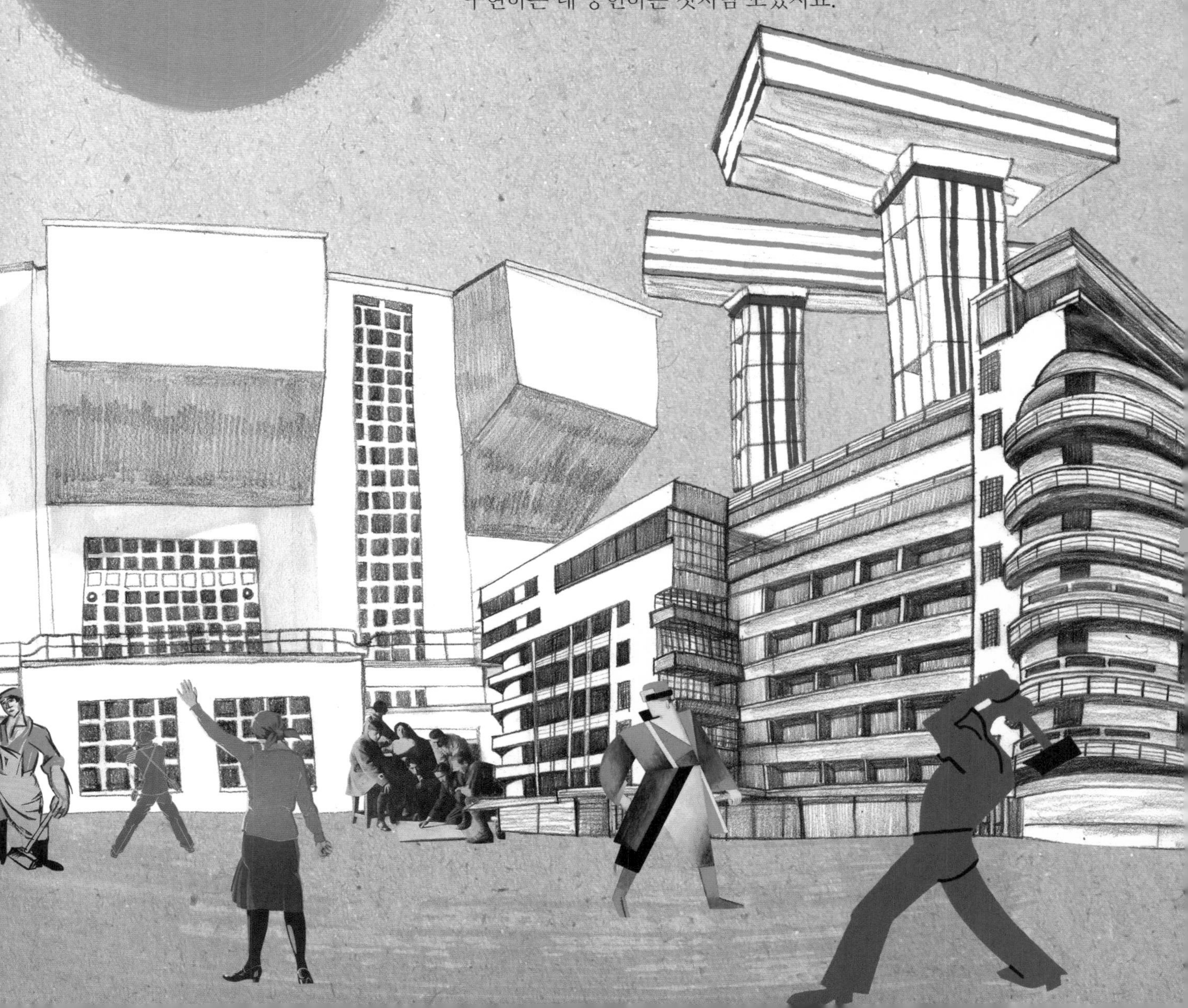

심장의 열기가 타오르는 곳

러시아 예술가들은 그들도 프랑스와 독일에서 싸우는 군인들만큼 용감할 수 있다는 것을 증명하고 싶었습니다. 1910년에 모스크바 미술가들은 '다이아몬드의 잭'이라는 단체를 만들었습니다. 나탈리아 곤차로바를 비롯한 여성 미술가들도 회원으로서 전시에 참여했지요. 시인 안나 아흐마토바와 같은 여성들은 예술계 전반에서 지도적 역할을 했습니다. 예술가들은 재주를 모아 전 세계에서 공연하던 무용단 '발레 뤼스'의 무대 배경과 의상을 디자인하기도 했지요. 모스크바 예술극장의 연출가 콘스탄틴 스타니슬랍스키는 작가와 디자이너, 특히 배우들에게 새로운 사실주의 규범을 따르게 했습니다. 모스크바 국립 유대 극장도 번성했지요. 러시아 유대인 대부분이 사용한 언어인 이디시어로 된 연극, 마르크 샤갈의 몽환적 벽화가 인기를 끌었습니다. 또한 참신하고 대담한 그래픽 디자인이 발달했는데, 〈전함 포템킨〉 같은 영화 포스터들이 대표적이랍니다.

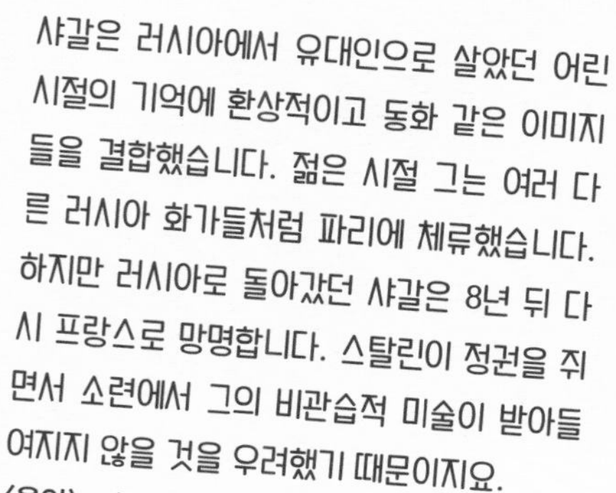

샤갈은 러시아에서 유대인으로 살았던 어린 시절의 기억에 환상적이고 동화 같은 이미지들을 결합했습니다. 젊은 시절 그는 여러 다른 러시아 화가들처럼 파리에 체류했습니다. 하지만 러시아로 돌아갔던 샤갈은 8년 뒤 다시 프랑스로 망명합니다. 스탈린이 정권을 쥐면서 소련에서 그의 비관습적 미술이 받아들여지지 않을 것을 우려했기 때문이지요.

〈음악〉, 마르크 샤갈, 1920년

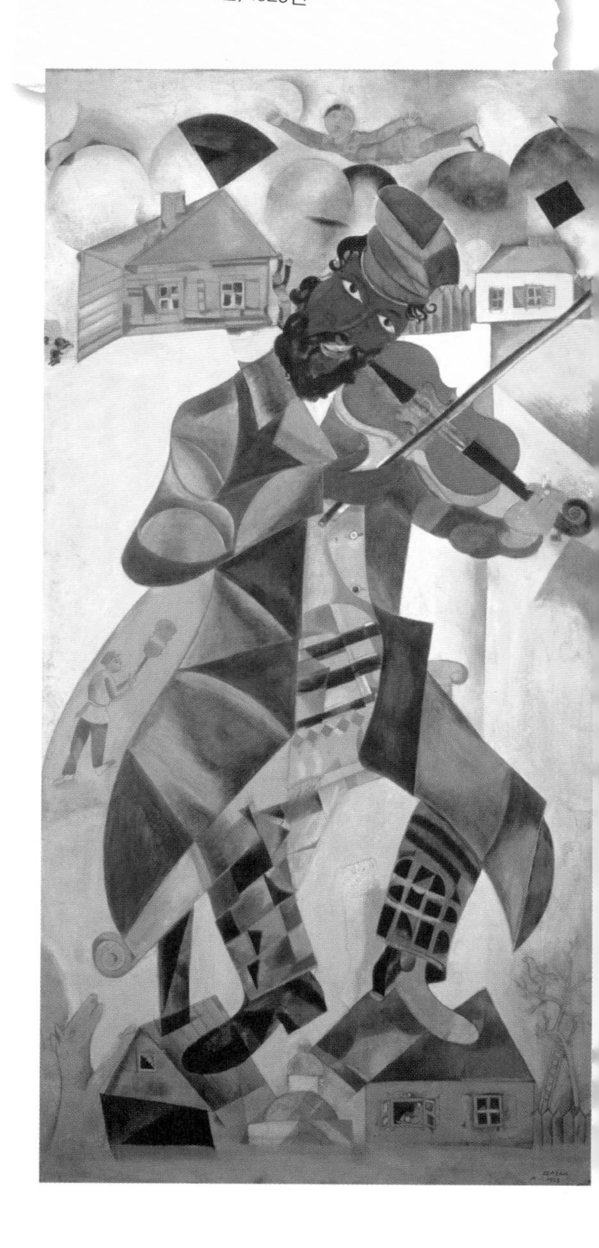

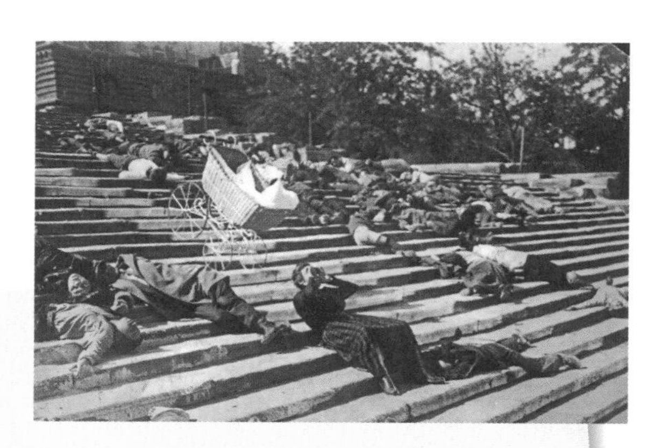

이 영화는 1905년 반란을 일으킨 러시아 해병들의 이야기를 다루었습니다. 오데사 시민들도 반란에 참여했지만 차르가 보낸 군인들의 총에 맞고 도시의 계단에 쓰러졌지요. 뛰어난 영화감독 에이젠슈타인은 다양한 시점에서 촬영한 영상들을 잘라 붙여 관객에게 강렬한 인상을 주는 장면을 만들어냈습니다. 이 장면에서 어머니가 쓰러지며 놓친 유모차는 아기가 안에 누운 채로 계단을 굴러 내려가 비극적 결말을 맞습니다.

〈전함 포템킨〉, 세르게이 에이젠슈타인의 영화, 1925년

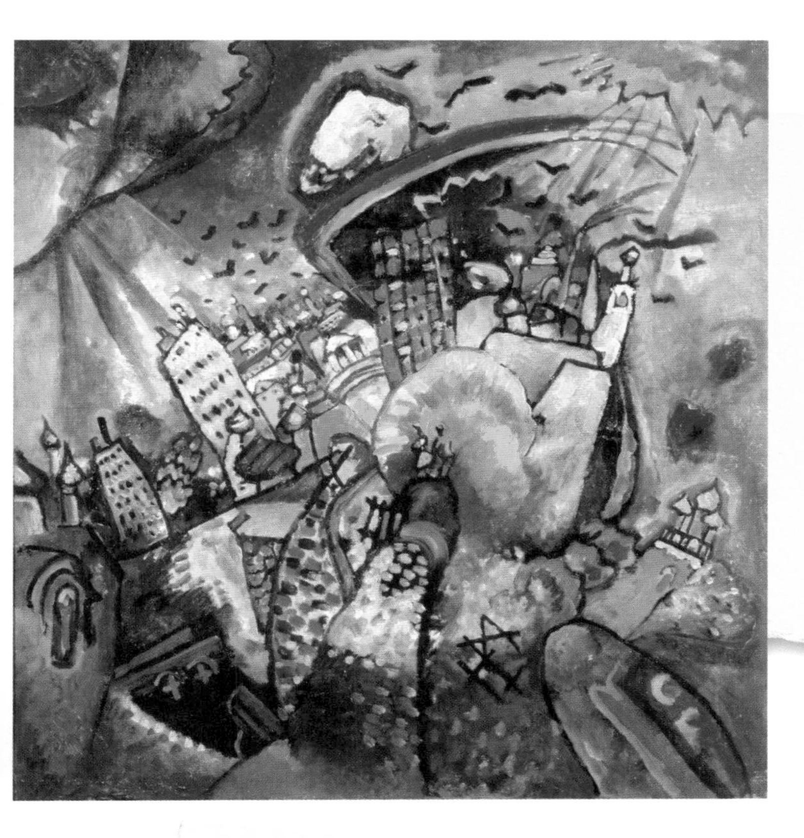

이 그림은 유명한 성 바실리 성당의 양파 모양 돔을 담고 있습니다. 하지만 당시 모스크바의 실제 모습을 표현했다기보다는 그곳의 분위기를 표현한 그림이었지요. 칸딘스키는 이렇게 적었습니다. "태양은 모스크바 전체를 녹여 하나의 점(돔)에 응축하고, 그 점은 광란하는 금관악기처럼 모든 심장과 영혼을 전율시킨다."

〈모스크바 1〉, 바실리 칸딘스키, 1916년

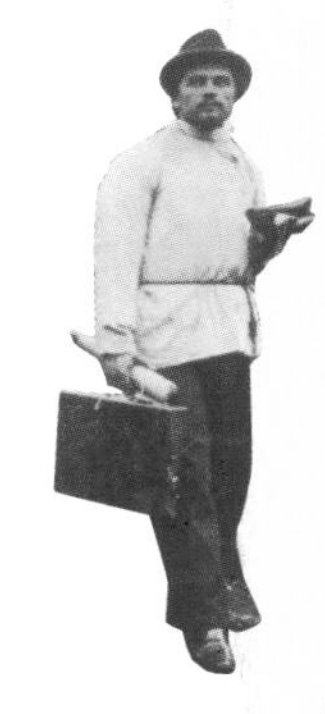

카지미르 말레비치는 회화를 가장 단순한 형태로 정제하려 했습니다. 사진 속 전시장의 벽 한구석에는 그의 대표작 <검은 사각형>(1915년)이 보입니다. 이 구석 자리에 그림을 건다는 것은 충격적인 일이었습니다. 러시아 정교도 가정에서 이 자리는 '이콘'이라고 불리는 지극히 신성한 종교화를 거는 곳이었으니까요. 말레비치는 공산주의 시대의 새로운 이콘을 창조한 것입니다.

〈0, 10: 최후의 미래파 회화전〉, 페트로그라드(현재 상트페테르부르크), 1915년

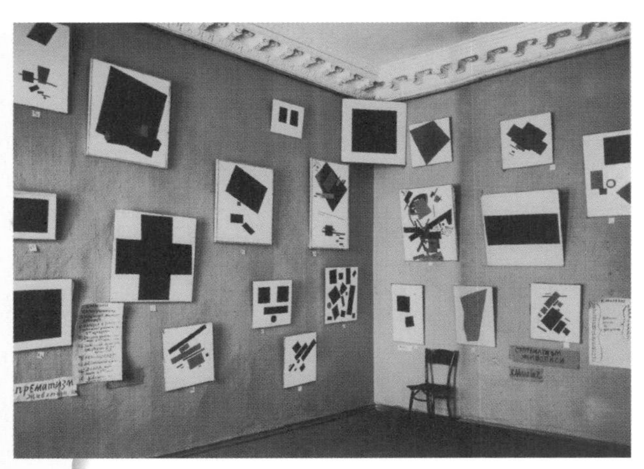

미술과 건축은 떼어놓기 어려운 관계가 되었습니다. 당대의 중요한 두 가지 실험적 사조는 구성주의와 절대주의였지요. 블라디미르 타틀린은 산업 자재로 구성주의 조각을 만들었고, 카지미르 말레비치는 단순한 기하학 형태로 절대주의 회화를 그렸습니다. 처음에 소련 정부는 이러한 혁신적 미술가들을 찬양했지만, 얼마 지나지 않아 실험과 의문 제기가 공산주의 실현에 방해되는 행위라고 단정하게 되었습니다.

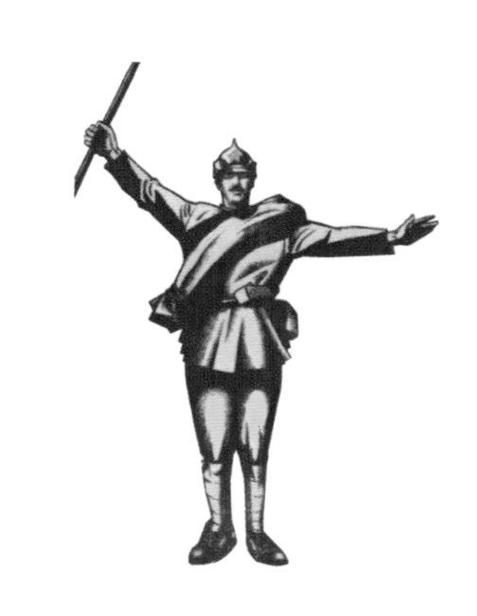

투쟁과 혁명, 멕시코시티(1930년)

독수리와 뱀의 도시

고대 예언에 따르면 아즈텍, 혹은 다른 이름으로 멕시카 민족은 독수리가 입에 뱀을 물고 선인장 위에 앉아 있는 장소에 도시를 세워야 했습니다. 이곳이 바로 웅장한 도시 테노치티틀란이 되었답니다. 16세기에 스페인 사람들이 테노치티틀란을 파괴하고 그 자리에 멕시코시티를 세웠지요. 19세기 들어 멕시코시티는 새로이 독립한 국가 멕시코의 수도가 되었답니다. 오늘날 독수리와 뱀은 멕시코 국기 한가운데에서 자랑스럽게 이 도시의 기원을 상기시켜주고 있지요.

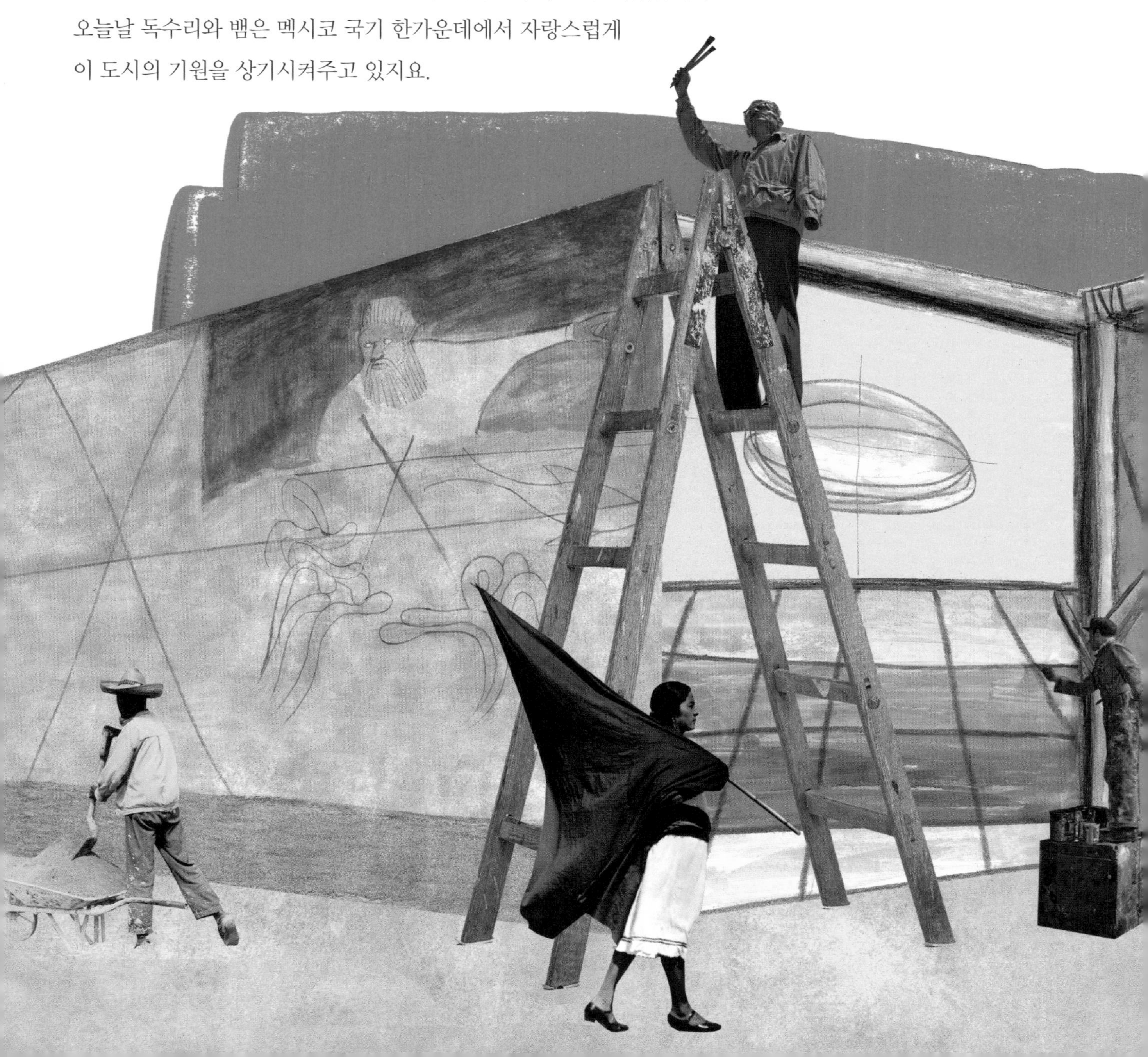

20세기 초 멕시코는 포르피리오 디아스 대통령이 통치하고 있었습니다. 디아스는 국가를 발전시키긴 했지만 그 이득의 대부분은 상류층에게만 돌아갔지요. 1910년 무렵 다수의 멕시코 사람들은 디아스를 물러나게 하기로 결심하고 기나긴 투쟁을 시작했습니다. 여러 저항 세력들은 무정부주의에서 공산주의까지 각각 다른 사상과 목표를 가지고 있었지요. 디아스를 쫓아낸 이후로도 일부 세력들은 서로 계속 맞서 싸웠습니다. 1917년에 새로 작성된 멕시코 헌법은 공교육, 노동자의 권리, 농부들에게 이로운 토지 개혁 등의 내용을 포함했습니다. 갈등은 사그라졌고, 1930년대에 이르자 멕시코는 현대 국가의 형태를 갖추게 되었지요.

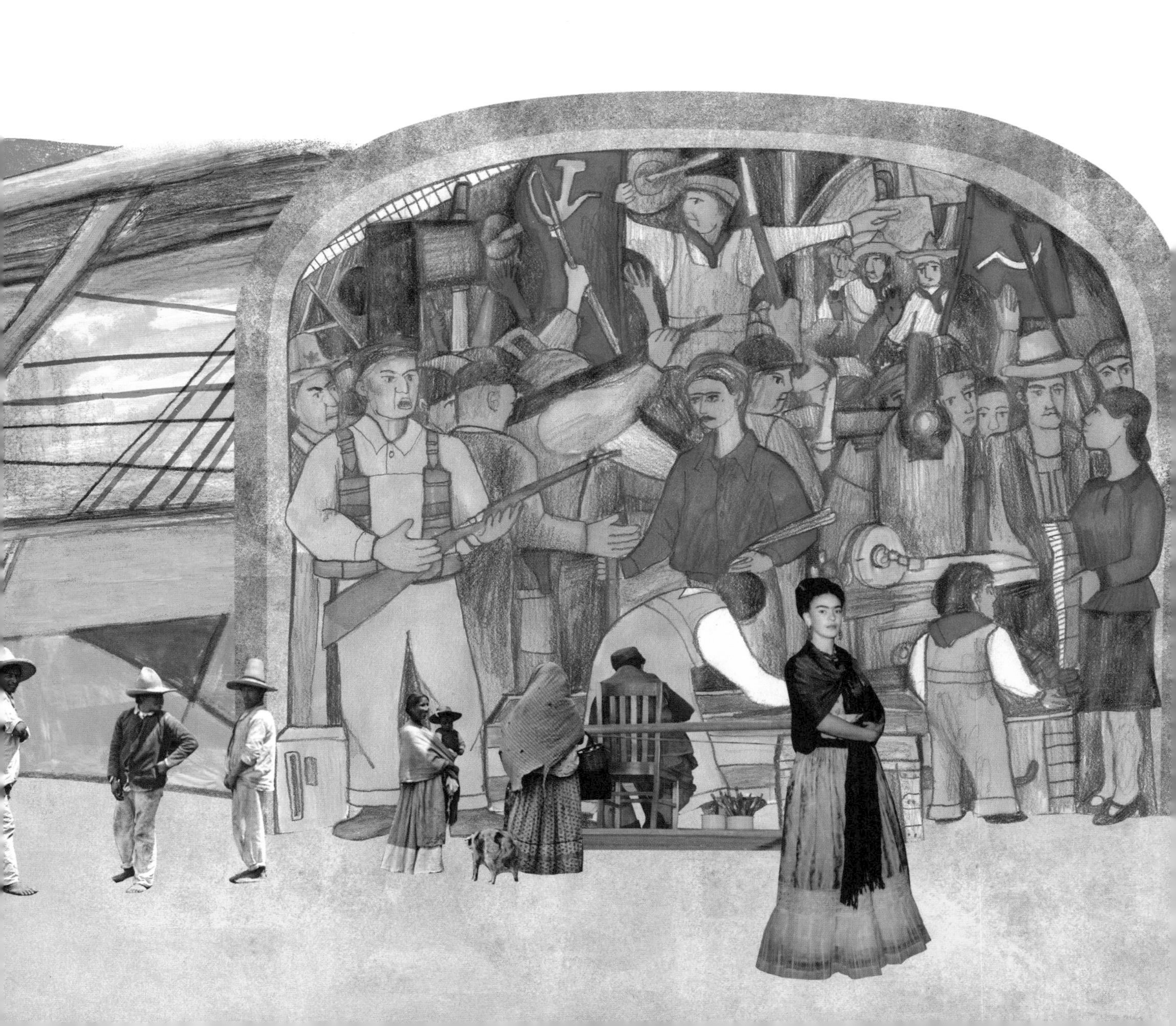

정치 혁명을 담은 멕시코 미술

멕시코 혁명이 끝나자 새로운 국가의 사상을 표현하고 전파할 방법들이 요구되었습니다. 미술은 강력한 수단이 되었지요. 멕시코 최고의 미술가 몇몇은 파리에서 유학했고 파블로 피카소를 비롯한 현대 미술 거장들에게 배웠습니다. 그들은 모스크바에서 전해진 공산주의를 비롯한 급진적 정치사상과 최신 미술 사조를 결합시켰지요. 벽화야말로 이런 사상들을 퍼뜨리기에 완벽한 방식이었습니다. 호세 클레멘테 오로스코, 디에고 리베라, 다비드 알파로 시케이로스는 멕시코시티와 교외의 공공건물에 거대한 벽화를 그렸습니다. 그들은 멕시코 역사, 특히 아즈텍 같은 토착 민족들의 미술에서 영감을 얻곤 했지요. 그들의 작품은 멕시코뿐만이 아니라 해외에도 영향을 미쳤습니다. 특히 뉴욕의 미술가들은 멕시코 벽화의 규모와 역동성, 상징주의에 감탄했지요.

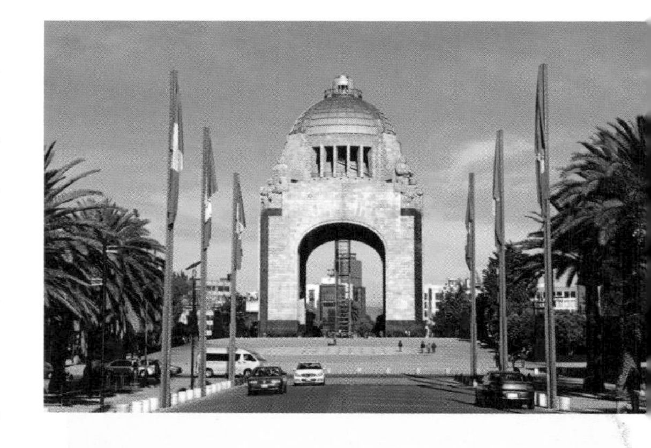

이곳은 디아스 집권기에 건설되기 시작했습니다. 원래 디아스가 지으려 한 것은 의회 건물이었지만, 혁명 이후 정부는 이곳을 혁명을 기념하는 구조물로 바꾸기로 했습니다. 판초 비야를 비롯하여 유명한 여러 혁명가들의 유해가 이곳에 묻혔답니다.

〈혁명 기념탑〉, 1938년

1932년에 프리다 칼로는 디트로이트에서 벽화 작업을 하던 남편 디에고 리베라와 함께 지냈습니다. 그녀는 불행했고 고국 멕시코를 그리워했지요. 칼로는 미국을 공해와 기술의 영역으로, 멕시코를 자연과 전통문화의 영역으로 묘사했습니다. 멕시코 쪽에 그려진 유적은 앞서 이 책에서도 살펴본 테오티우아칸을 연상시킵니다.

〈멕시코와 미국의 국경선에 선 자화상〉, 프리다 칼로, 1932년

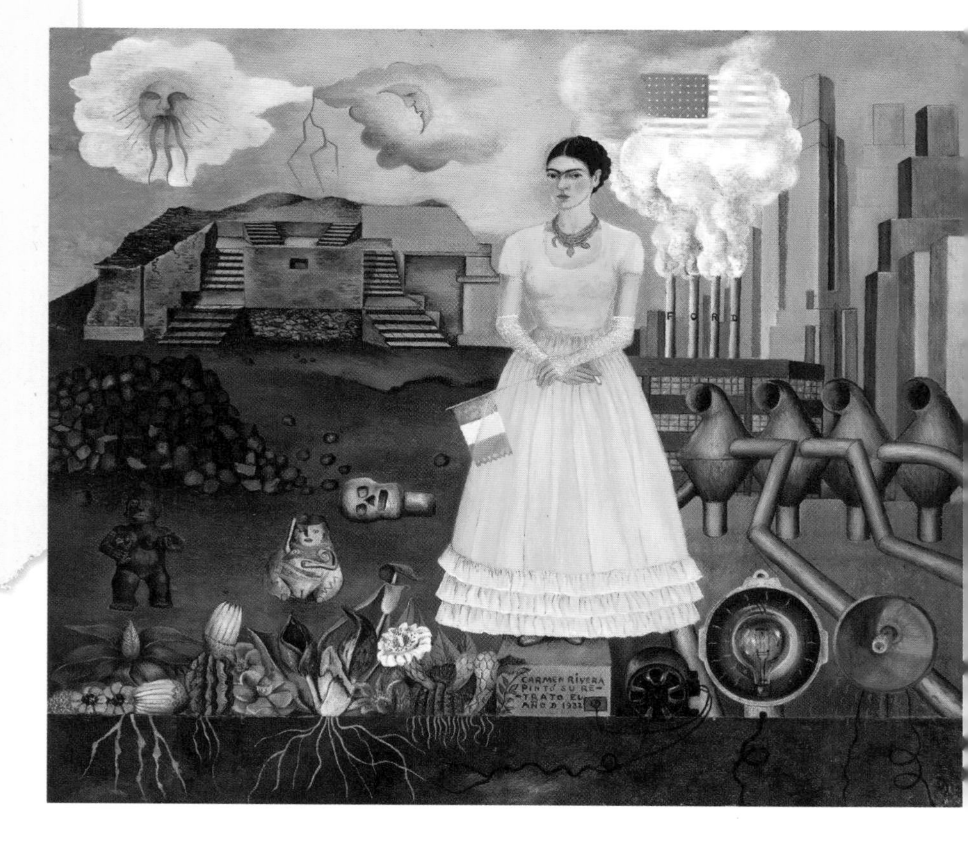

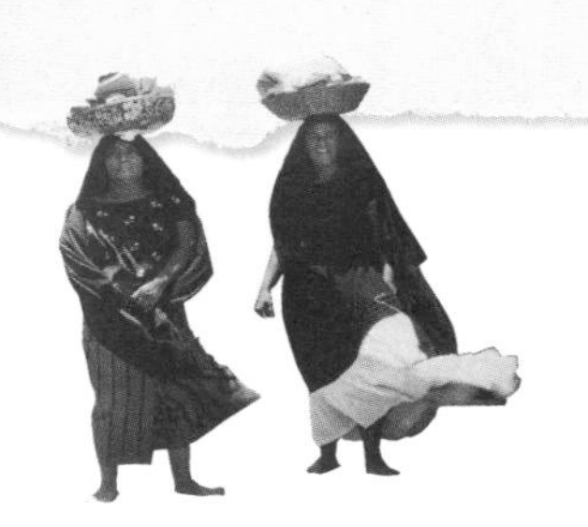

리베라와 칼로에게 이곳은 완벽한 보금자리였습니다. 두 사람은 종종 싸웠는데, 이 집은 각자의 공간이 다리로 연결되어 있는 구조였지요. 당시의 최첨단 건축 디자인과 멕시코 특유의 화사한 색채가 만난 집입니다. 오고르만은 이후 멕시코시티 대학교 도서관을 건설하면서 정면에 테노치티틀란의 풍경을 담은 거대 모자이크를 만들기도 했습니다.

〈디에고 리베라와 프리다 칼로의 집〉, 후안 오고르만, 1932년

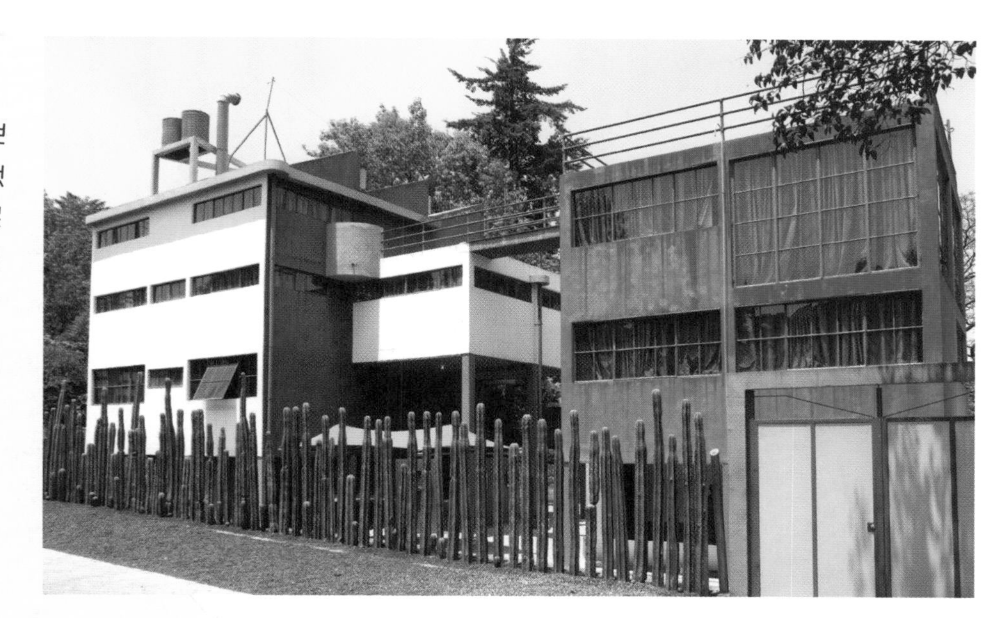

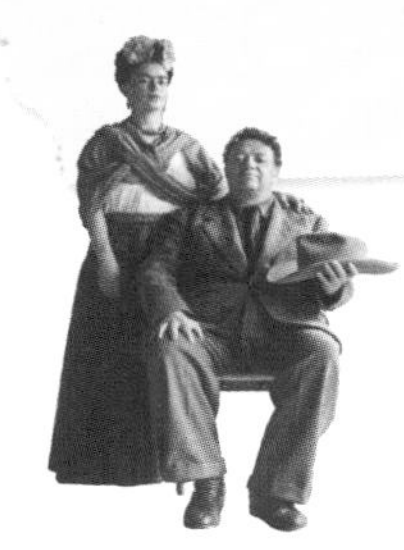

대통령 궁에 있는 이 벽화 중심에는 독수리가 뱀을 물고 앉아 있습니다. 고대 도시 테노치티틀란과 현대 멕시코시티의 공통된 상징이지요. 벽화 속에는 리베라의 아내 프리다 칼로를 비롯하여 우리가 알아볼 수 있는 인물들 여럿이 그려져 있습니다.

〈멕시코의 역사〉, 디에고 리베라, 1930년경

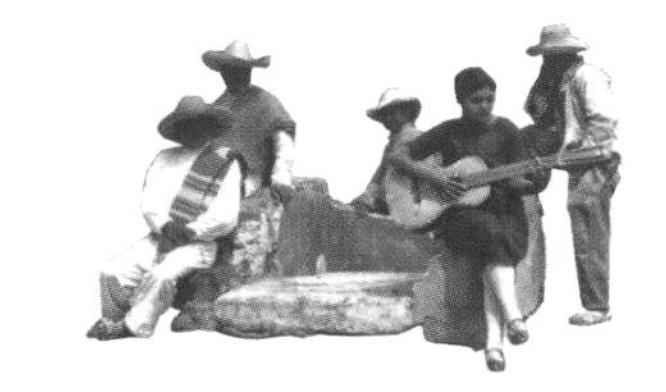

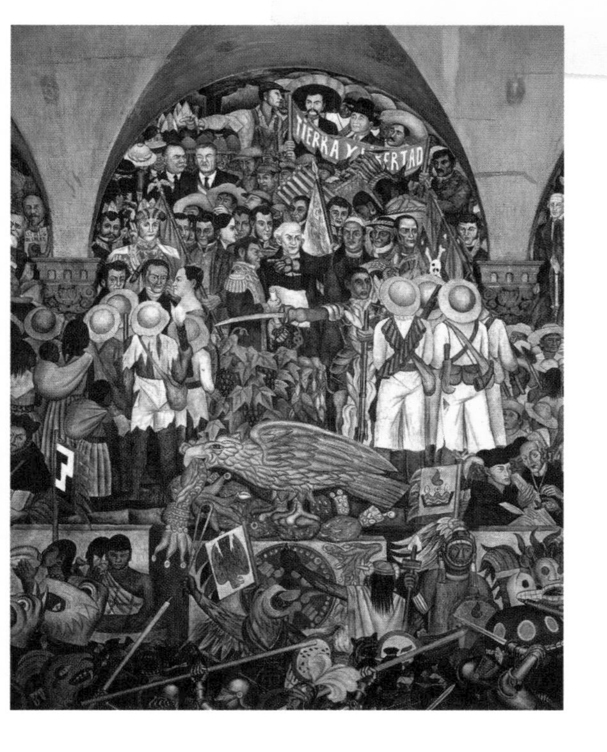

1930년대 멕시코 미술가들 모두가 정치성 높은 대규모 미술작품을 만들려고 한 것은 아닙니다. 예를 들어 프리다 칼로는 국가적 충돌보다도 내면의 갈등을 탐색한 소형 회화들을 그렸습니다. 하지만 칼로 역시 또 다른 방식으로 멕시코 문화를 그림에 담았습니다. 그녀는 종종 멕시코 고유의 가톨릭 종교화처럼 작은 주석판에 그림을 그렸고, 다산을 기원하는 토착 인형의 이미지를 그려 넣기도 했습니다. 미술작품의 규모나 공공성 여부를 떠나서, 당시의 멕시코 미술가들은 모두 진정으로 현대적인 미술을 하려면 그들의 역사를 온전히 포용해야 한다고 믿었답니다.

예술가들의 천국, 뉴욕(1950년)

'쿨함'의 탄생

1950년에 재즈 음악가 마일스 데이비스는 명반 〈쿨의 탄생(Birth of the Cool)〉을 녹음합니다. '쿨'이란 재즈의 한 형태를 가리키는 말이었지만, 당시 뉴욕의 분위기를 완벽하게 묘사하는 단어이기도 했지요. 1950년대에 세계 최대의 도시가 된 뉴욕은 전 세계 예술가들에게 가장 매력적이고 영감을 주는 도시 중 하나이기도 했답니다. 파리와 빈 같은 유럽 도시의 현대적 예술가들이 카페에 모였듯이, 뉴욕의 예술가들은 담배 연기 자욱한 바와 재즈 클럽에서 만났지요. 그리니치빌리지와 바워리 가를 따라 이런 장소들이 빽빽이 들어서 있었답니다.

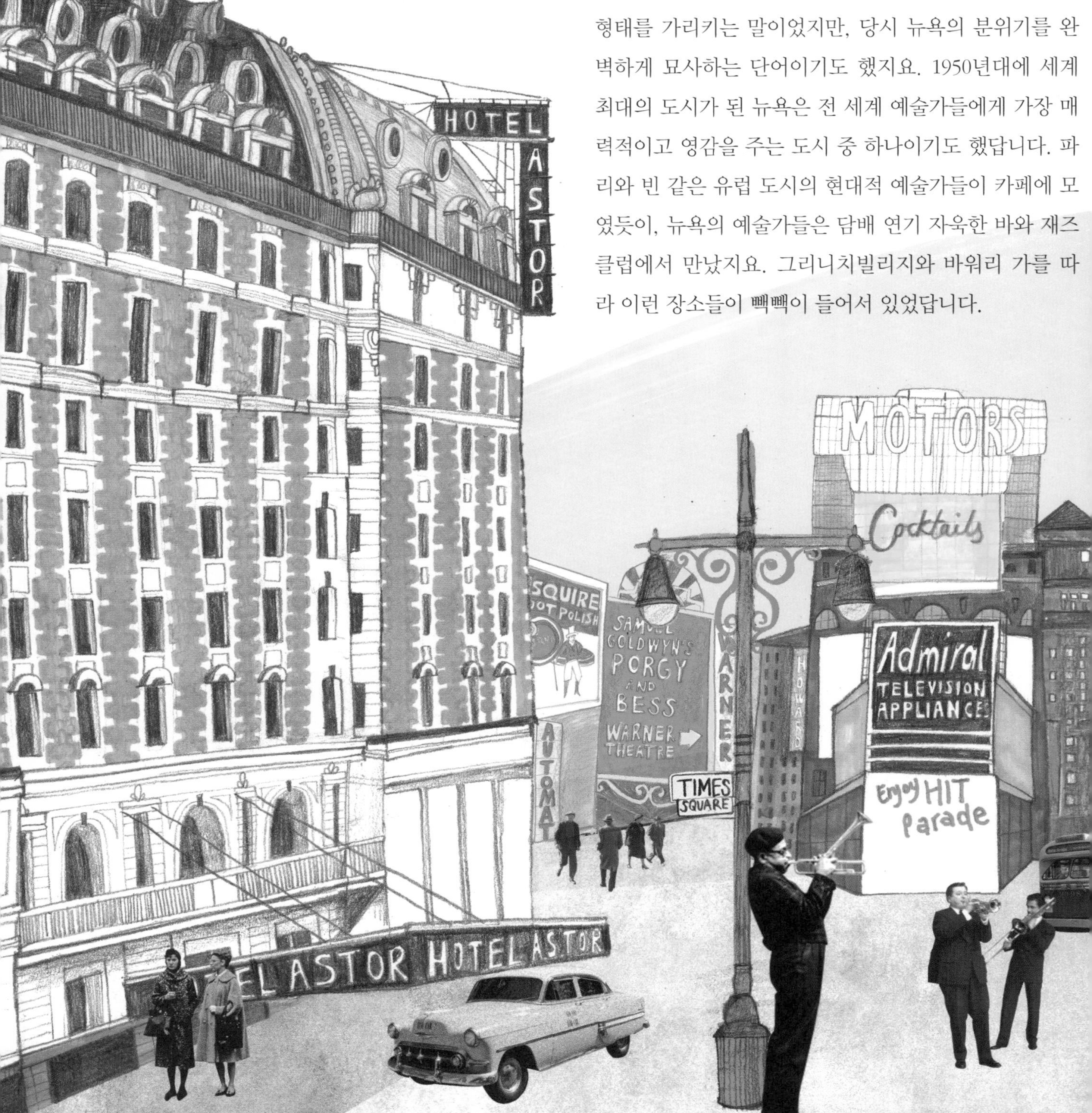

이 지역에는 이제 맨해튼에서도 가장 비싼 레스토랑과 아파트가 가득하지요. 하지만 1950년대에 이곳은 가난한 예술가들의 천국이었답니다. 몇 달러의 방세만 내면 이 도시의 창조적 심장에서 지내면서 작업할 수 있었지요. 모든 예술 분야에 있어 실험적인 시기였고, 음악가, 작가, 미술가가 두루 어울리며 영향을 주고받았답니다. 마일스 데이비스나 디지 길레스피 같은 재즈 거장들의 절규하는 트럼펫 소리, 앨런 긴즈버그의 자유시 낭독을 듣는 한편 뉴욕에서 샌프란시스코에 이르는 잭 케루악의 기이한 도로 여행기를 읽을 수 있었지요. 거리는 자유롭고 즉흥적인 분위기로 가득했습니다.

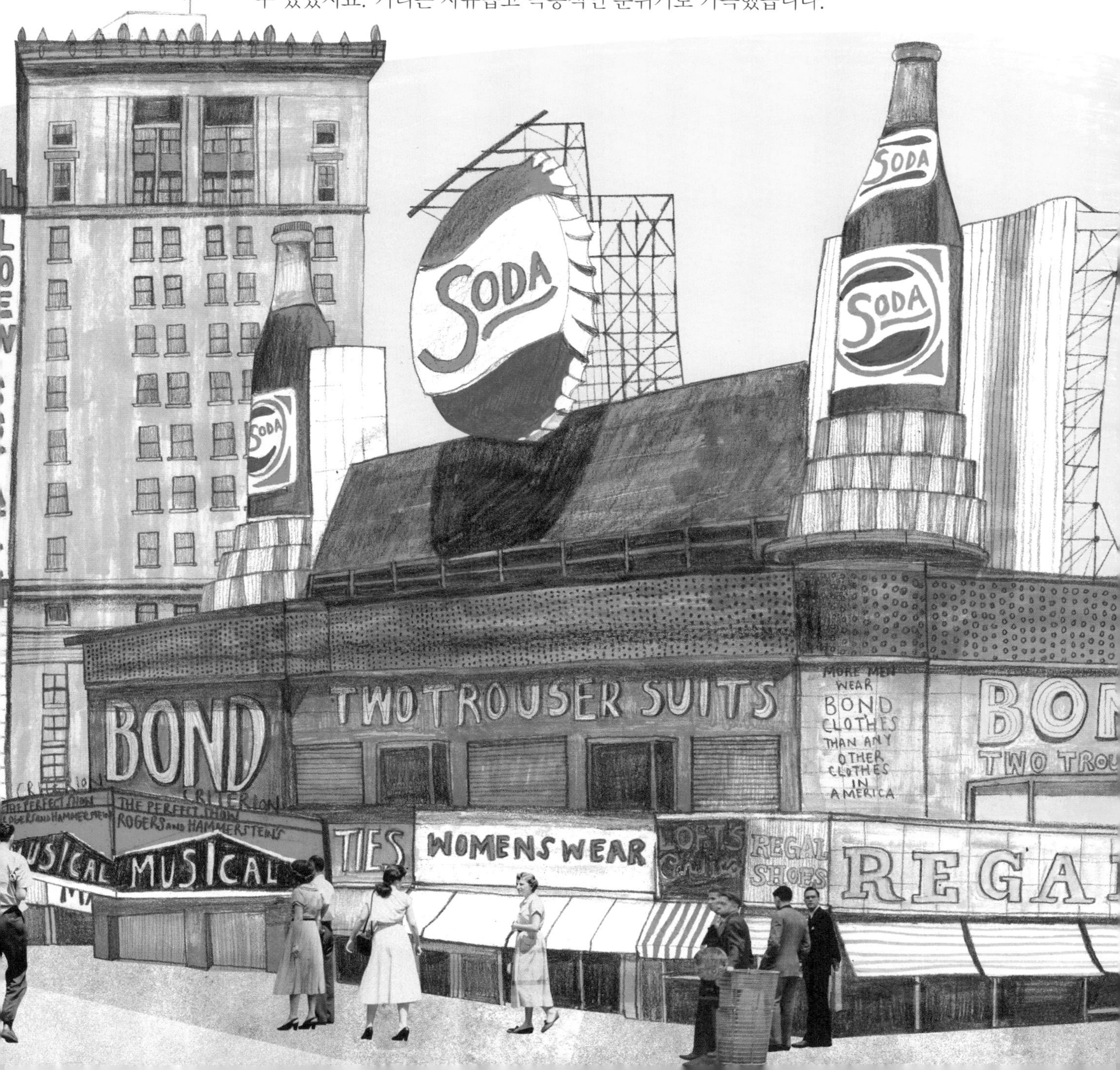

고정관념을 탈피한 도시의 추상

제2차 세계대전 이전 유럽에는 폴 세잔에서 파블로 피카소까지 최고의 현대 미술가들이 있었습니다. 미국인들은 자기들도 고유한 미술 양식을 만들 수 있다는 걸 보여주려고 애썼지요. 1950년대 뉴욕 미술가들은 세계 최대의 도시에 어울리는 대형 회화를 그리기 시작했는데, 그들 주위의 세계를 묘사하기보다도 사상과 감정을 포착하는 추상 이미지에 관심을 가졌답니다. 이러한 창작 행위는 단색 사각형들을 꼼꼼하게 그리는 것이 되기도 했고, 때로는 캔버스 전체에 물감을 확 뿌려 불규칙한 형태로 흘리거나 튀기는 것이기도 했습니다.

추상표현주의

잭슨 폴락의 어지러운 물감 흘리기는 바넷 뉴먼의 깔끔하게 측정된 '지퍼'나 헬렌 프랑켄탈러의 화사한 색채 얼룩과는 전혀 다르게 보입니다. 추상표현주의 미술가들은 색채와 형태 자체에 표현력이 있다고 믿었습니다. 이들의 그림은 알아볼 수 있는 인물과 장소와 물체를 묘사하지 않고서도 관람자에게 강렬한 체험을 선사했지요.

어떤 이들은 폴락을 '잭 더 드리퍼'라고(19세기 런던의 살인마 '잭 더 리퍼'를 따옴 – 옮긴이) 불렀습니다. 폴락이 캔버스를 이젤 위가 아닌 바닥에 놓고 그 주위로 춤추듯 돌아다니며 이리저리 물감을 뿌렸기 때문이지요. 폴락의 그림들을 자세히 들여다보면 그의 걸음을 되짚어볼 수 있고, 때로는 그가 남긴 발자국까지도 볼 수 있답니다.

〈회화 작업 중인 잭슨 폴락〉

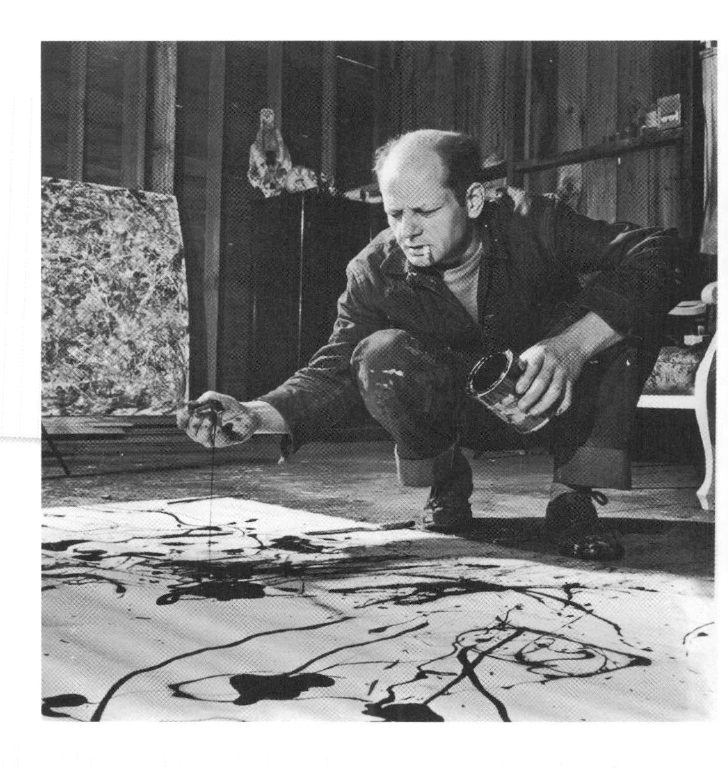

폴락과 달리 뉴먼은 단정하고 정밀한 추상회화를 남겼습니다. 그는 1948년부터 1970년에 사망할 때까지 스스로 '지퍼'라고 칭한 수직선만을 그렸답니다. 뉴먼은 그의 지퍼들이 관람자를 그림 가까이 끌어당기길 원했습니다. 관람자가 그림을 들여다보며 마치 색채로 에워싸인 것처럼 느끼게 될 때까지 말이지요.

〈아담〉, 바넷 뉴먼, 1951~52년

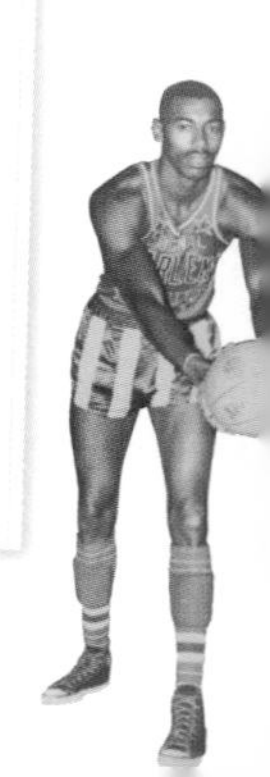

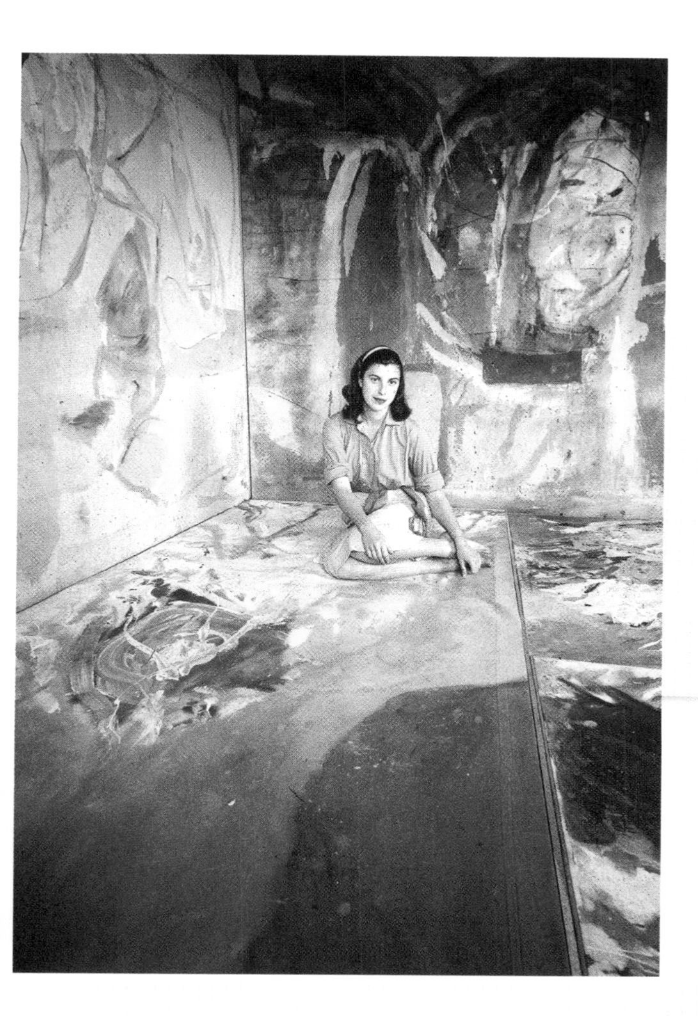

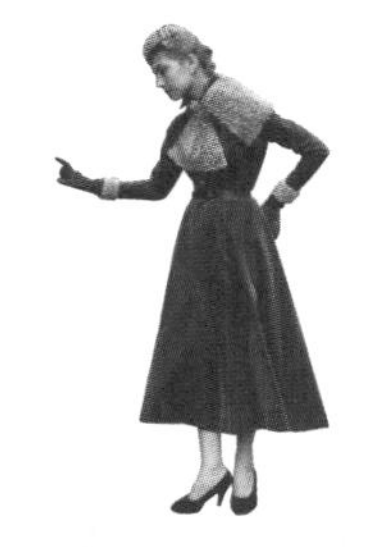

여성들은 뉴욕 창작 세계의 중심에 있었습니다. 헬렌 프랑켄탈러는 물감을 희석해 캔버스에 붓고 스며들게 하는 새로운 회화 기법을 만들어냈지요. 그녀의 그림을 보면 깊은 푸른색에 잠겨 헤엄칠 수 있을 것처럼 느껴진답니다.

〈화실의 헬렌 프랑켄탈러〉, 〈라이프〉 잡지 화보, 1957년

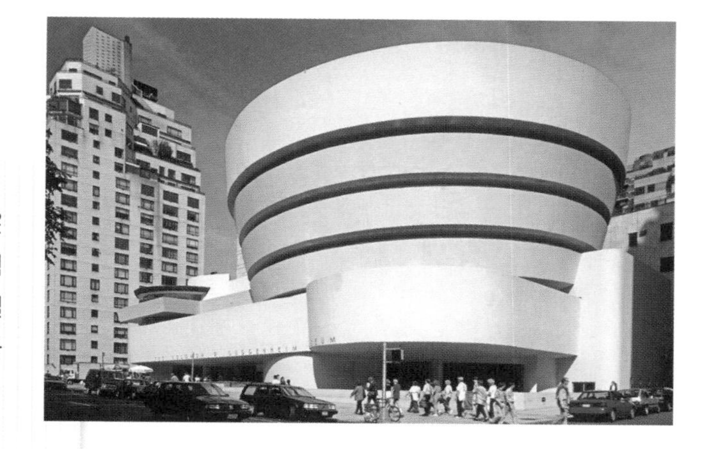

화려한 크라이슬러 빌딩과 웅장한 엠파이어스테이트 빌딩 같은 마천루가 가득한 뉴욕에서, 프랭크 로이드 라이트는 깔때기처럼 땅으로 감겨 내려가는 건물을 설계했습니다. 관람객들은 에스컬레이터를 타고 돔 꼭대기까지 올라간 다음 건물 내부의 긴 경사로를 내려가며 미술품을 관람하게 되지요.

〈솔로몬 R. 구겐하임 미술관〉, 프랭크 로이드 라이트, 1959년 개관

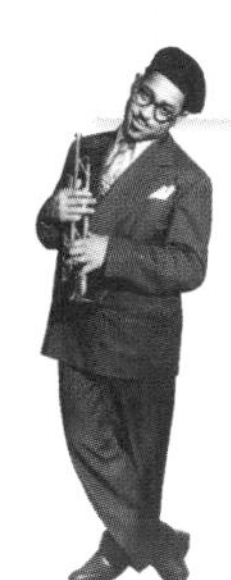

새로운 미술에는 사각형 방이 차례로 이어지는 기존의 전시장과 전혀 다른 새로운 건물이 필요했습니다. 구겐하임 미술관을 설계한 라이트는 관람객들이 나선 통로를 따라 내려오며 예상치 못한 각도에서 미술품을 볼 수 있도록 했습니다. 뉴욕의 여러 위대한 음악가, 작가, 미술가들처럼 라이트 또한 그 무엇보다도 중요한 한 가지를 자문해보았던 것이지요. '어떻게 하면 고정관념을 벗어날 수 있을까?'

열광의 샌프란시스코(1960년)

'프리덤, 베이비!'

"시대가 변해가고 있어." 1964년에 밥 딜런은 이렇게 노래했습니다. 미국 전역에서 엄청난 변화들이 일어나고 있었지만, 캘리포니아 주의 샌프란시스코 만 주변만큼 변화가 컸던 곳은 없었지요. 히피들은 더욱 자유롭고 개방적인 삶을 찾아 헤이트애시베리 구역에 모여들었습니다. 그들은 집단을 이루어 큰 폐가에서 살며 최대한 돈을 쓰지 않는 삶을 지향했지요. 또한 주민들에게 필요한 무료 진료소와 무료 상점을 세웠습니다. 근처의 카스트로 구역에서는 동성애자들이 하비 밀크와 같은 사회 운동가들의 지휘로 이성애자와 동등한 권리를 얻기 위해 싸우고 있었습니다. 만 건너편 오클랜드에서는 아프리카계 미국인들도 경찰과 건물주에게 정당한 대우를 받을 수 있도록 블랙팬서 당이 투쟁하는 중이었습니다.

사회 운동

사회 운동가들은 사회가 긍정적인 방향으로 바뀌도록 행동하는 사람들입니다. 비폭력 저항은 강력한 정치 수단이 될 수 있지요. 1960년대에 마틴 루터 킹 목사는 유색인종과 백인의 동등한 권리를 위한 비폭력 투쟁을 이끌었습니다. 이 시기의 저항 운동은 1970년대까지 이어졌으며 오늘날의 사회 운동가들에게도 영향을 미치고 있답니다.

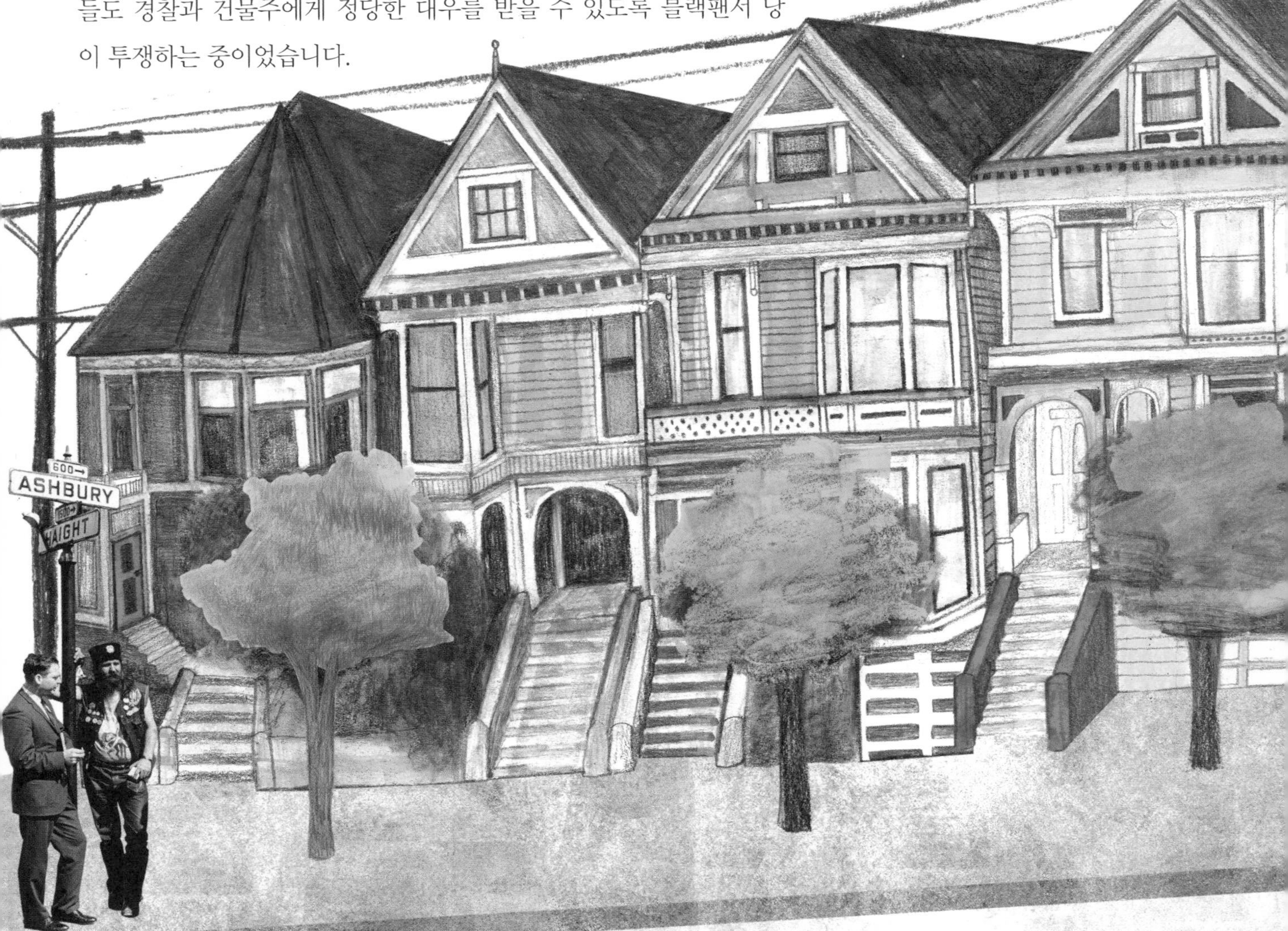

한편 바다에서는 아메리카 원주민들이 앨커트래즈 섬의 오래된 교도소를 점령하고 그들의 선조가 빼앗긴 땅에 대한 관심을 촉구했습니다. 이 같은 사회 운동들에서는 학생들이 중요한 역할을 했습니다. 캘리포니아 대학 버클리 캠퍼스에서는 학생들이 자유 언론 운동의 일환으로 건물을 점거했지요. 베트남 전쟁에 반대하는 학생들은 캠퍼스에서 대규모 자체 강의를 열고 왜 미국의 무장 세력이 베트남을 떠나야 하는지, 젊은이들에게 전쟁터로 나가라고 강요하는 것을 멈춰야 하는지 설명했습니다. 행사 동안 3천 명 이상의 사람들이 캠퍼스로 와서 강의와 반전 가요를 듣고 시위에 참여했지요. 미국 전역의 젊은이들은 샌프란시스코로부터 전해지는 평화와 사랑의 메시지에 점점 더 귀 기울이게 되었습니다.

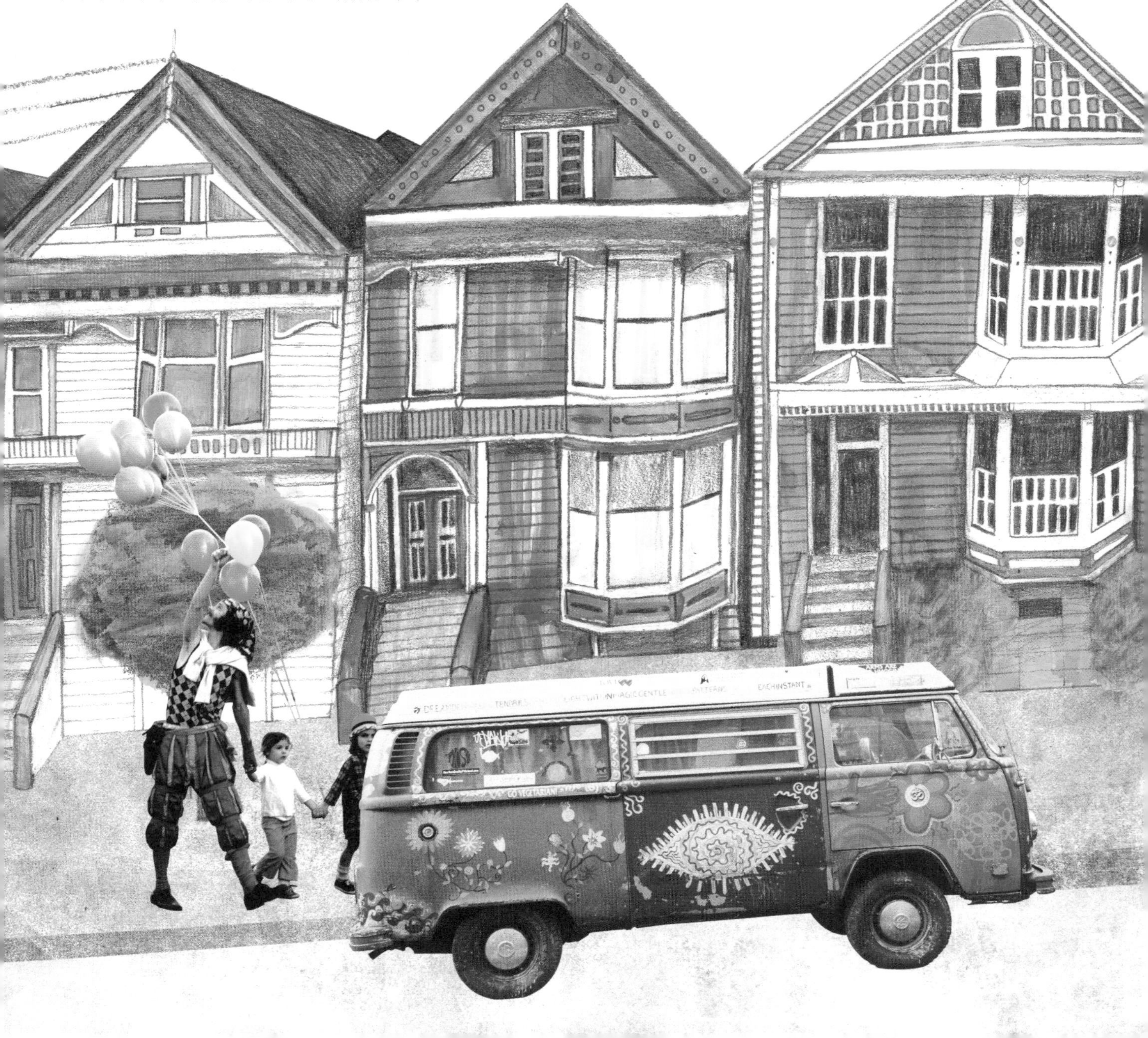

반드시 머리에 꽃을 꽂으세요

당시에 샌프란시스코로 가려는 사람은 가수 스콧 매켄지의 충고를 따라야 했습니다. “반드시 머리에 꽃을 꽂으세요.” 전국에서 수만 명의 ‘꽃의 아이들’이 그의 부름에 응하여 히치하이크를 하며 캘리포니아로 왔습니다. 1967년 1월에 미술가들과 음악가들은 골든게이트 공원에서 ‘휴먼 비인(Human Be-In)’이라는 행사를 개최했습니다. 제퍼슨 에어플레인과 그레이트풀 데드 등 샌프란시스코 록 밴드들의 공연이 펼쳐졌지요. 그해 6월의 전설적인 몬터레이 팝 페스티벌에서는 재니스 조플린이 블루스를 열창했고, 지미 헨드릭스는 기타를 맹렬히 연주한 끝에 기타에 불까지 붙였습니다. 열광적인 ‘사랑의 여름’이 시작된 것입니다.

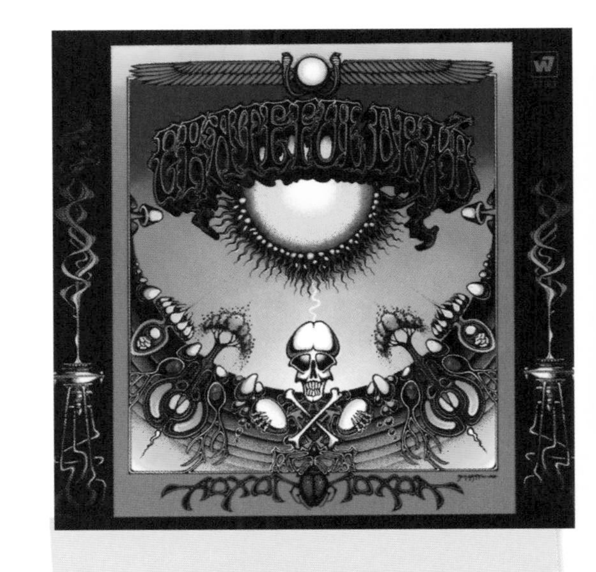

릭 그리핀은 그레이트풀 데드, 더 도어즈, 지미 헨드릭스를 비롯한 유명 뮤지션들의 음반 표지와 포스터를 디자인했습니다. 캘리포니아의 서핑 선수들을 다룬 만화로 경력을 시작한 그리핀은 훗날 샌프란시스코에서 시작된 음악 잡지 『롤링스톤』의 유명한 로고를 만들었답니다.

〈그레이트풀 데드의 음반 ‘아옥소목소아’ 표지〉, 릭 그리핀, 1969년

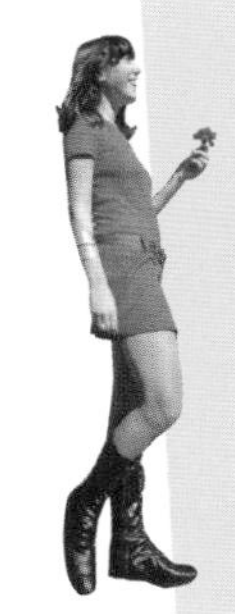

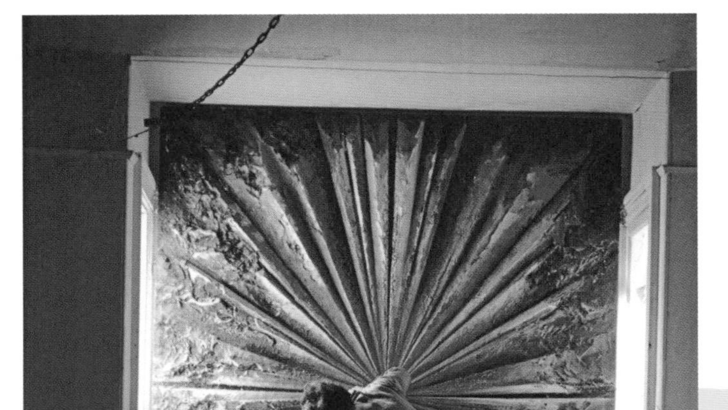

제이 드페오는 샌프란시스코의 자기 아파트에서 8년간 이 그림을 작업했습니다. 어찌나 물감을 많이 썼는지 그림의 무게가 1톤 가까이 되었지요. 그녀는 결국 집세를 못 내 아파트에서 쫓겨나게 되었는데, 이 그림을 떼어가기 위해 벽 일부를 함께 뜯어내야만 했습니다.

〈장미〉, 제이 드페오, 1958~66년

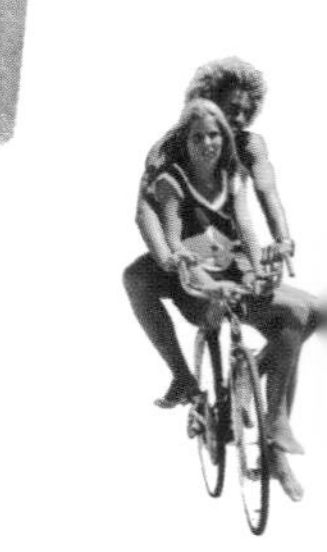

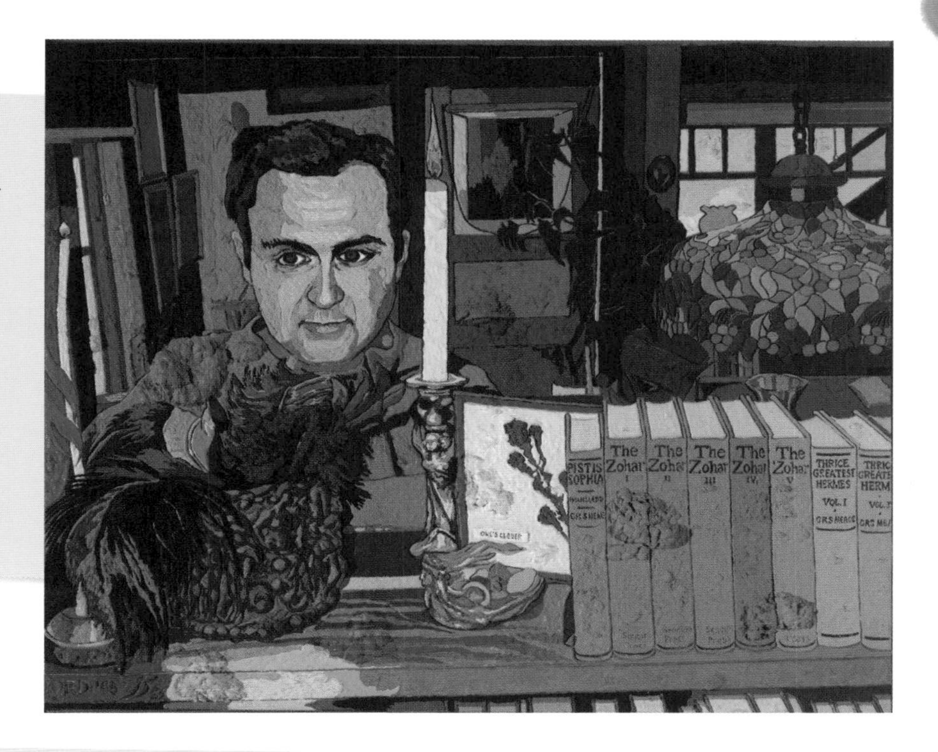

'제스'라는 이름으로만 알려진 이 화가는 샌프란시스코의 미션 구역에서 파트너인 시인 로버트 던컨과 함께 살았습니다. 이 초상화는 집에 있는 던컨을 그린 것인데, 두 사람이 함께 살았던 집은 샌프란시스코 부흥기의 시인들에게 중요한 만남의 장소가 되었지요.
〈매혹당한 마법사〉, 제스, 1965년

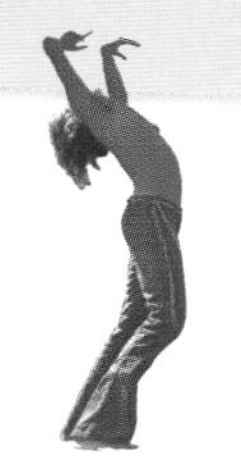

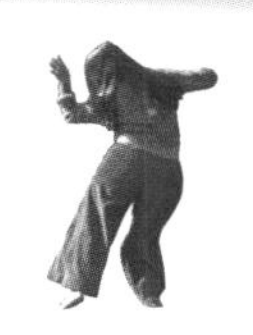

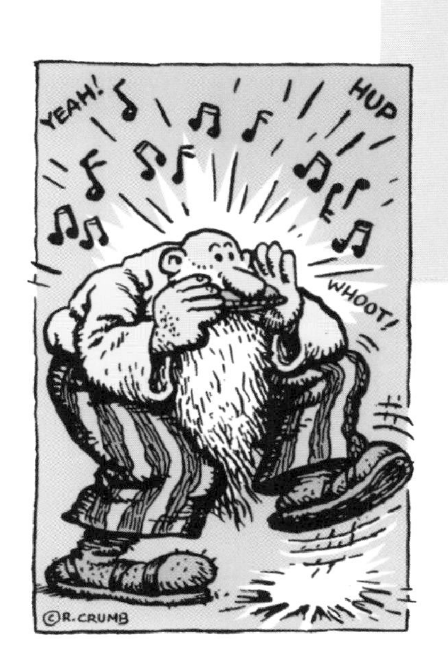

로버트 크럼은 축하 카드에 그림을 그리는 일로 경력을 시작했습니다. 그의 만화가 한동안은 잘 팔리지 않았기 때문이지요. 초창기에 그는 자신의 만화를 유모차에 싣고 거리를 다니며 팔곤 했지만 이후 자신의 잡지 『위어도(Weirdo)』를 펴내기 시작했답니다.
〈'미스터 내추럴' 엽서〉, 로버트 크럼, 1967년

'샌프란시스코 사운드'에는 그에 어울리는 고유의 이미지가 있었습니다. 릭 그리핀은 이런 음반들을 위해 이상하고 비밀스러운 상징과 현란하고 변화무쌍한 색채로 이루어진 환각적 디자인들을 제공했지요. 로버트 크럼은 새로운 언더그라운드 만화 운동의 대표적 존재가 되었습니다. 그의 전위만화(comix)는 기존의 만화(comics)와 달리 성인들을 위한 것이었지요. 크럼은 히피 문화를 찬양하면서 동시에 풍자할 줄 알았습니다. 무의미한 충고를 하며 돌아다니는 '미스터 내추럴' 같은 캐릭터는 이런 크럼의 특성을 잘 보여줍니다. 그 밖에도 여러 미술가들이 새로운 기법을 실험했습니다. 제스는 회화 표면을 단색의 작고 질척한 얼룩들로 세심하게 채웠고, 제이 드페오는 매우 거대하고 무거워 거의 조각에 가까운 회화를 만들었지요. 음악가 동료들처럼 미술가들 역시 기존의 관습을 깨뜨리며 나아가는 길고 이상한 여행을 시작한 것입니다.

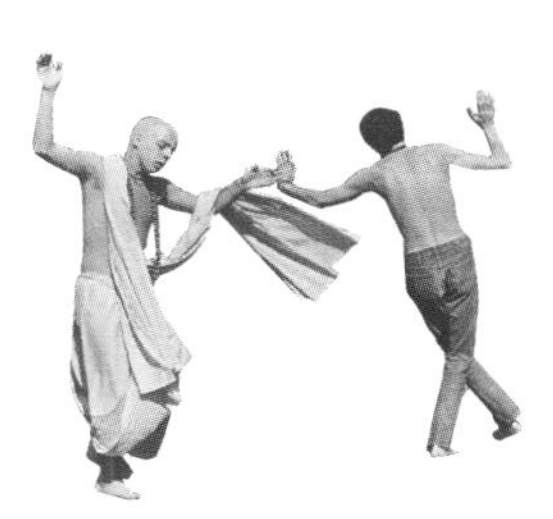

장벽을 넘은 베를린 (1990년)

분단된 도시

베를린 장벽을 쌓는 작업은 1961년의 한밤중에 시작되었습니다. 처음에 동서 베를린을 갈라놓은 것은 가벼운 블록과 철조망뿐이었죠. 그냥 뛰어넘어 건너간 사람들도 있었습니다. 하지만 곧 단단한 콘크리트 장벽이 세워졌습니다. 군인들은 서베를린으로 가는 사람이 있으면 무조건 발포하라는 명령에 따랐지만, 그럼에도 여전히 넘어가려고 시도하는 사람들이 있었습니다. 열기구부터 터널 파기까지 온갖 방법을 다 써서 말이지요. 동독의 공산당 지도자는 적들을 쫓기 위해 장벽을 만든 것이라고 했지만 사실은 국민들을 가둬두기 위한 것이었습니다. 동독은 '스타지'라는 비밀경찰을 통해 국민의 일상생활을 엄격히 통제했습니다. 민주주의 국가 서독의 일부인 서베를린은 여러 동독 사람들에게 자유로운 작은 섬과도 같았지요. 바로 코앞에 있었지만 실제로 닿을 가능성은 거의 없는 곳이었습니다.

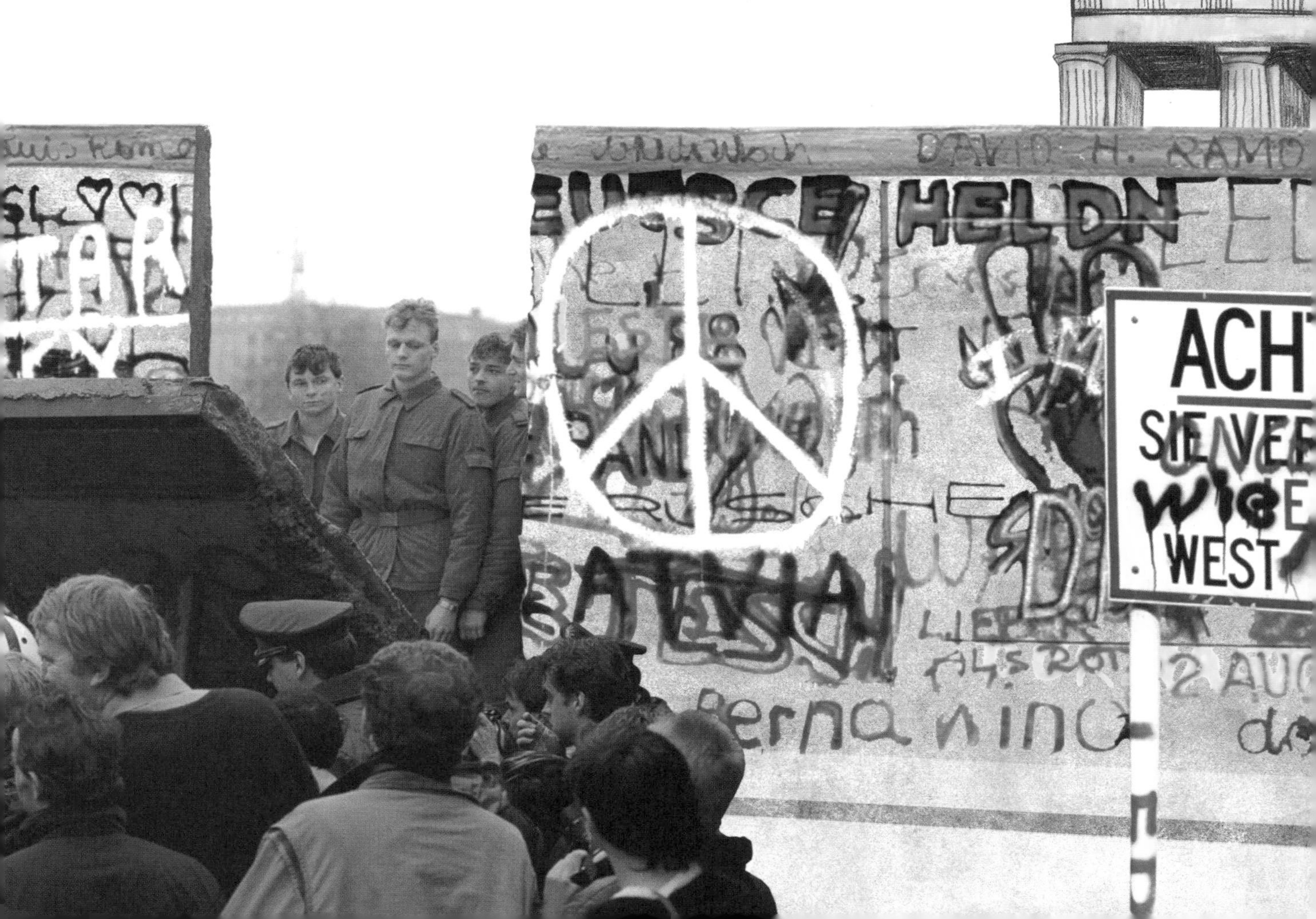

장벽은 결국 무너졌지만, 이는 사실 우연한 사고 때문이었습니다. 1989년 기자 회견에서 동독의 공직자가 실수로 여행 제한이 풀렸다고 발표했습니다. 이 소식이 퍼져 나가자 동독 국민들은 떼 지어 검문소를 통과하기 시작했습니다. 군인들도 총을 쏘지 않았지요. 사람들은 갑자기 자유로이 서베를린으로 넘어갈 수 있게 된 것입니다. 공산당 정부는 곧 붕괴되었습니다. 1990년 독일은 제2차 세계대전에서 패배한 이후 처음으로 하나의 국가가 되었습니다. 통일 과정에서 모든 일이 매끄럽게 진행된 것은 아니지만, 독일은 사람들이 장벽보다 강하다는 사실을 세계에 증명해 보였답니다.

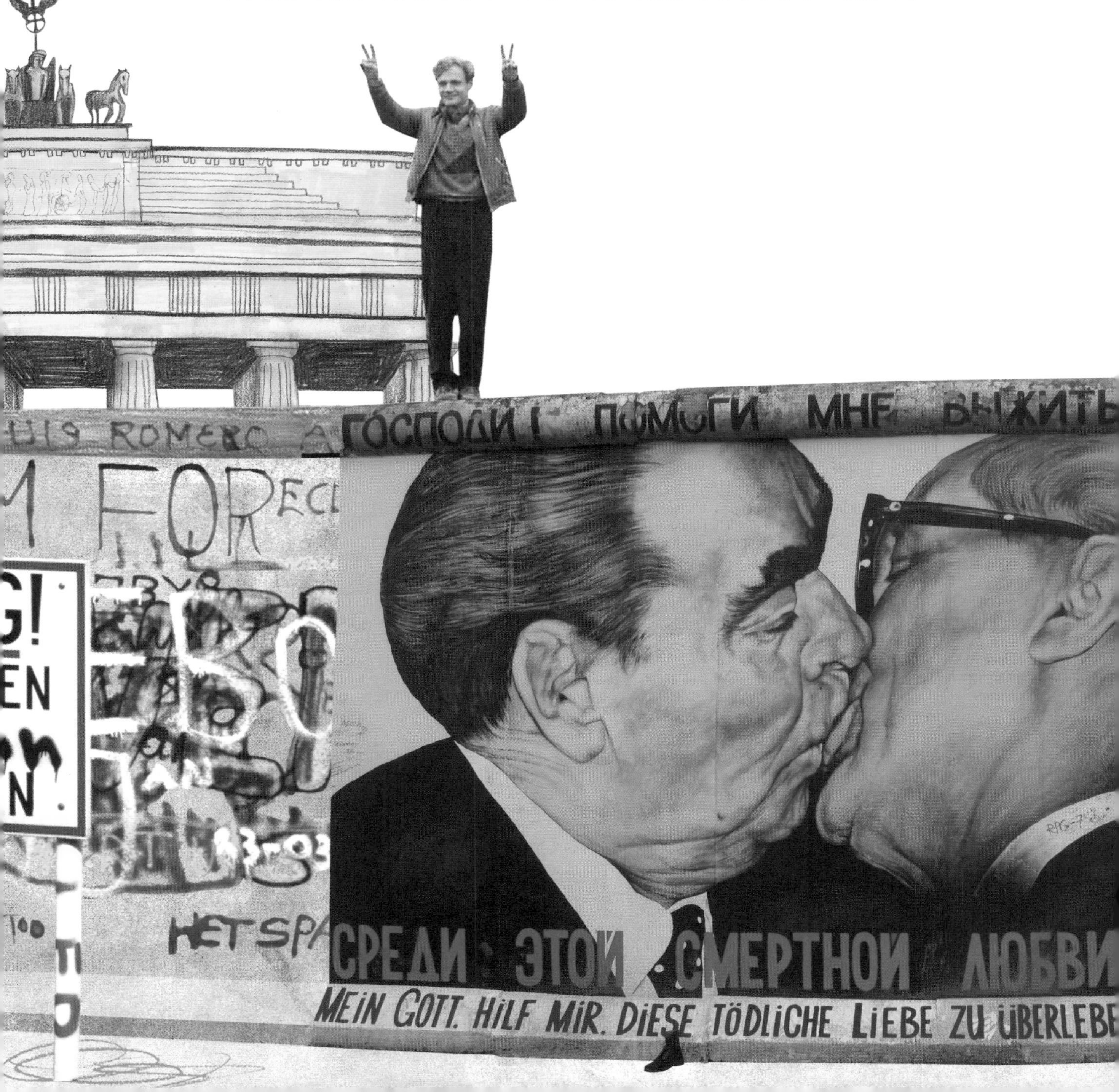

강력한 메시지를 담은 작품들

동서 독일의 통일은 쉽지 않았습니다. 특히 베를린에서는 난관들이 극명하게 드러났지요. 양쪽을 갈라놓는 베를린 장벽은 없어졌지만, 동·서독 사람들은 수십 년의 분단을 겪은 후 서로가 너무 달라졌음을 깨달았습니다. 동독보다 서독에 돈이 많은 것은 물론이고, 양쪽의 목표와 기대도 서로 달랐지요. 동서 독일은 힘을 합쳐 경제적 균형을 맞추고 도시를 다시 설계하며 새로운 법 조항들을 통과시켜야 했습니다. 나아가 독일인의 정체성에 관해 새삼 고민해보아야 했지요. 이 과정에서 미술가와 건축가들이 중요한 역할을 했습니다. 미술가들은 베를린 장벽이 무너지고 남은 1.5킬로미터 정도의 콘크리트 벽에 그림을 그렸는데 이곳은 '이스트사이드 갤러리'로 알려지게 되었습니다. 저항적 낙서인 그래피티는 벽 위를 넘어 베를린 전역으로 퍼져 나갔고, 지금도 베를린 사람들에게 자유의 상징으로 여겨진답니다.

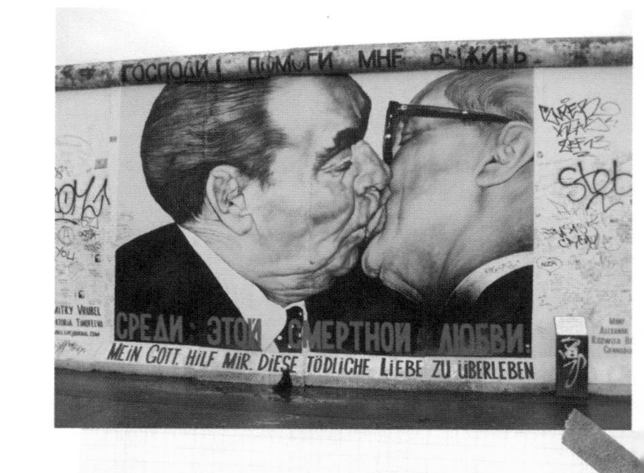

브루벨은 동독과 서독의 국경이 열린 직후 베를린 장벽에 이 유명한 벽화를 그렸습니다. 1979년에 소련 공산당 서기장 레오니드 브레즈네프와 동독 수상 에리히 호네커가 만나서 포옹했던 장면을 담았지요. 이 그림은 두 공산국가의 유사성을 풍자하는 한편, 공포와 증오의 상징이던 장벽을 '사랑'의 이미지로 덮었습니다.

〈주여, 이 치명적인 사랑을 이겨내게 도와주소서〉,
드미트리 브루벨, 1990년

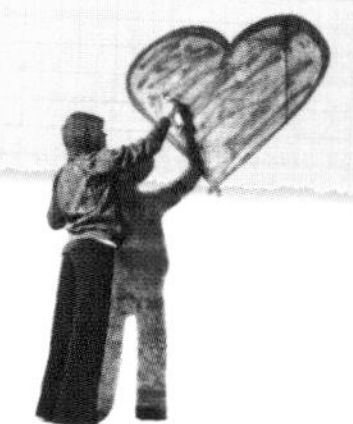

독일 제국 시대에 세워진 국회의사당은 복잡한 사연을 지닌 건물입니다. 1933년에 아돌프 히틀러가 권력을 차지한 결정적 사건이 바로 국회의사당 테러와 그로 인한 화재였으니까요. 동서 독일이 통일된 후 부부 미술가 크리스토와 잔클로드는 건물 전체를 너비 30만 제곱미터 이상의 은빛 천으로 씌웠습니다. 건물을 뒤덮어버리자 사람들은 새삼 이곳이 어떤 의미를 갖는지 생각해보게 되었지요. 이곳은 지금도 국회의사당으로 쓰인답니다.

〈포장된 독일 국회의사당〉,
크리스토와 잔클로드,
1971~95년

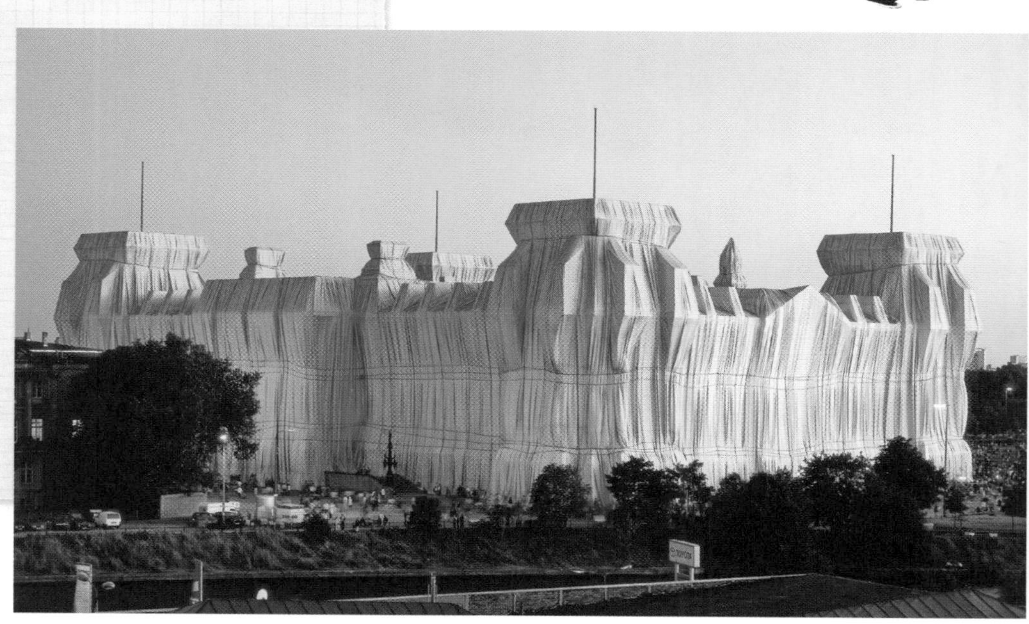

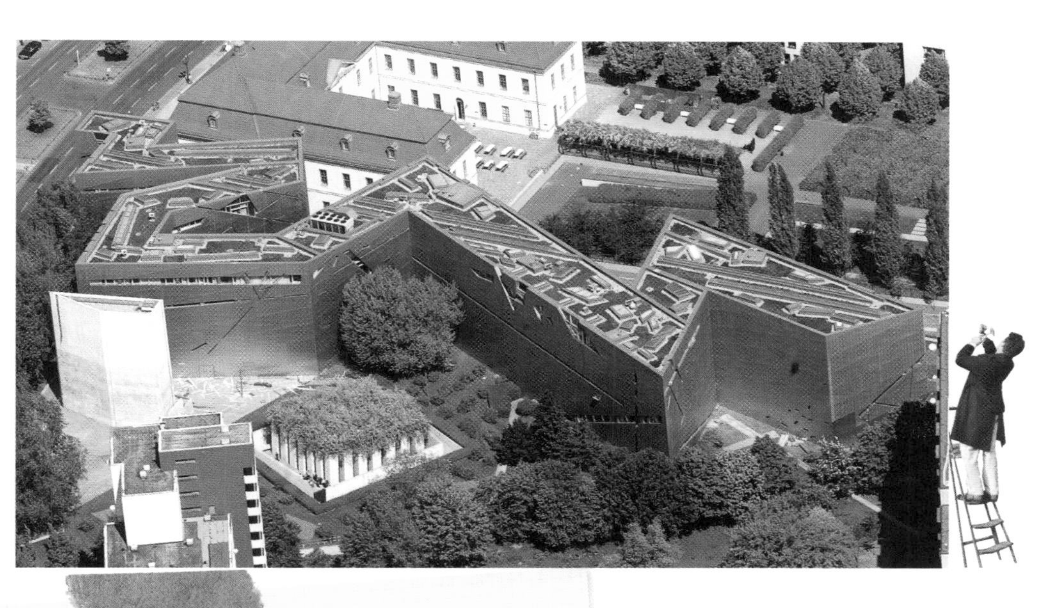

건축가 다니엘 리베스킨트는 이렇게 말했습니다. "내 설계가 지나치게 미래적이거나 나아가 부조화적으로 보인다면, 이는 기억이란 것 자체가 매우 과격한 방식으로 일깨워져야 하는 존재이기 때문이다." 그의 유대 박물관 설계는 낯설게 느껴지고 어떤 부분에서는 황량한 느낌마저 줍니다. 이 건물은 관람객이 홀로코스트 학살로 죽어간 베를린 출신 유대인들의 빈 공간에 관해 생각하도록 강력히 촉구합니다.

〈베를린 유대 박물관〉, 다니엘 리베스킨트, 1999년

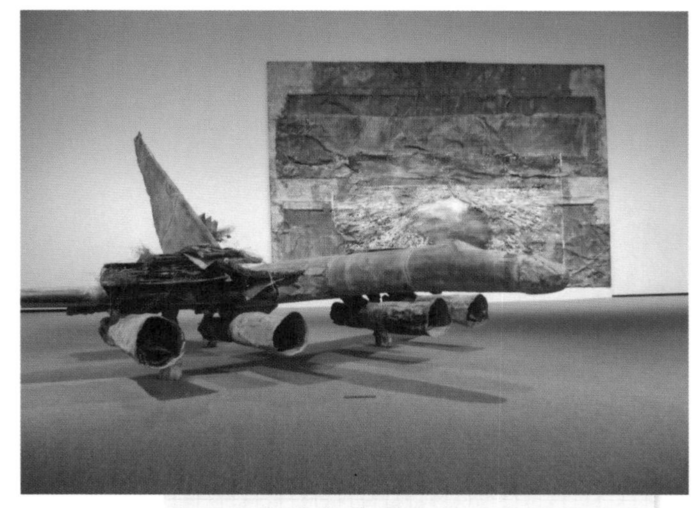

제2차 세계대전이 끝날 무렵 독일에서 태어난 안젤름 키퍼는 폭격에 파괴된 건물의 잔해에서 뛰어놀던 일을 기억합니다. 그의 작품들은 어떻게 하면 역사를 재건하는 동시에 잊지 않을 수 있을지를 질문합니다. 1989년에 독일 역사의 새로운 페이지가 열렸지만 키퍼는 여전히 과거를 성찰하기를 그치지 않았습니다. 그의 '천사'는 철로 만들어진 묵직한 책들을 양 날개에 가득 실은 낡은 비행기의 모습입니다.

〈역사의 천사〉, 안젤름 키퍼, 1989년

안젤름 키퍼를 비롯한 몇몇 미술가들은 독일의 어두운 역사를 한층 더 깊이 뒤돌아보기 시작했습니다. 그들은 공산주의의 잔재뿐만 아니라 나치즘의 사악함을 다루었지요. 건축가들은 나치가 유대인 600만 명을 비롯해 여러 소수자 집단을 살해한 홀로코스트를 기억하기 위해 새로운 유형의 박물관과 기념물이 필요하다는 것을 깨달았습니다. 독일인들은 과거를 직면하는 일의 중요성을 인식하게 되었습니다. 설사 그 과정이 무척 고통스러울지라도 말이지요.

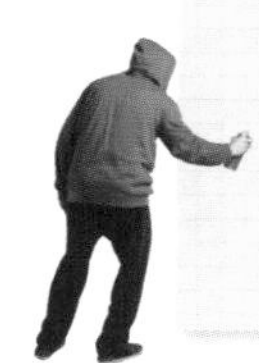

하이테크의 중심, 서울(2000년)

맹렬한 호랑이의 도시

20세기 전반에 한국은 일본의 지배를 받았습니다. 일본이 제2차 세계대전에서 패배한 뒤 소련은 재빨리 움직여 한국의 북쪽을 손에 넣은 한편 미국은 남쪽을 원조했습니다. 1950년부터 1953년까지 계속된 6.25 전쟁에서 남과 북은 둘로 갈라져 싸웠습니다. 이후로 북한은 쭉 가혹한 독재 체제하에 있지요. 남한 역시 수십 년의 군사정권을 비롯하여 나름의 시련들을 극복해야 했습니다. 경제학자들은 남한의 맹렬하게 빠른 경제 성장 속도 때문에 이 나라를 '호랑이'라고 불렀습니다. 한국의 복잡한 역사를 고려하면 이 같은 변화는 한층 더 인상적이지요.

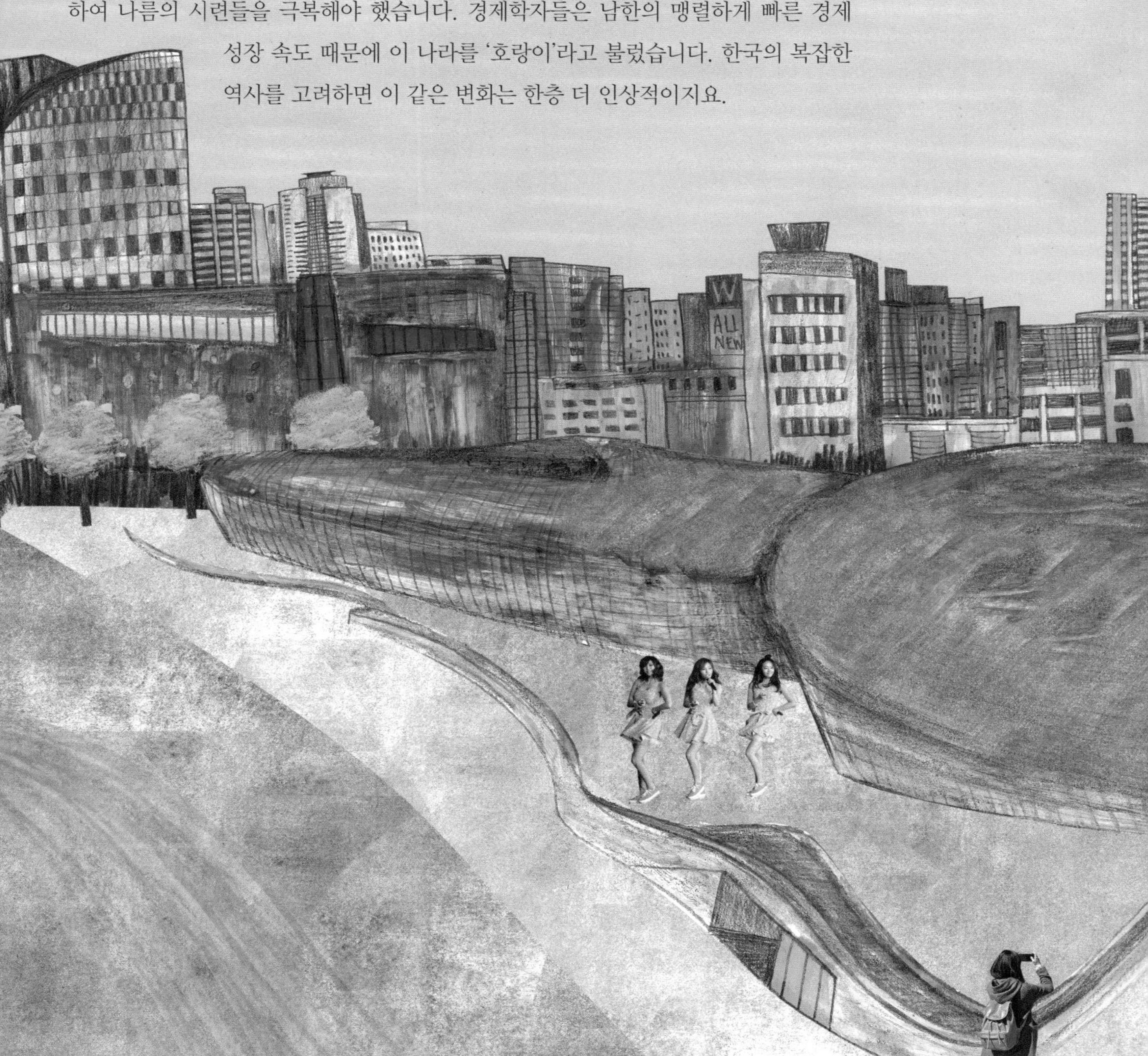

1988년 서울에서 열린 하계 올림픽은 한국의 세계무대 데뷔로 여겨졌습니다. 국민들이 새롭게 일궈낸 민주주의뿐만 아니라 경제와 문화 발전도 조명되었지요. 이후로 서울은 세계적 경제 침체 속에서도 쭉 성장해왔습니다. 한국의 수도인 서울은 최첨단 기술로 유명하며 세계에서 인터넷 속도가 가장 빠른 곳이기도 하죠. 고속열차는 시속 300킬로미터 이상으로 달려 서울과 국토 전체를 연결해줍니다. 서울의 신규 개발 지역 디지털미디어시티는 혁신에의 열정을 상징적으로 보여주는 장소입니다. 한때 거대한 쓰레기 매립장이었던 이곳은 이제 하이테크 산업의 중심으로 변신했답니다.

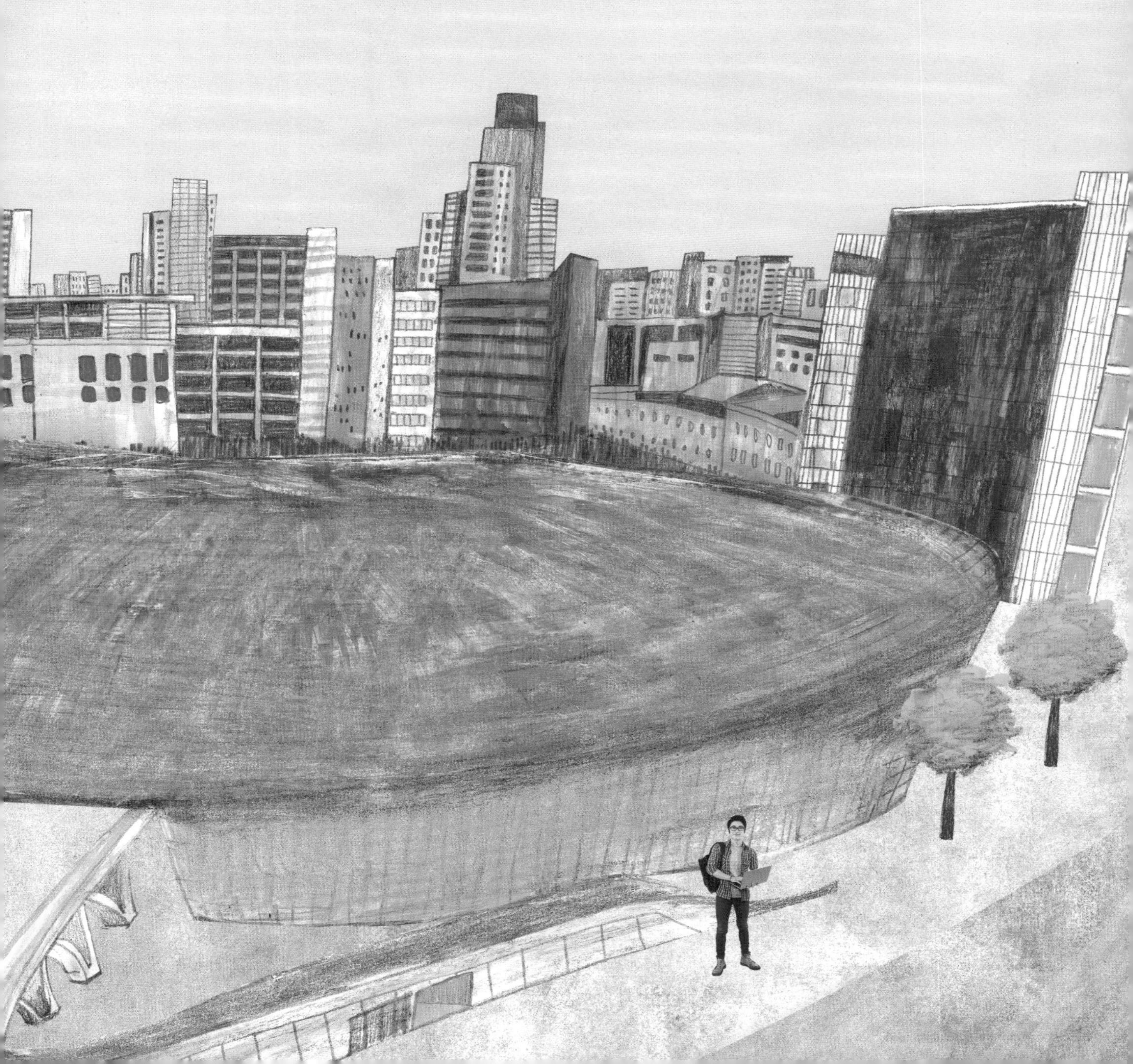

한류와 창의적 디자인의 나라

서울에는 한국에서 가장 큰 회사들이 위치해 있습니다. 그중에는 세계 최대의 휴대전화 생산 기업인 삼성도 포함되지요. 한국의 회사들이 세계적 인지도를 얻은 만큼 국가적 브랜드도 발전했습니다. 한국의 대중음악은 가까운 중국과 일본에서 크게 인기 있을 뿐 아니라 세계적으로도 점점 더 유명해지고 있습니다. 케이팝(k-pop) 가수들은 한국어와 영어로 된 쉽고 경쾌한 가사, 특유의 춤 동작들과 시각효과가 넘치는 공연으로 알려져 있지요. 서울의 부유한 지역에서 제목을 따온 싸이의 히트곡 〈강남스타일〉은 유튜브에서 수십억 번의 조회 수를 기록했습니다. 한국의 텔레비전 드라마 또한 전 세계에서 시청됩니다. 드라마의 특정 에피소드는 아예 팬들의 요구에 맞추어 쓰이기도 하지요. 소형 디지털 기기에서 주요 건축 프로젝트까지, 한국은 창의적 디자인의 나라로 인식되고 있습니다. 한강에 떠 있는 인공 섬인 새빛둥둥섬처럼 호평받는 경우도 있고, 옛 시청 건물 위로 반짝이는 파도같이 솟아오른 서울의 새 시청사처럼 찬반이 엇갈리는 경우도 있습니다.

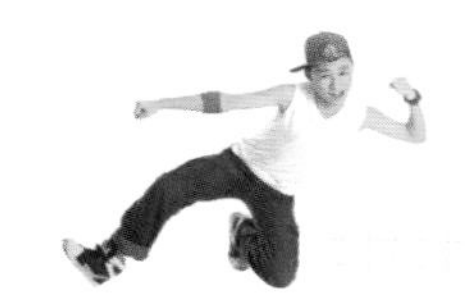

이지영의 작품은 포토샵으로 합성한 것처럼 보이지만 사실 서울의 작은 스튜디오에서 일일이 손으로 그려진 것입니다. 그녀는 꿈속에만 존재할 수 있을 듯한 드넓고 열린 공간들을 상상합니다. 이 작품은 최고의 가상현실이란 비디오게임 속이 아니라 우리의 상상 속에 있음을 암시합니다.

〈게이머〉, 이지영, 2011년

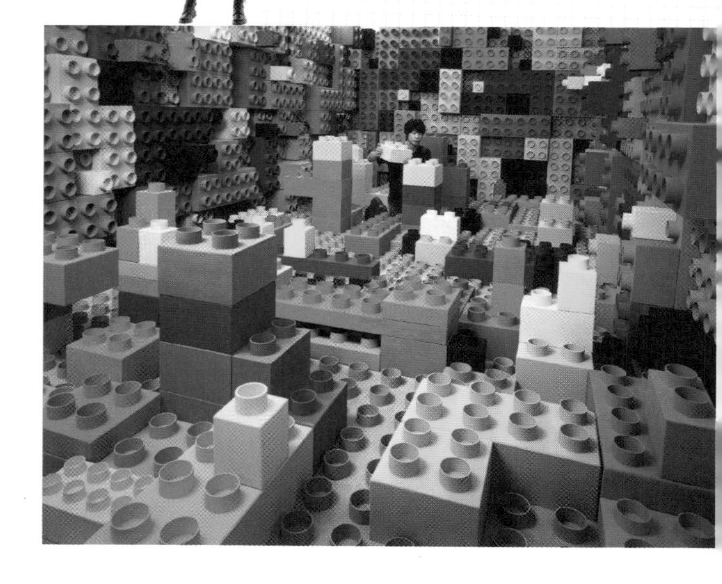

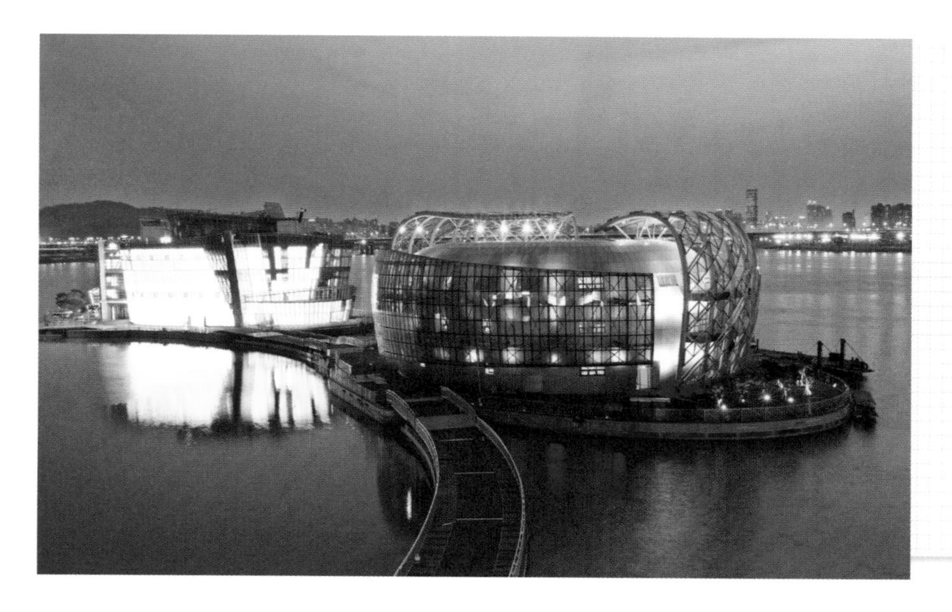

새빛둥둥섬은 공원과 영화관, 전시장 등이 합쳐진 복합 문화공간입니다. 세 개의 건물은 함께 어우러져 씨앗, 봉오리, 피어난 꽃이라는 식물의 세 성장 단계를 상징합니다. 밤이면 모든 건물에 조명이 밝혀져 근처의 반포대교에서 쏘아 올리는 달빛무지개분수와 조화를 이룹니다.

〈새빛둥둥섬〉, 해안건축, 2011년

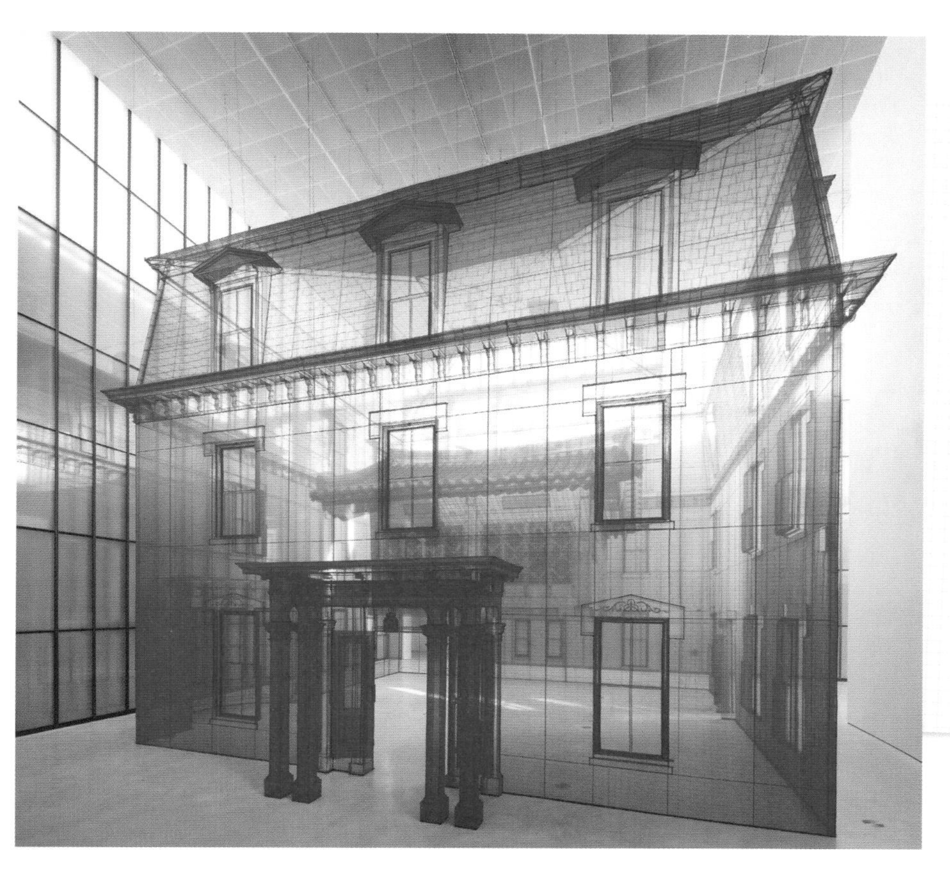

이 조각을 이루는 두 집은 실물 크기이며 투명하게 비치는 천으로 만들어졌습니다. 큰 건물은 서도호가 미국에 와서 처음 살았던 집이고, 그 안에 매달린 작은 건물은 그가 자랐던 서울의 집이지요. 작가는 두 가지 문화 사이에서 살아가는 느낌을 표현하려고 했습니다.

〈집 속의 집 속의 집 속의 집 속의 집〉, 서도호, 2013년

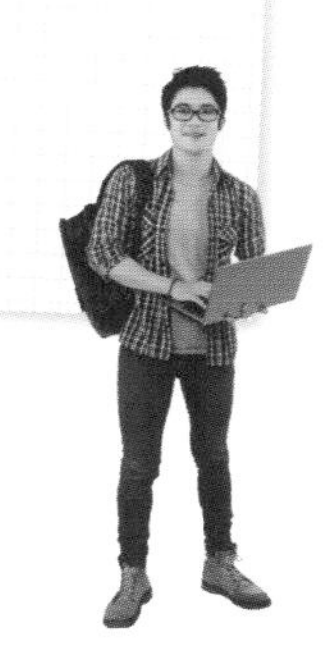

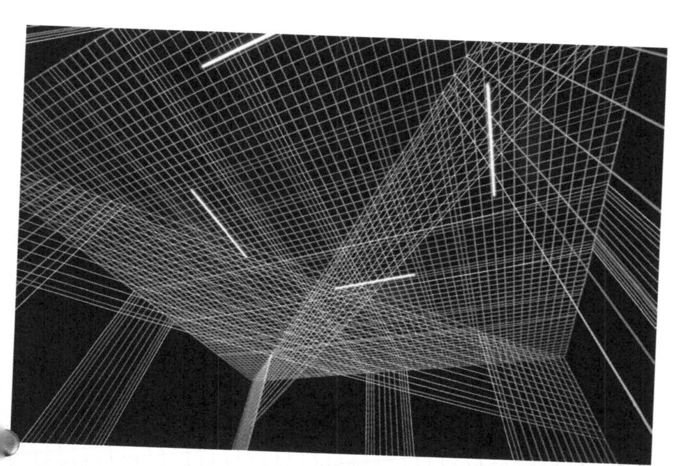

레이저 빔이나 컴퓨터 시뮬레이션처럼 보이는 이 선들은 사실 색 있는 실에 자외선을 비춘 것입니다. 작가의 관심사는 우리가 사물에 경계를 긋는 방식이라고 합니다. "남한과 북한의 경계선에 이런 설치작업을 하는 것이야말로 가장 화려하고 극적인 프로젝트가 되겠지요."

〈Out of Sight〉, 최정문, 2009년

고정관념을 깨기 위해 꼭 최신 기술을 사용해야 하는 것은 아닙니다. 서도호, 이지영, 최정문 등의 미술가들이 선보인 작품들은 마치 컴퓨터로 생성한 듯 보이지만 실제로는 모두 공들여 손으로 만든 것입니다. 한국 사회는 빠르게 변화하고 있지만, 많은 미술가들은 신기술과 옛 전통을 연계할 새로운 방식을 찾으려고 노력합니다.

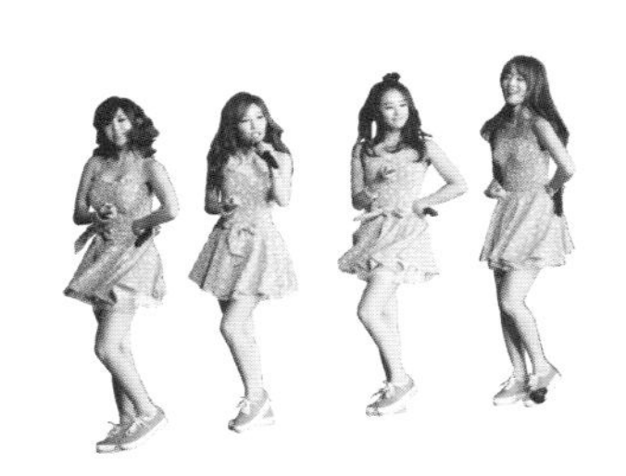

내일의 리우데자네이루(2020년)

미래에의 전망

리우데자네이루는 세계에서 가장 특색이 뚜렷한 도시 중 하나입니다. 만 위로 우뚝 솟은 슈거로프 산이 방문객들을 반겨주고, 구세주 그리스도의 상이 코르코바두 산에서 도시를 내려다보고 있지요. 하지만 이런 광경도 리우의 복잡성을 다 드러내진 못합니다. 이곳은 18세기에 포르투갈의 식민지였던 브라질의 수도가 되었습니다. 그리고 건축가 오스카 니마이어가 새로운 수도 브라질리아를 설계한 1960년까지 그 자리를 지켰지요. 리우는 이제 정치적 수도가 아니지만 여전히 문화적 중심입니다. 문화는 결코 정치와 동떨어져 있지 않으며 특히 브라질에선 더욱 그렇답니다. 브라질은 1970년대와 1980년대 내내 군사정권하에 있었고 1990년대와 2000년대에는 여러 정치적 추문에 시달렸지만, 미술가들은 브라질의 문제점과 가능성을 창의적으로 표현해왔습니다.

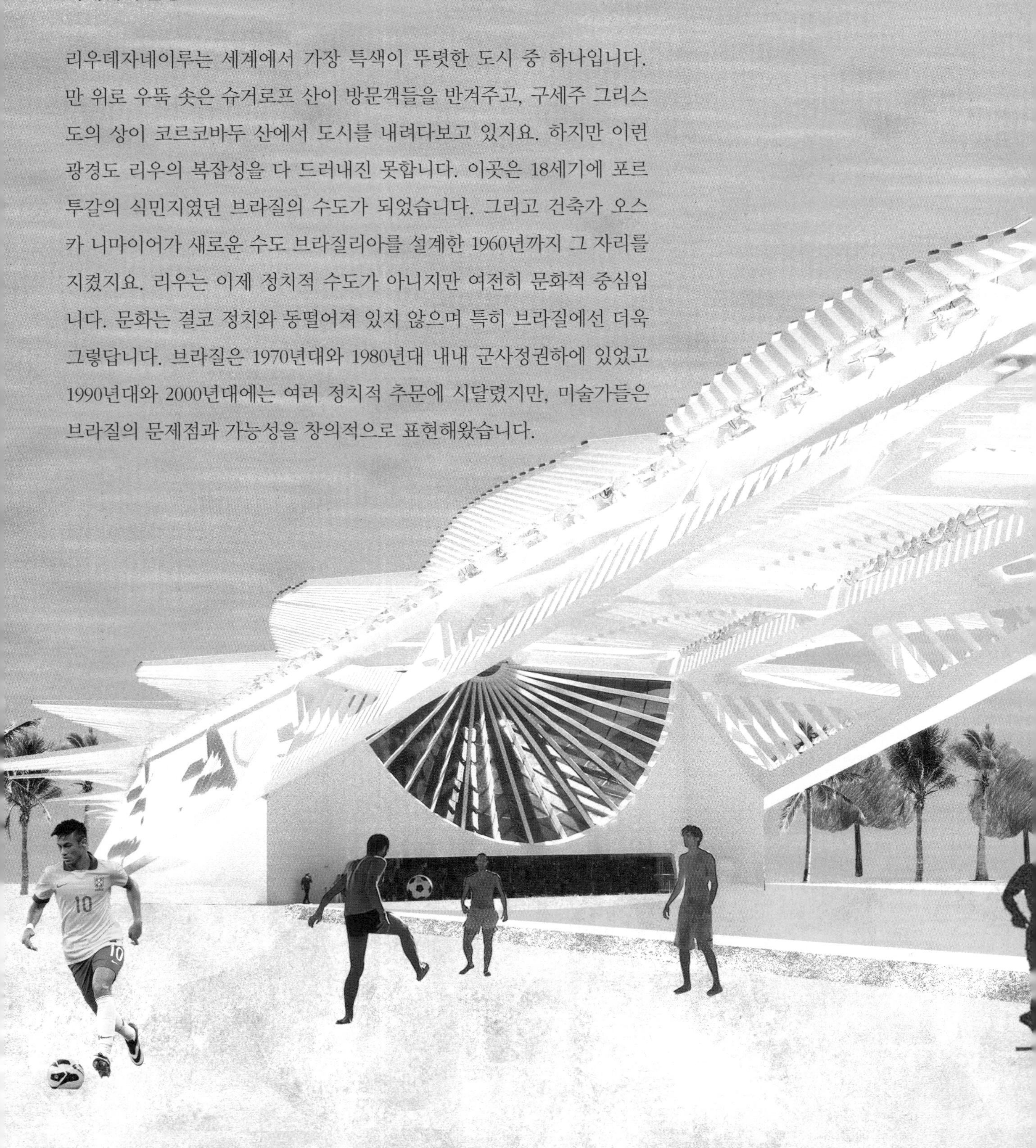

이 나라에는 토착 민족을 비롯하여 아프리카와 유럽의 여러 혈통을 지닌 국민들의 놀라운 다양성이 있습니다. 하지만 한편으로는 여전히 심각한 경제적 난관이 존재하지요. 리우의 산등성이마다 '파벨라'로 불리는 빈민촌들이 빼곡히 들어서 있습니다. 리우는 세계 여러 지역들처럼 미래를 바라보고 있지만, 과거의 유산을 기념하는 동시에 현재의 난관에 대처하는 최선의 방법은 무엇일지 고민하는 중입니다.

이 박물관은 미래의 바다로 뛰어들려는 호버크라프트처럼 보입니다. 하지만 미래는 흥미진진한 만큼 걱정스러운 것이기도 하지요. 이곳은 관람객이 지구온난화, 삼림 파괴 등 브라질뿐만 아니라 전 세계가 직면한 문제들에 관해 생각해보도록 촉구합니다. 또한 그러한 역할에 맞게 태양열 에너지를 사용하며 만에서 온 물을 재활용하고 있지요.

〈내일의 박물관〉, 산티아고 칼라트라바, 2015년

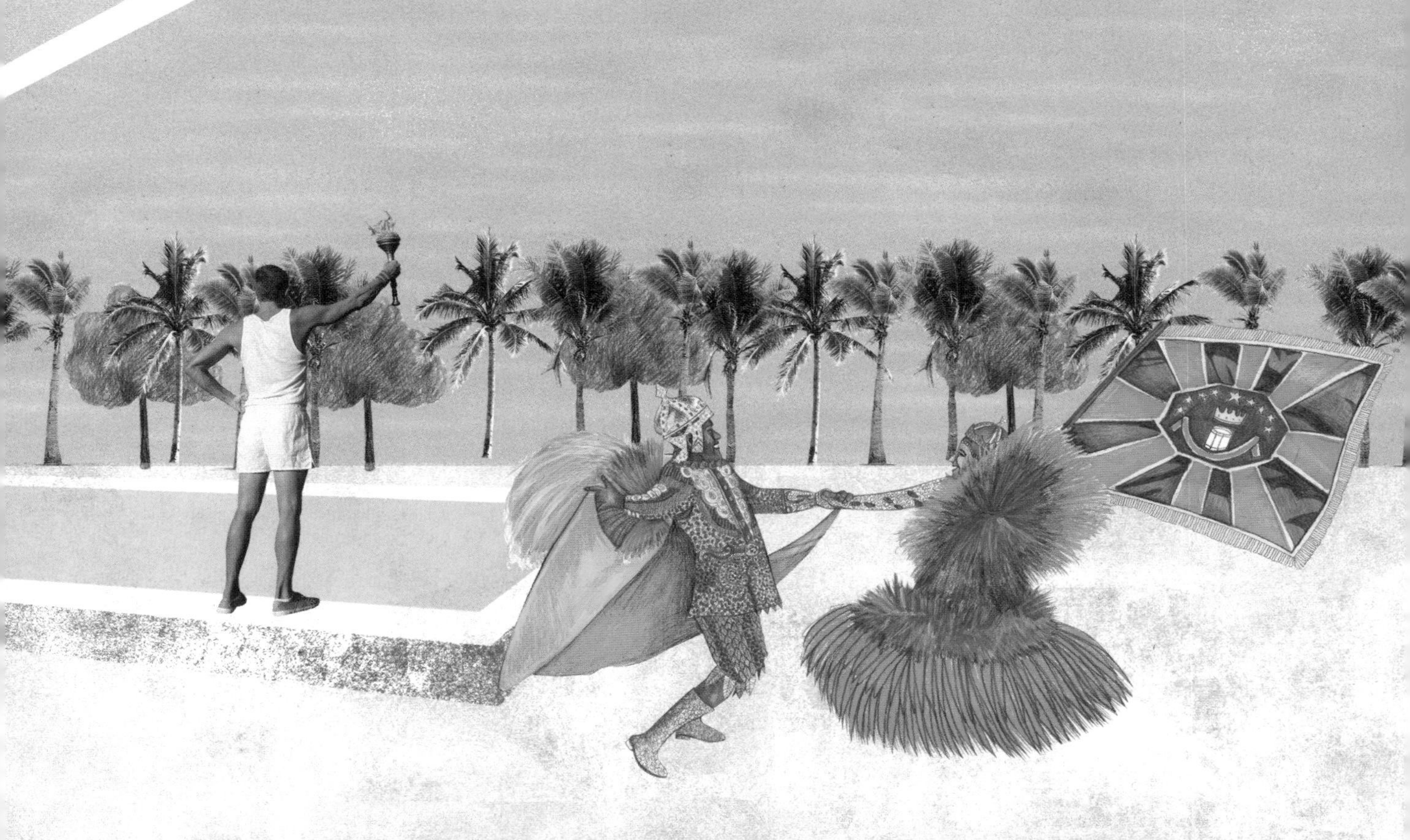

차이에도 불구하고 우리는 하나

2016년 리우데자네이루에서 열린 하계 올림픽은 도시 전체를 무대로 삼았습니다. 코파카바나 해변의 비치발리볼 시합부터 언덕들을 오르내리는 자전거 경주, 과나바라 만을 가로지르는 수영 경기까지 말이지요. 하지만 리우에서 대규모 축제가 주최되는 것이 생소한 일은 아니었습니다. 이곳에서 매년 열리는 주요 이벤트가 바로 카니발이니까요. 전 세계의 기독교인들은 전통적으로 사순절, 즉 부활절 직전의 금욕 기간에 들어가기 앞서 축제를 벌입니다. 리우는 이 축제를 완전히 새로운 경지로 끌어올린 곳이지요. 시내 여러 지역의 삼바 학교들이 몇 달에 걸쳐 현란한 의상과 무대 차량, 대규모 퍼레이드를 위한 춤을 준비합니다. 퍼레이드의 경로는 오스카 니마이어가 이 장관을 보여주기 위해 설계한 삼바드롬을 통과하지요. 삼바의 유래는 브라질 역사의 초창기까지 거슬러 올라갑니다. 아프리카 출신 노예들이 들여온 춤에 시간이 지나면서 아프리카와 라틴아메리카 고유의 리듬이 더해져 삼바가 완성되었다고 하지요.

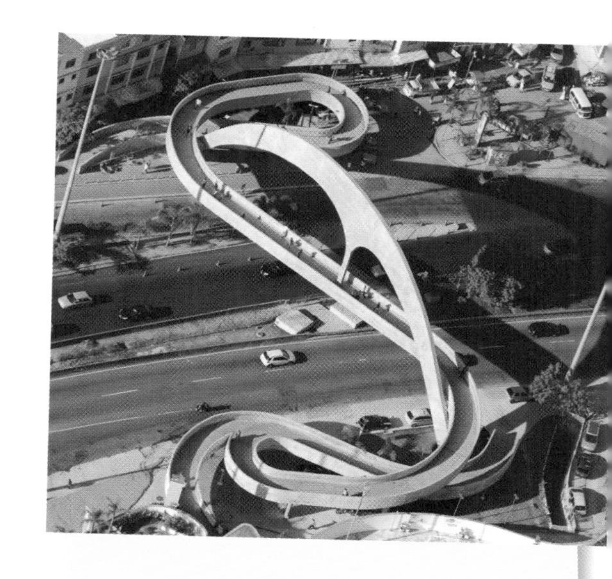

니마이어는 이 육교를 설계했을 때 백 살이 넘었다고 합니다. 평생 동안 대담한 곡선 형태의 탐구에 관심을 두었던 작가다운 작품이지요. 그는 이렇게 적었습니다. "나는 인공적인 직각이나 직선에는 매력을 못 느낀다. 자유롭게 흐르는 관능적 곡선이 좋다. 내 조국의 산자락과 강줄기, 해변의 파도에서 보이는 곡선 말이다."

〈호시냐 빈민촌의 육교〉, 오스카 니마이어, 2010년

아드리아나 바레자우는 리우 올림픽 수영 경기장 벽화 작업을 하면서 브라질이 포르투갈의 식민지였던 시절 전해진 희고 푸른 타일에 영감을 받았습니다. 그녀는 낡고 부서지고 짝이 안 맞는 타일들을 모아 파도 문양을 만들었는데, 남아메리카의 해변에 부서져 오는 역사의 파도를 상징적으로 나타낸 것이지요.

〈수영 경기장〉, 아드리아나 바레자우, 2016년

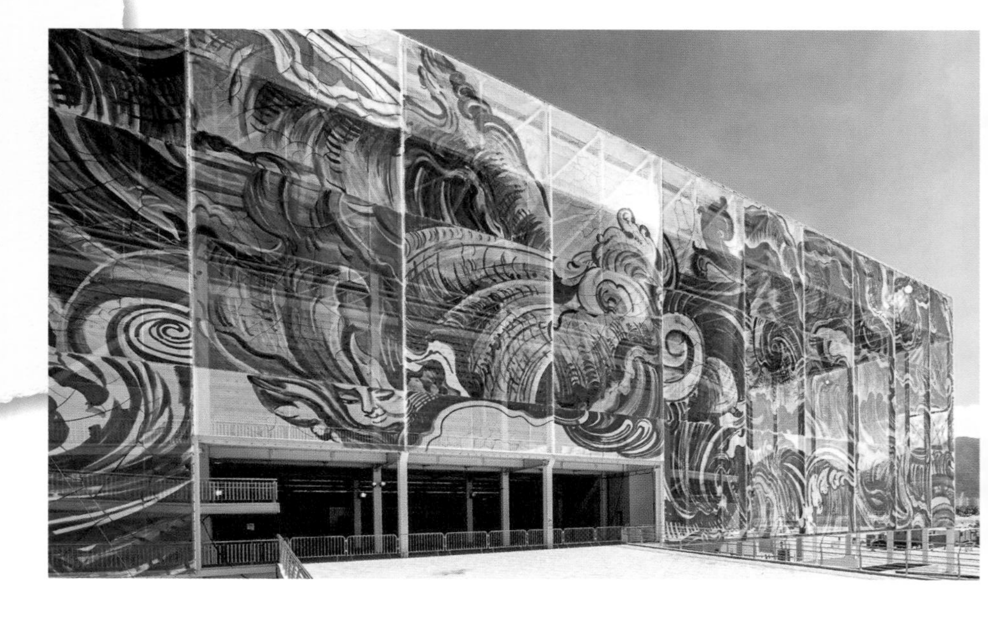

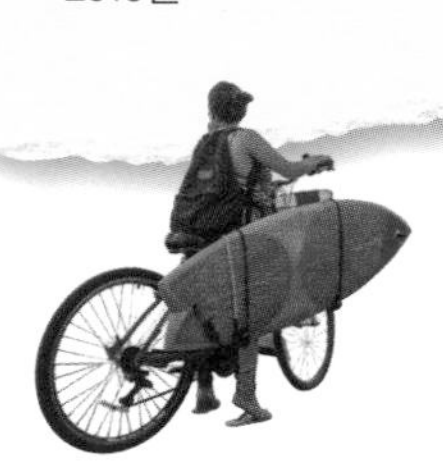

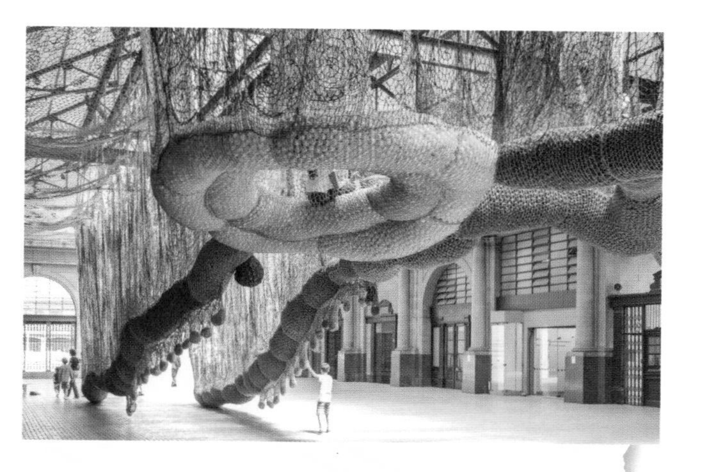

에르네스토 네토는 사람들이 쳐다볼 뿐만 아니라 만지고 냄새 맡게 되는 조각을 만듭니다. 그의 물렁물렁하고 축 늘어진 형태들은 인체와 자연을 연상시키지요. <문화는 우리를 갈라놓지만 자연은 우리를 결합시킨다>라는 네토의 한 작품 제목은 인류애에 대한 그의 희망을 보여줍니다.

〈경관 속에 매달린 벌레〉, 에르네스토 네토, 2012년

브라질의 창의성은 항상 여러 문화의 융합으로 정의되어왔습니다. 리우의 해변에서 연인을 찾는 내용을 재즈와 삼바가 어우러진 경쾌한 리듬에 담아낸 1960년대의 세계적인 히트곡 〈이파네마에서 온 소녀〉처럼 말이지요. 오늘날 브라질의 힙합 뮤지션들은 남북 아메리카의 음악적 영향을 결합시키고 있습니다. 이 같은 '퓨전'은 시각미술에도 흔히 나타납니다. 에르네스토 네토나 아드리아나 바레자우 같은 리우 미술가들의 작품은 문화적으로뿐만 아니라 미술 분야에 있어서도 복합적이지요. 현대 브라질의 다양성은 여러 면에서 우리의 세계사 미술여행에 어울리는 마지막 장면이라고 할 수 있겠네요. 온 세상 사람들의 다양한 얼굴들을 담아낸 에두아르도 코브라의 벽화가 그 좋은 예지요. 이 모든 차이와 다양성은 결국, 그럼에도 불구하고 우리는 모두 하나라는 사실을 깨닫게 해주니까요.

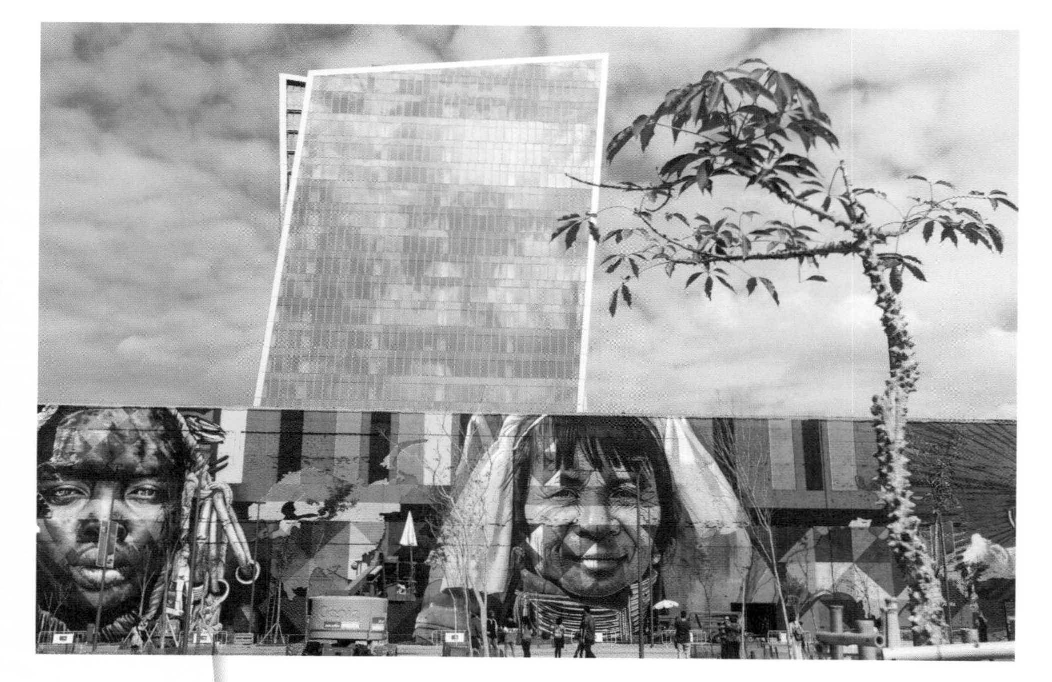

에두아르도 코브라는 상파울루 출신의 거리 미술가입니다. 코브라와 그의 조수들은 올림픽을 위해 지구촌 사람들의 다양한 모습이 담긴 세계 최대의 벽화를 그렸지요. "우리는 갈등이 넘쳐나는 매우 혼란스러운 시대를 살아가고 있습니다. 나는 그럼에도 모든 사람이 연결되어 있다는 걸, 우리는 하나로 이어져 있다는 걸 보여주고 싶었습니다."

〈우리는 모두 하나〉, 에두아르도 코브라, 2016년

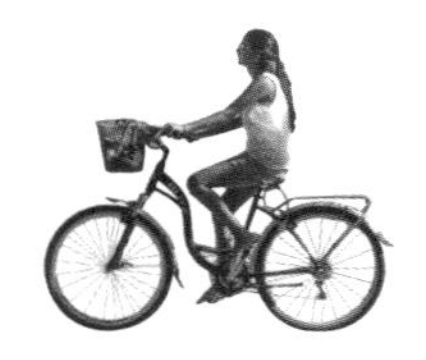

전 세계 미술 여행을 마무리하며

자, 이렇게 여러분은 여행의 첫걸음을 내디뎠습니다.
이젠 어디로 가고 싶은가요?

미술을 깨우치는 가장 좋은 방법은 작품을 직접 마주하는 것입니다. 다시 말해 미술관이나 전시장에 직접 가봐야 한다는 것이지요. 혹은 지금 여러분 주변에 있는 것들에 대해 면밀하게 주의를 기울여야 한다는 의미이기도 합니다. 기념물, 만화책, 심지어 벽에 휘갈겨진 그래피티에도요. 실제로 미술관이나 전시장에 가게 된다면 두려워하지 말고 궁금한 걸 질문해보세요. 그곳의 도우미들이 미술작품과 그것이 유래된 문화에 관해 차근차근 설명해줄 테니까요.

미술작품은 과거에만 살아 있었던 게 아니라 우리가 그것을 생각하거나 화제로 삼을 때마다 되살아난답니다. 특히 다른 사람과 그렇게 한다면요.

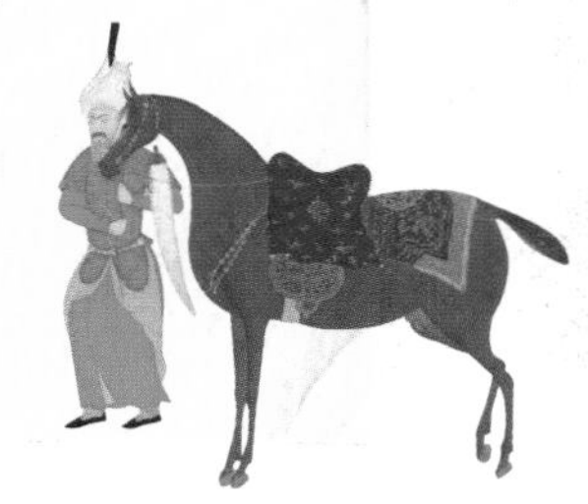

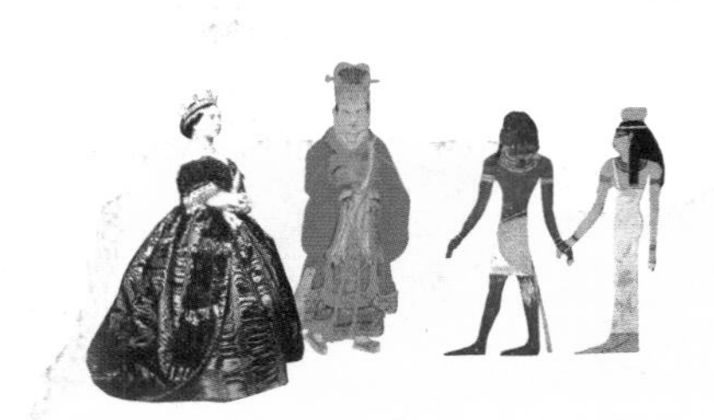

여행을 갈 때면 항상 연필과 스케치북을 가져가세요. 그리고 보이는 것들을 그려봅시다.
이 책에서 공부한 여러 미술가들은 과거의 거장들에 대해 공부함으로써 스스로도 거장이 되었답니다. 뉴욕의 추상표현주의 미술가들은 멕시코시티 화가들의 벽화를 연구하여 훌륭한 그림을 그릴 수 있었죠. 멕시코 화가들은 이탈리아 르네상스 화가들의 기법과 조형을 연구했고요. 르네상스 미술가들은 고대 로마 조각에서, 고대 로마 조각가들은 고대 그리스 미술에서 배웠어요.
연필을 잡고 스케치를 시작할 때마다 여러분은 시간을 거슬러 여행을 하게 된답니다. 지나간 과거에 흠뻑 빠져보세요. 아주 놀라운 여행이 될 거예요!

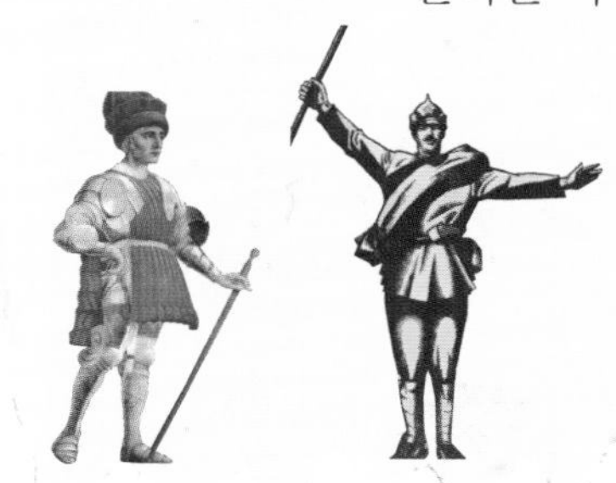

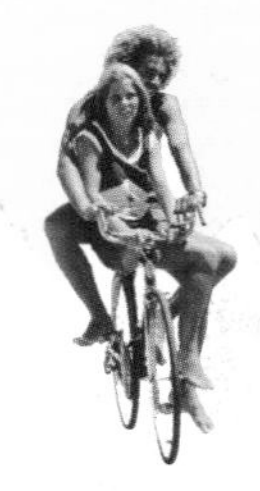

쉽게 이해하는 용어 설명

고고학 인간의 유물과 유적을 통해 역사를 연구하는 학문 분야입니다. 고고학자들은 과거의 생활을 알아보기 위해 유물과 유적을 발견하고 조사하지요.

고딕 양식 중세 유럽의 건축 양식으로 뾰족한 수직 아치형 지붕, 이무깃돌과 추상적 · 장식적 문양 등이 특징입니다.

공화국 국민들이 그들을 대표할 공직자를 투표로 선출하는 국가 형태를 말합니다.

교역로 물건을 사고파는 배나 상인 집단이 여러 국가를 오가는 경로를 말합니다. 장거리에 걸친 교역로는 필수품뿐만 아니라 예술적 사상의 교환 경로이기도 했지요.

기원전/기원후 '기원전'이라는 말이 붙는 연도는 서구에서 사용하는 기독교식 원년, 즉 예수가 탄생한 것으로 추정되는 해의 이전을 가리킵니다. '기원후'라는 말도 예수 탄생 이후를 뜻하는 기독교식 원년 이후를 뜻하지요.

나치즘 독일의 독재자 아돌프 히틀러가 이끌었던 나치 정당의 신조를 말합니다. 히틀러는 인종주의와 유대인, 집시, 장애인에 대한 편견을 퍼뜨렸으며 이를 구실로 수백만 명을 학살했습니다.

독재자 한 나라에서 절대적 권력을 행사하며 국민에게 자신의 생각을 강제하는 사람을 말합니다. 무력으로 그 자리를 차지하는 경우가 많습니다.

라파엘 전파 19세기 영국에서 생긴 회화 유파입니다. 이탈리아 르네상스 이전 시기의 미술에서 영향을 받았으며, 자연 혹은 자연적 형태의 세밀한 묘사가 특징적입니다.

르네상스 프랑스어로 '재탄생'이라는 뜻입니다. 이탈리아 르네상스가 시작된 것은 14세기에 사람들이 고대 그리스와 로마의 미술품들에서 미학적 영감을 얻게 되면서였지요.

무정부주의 정부는 불필요하며 사람들이 자유로이 공동체를 조직할 수 있어야 한다는 신념입니다.

부조 배경인 벽이나 표면을 깎아서 형상을 드러내되 그것이 그 표면의 일부로 남아 있는 형태의 조각을 말합니다.

비잔틴 제국 동로마 제국, 즉 이탈리아에서의 서로마 제국이 멸망한 뒤로도 동유럽에서 천 년 동안 지속된 제국을 말합니다. 비잔틴 제국의 미술과 건축은 경건하고 영적인 주제를 잘 표현한 것으로 유명합니다.

사실주의 이 말에는 다양한 의미와 양식이 포함됩니다. 하지만 '사실주의자'로 칭해지는 미술가들은 넓은 의미에서 세상을 있는 그대로 보여주려 했다는 공통점을 갖습니다.

서기 기록을 하는 사람입니다. 특히 인쇄가 발명되기 이전시기에 원고나 자료를 손으로 베껴 쓰던 사람을 가리킵니다.

서예 두꺼운 붓이나 펜 등으로 쓰는 장식적 글씨. 서구에서는 캘리그래피라고도 합니다.

쇠퇴 특정 문화나 국가의 정치적 · 경제적 침체와 불안정한 상태를 말합니다.

수도원 승려들이 생활하며 예배를 드리는 건물을 말합니다.

순례 종교적 · 영적으로 중요한 특정 장소로 직접 찾아가는 여행을 말합니다.

식민주의 한 나라가 더 많은 토지와 자원을 얻기 위해 다른 나라의 전체 혹은 일부를 장악하고 지배하는 것을 가리킵니다.

신화 특정 문화와 연결된 신성한 이야기의 모음. 주로 과거의 사건들과 자연을 설명하고 이해하기 위해 만들어집니다.

오벨리스크 이집트의 돌기둥으로 보통 정사각형이나 직사각형인 단에서부터 위로 갈수록 좁아지는 형태입니다.

왕조 장기간 국가의 최고 권력을 쥐고 세습하는 하나의 가문을 가리킵니다.

의식 인물이나 사물을 기리기 위해, 혹은 사람들에게 위로와 안정감을 주기 위해 특정한 방식으로 이루어지는 일련의 행위를 말합니다. 흔히 종교성을 띱니다.

인구 특정 장소에 사는 사람들의 수효를 말합니다.

저수지 물을 모아두는 큰 호수로, 자연적일 수도 있고 인공적으로 만들 수도 있습니다.

제국 한 사람이나 집단이 다스리는 여러 지역의 집합을 말합니다.

조각가 조각, 즉 3차원적인 미술작품을 창작하는 미술가를 말합니다.

즉흥 준비 없이 즉석에서 상상력으로 뭔가를 드러내는 것을 말합니다.

천문학 행성과 별, 우주를 다루는 학문 분야입니다.

철기 시대 인류가 청동 대신 철로 도구를 만들고 사용하는 기술을 익힌 시대를 말합니다. 아프리카 대부분의 지역에서는 석기 시대에 뒤이어 바로 철기 시대가 시작되었습니다.

초상화 개인 혹은 집단의 모습을 담은 그림을 말합니다.

캐나다 원주민 이누이트와 메티스족을 제외한 캐나다 토착 종족들을 말합니다.

토착 애버리지니, 아메리카 원주민 등(주로 서구 중심적 시각에서) 특정 지역이나 국가에 본래 존재했던 민족이나 문화를 일컫는 말입니다.

파라오 고대 이집트의 통치자로 황제와 비슷한 위상을 지녔습니다.

혁명 특정한 체제, 보통 국가나 정부에 있어 집단이 일으키는 대규모의 변화를 말합니다. 현재의 체제에 대한 신뢰를 잃은 사람들이 혁명을 선두에서 이끌게 되지요.

황금기 개인, 문화, 국가 등의 역사에서 가장 뛰어난 업적을 성취한 시기를 말합니다.

희생 종교적 · 영적 신앙의 일환으로 인간이나 동물의 생명을 버리거나 바치는 행위이며 흔히 의식의 일부로 이루어집니다. 비유적으로는 가치 있는 무언가를 포기하는 행위를 가리킵니다.

히피 1960년대 미국에서 기존 사회의 가치를 거부하고 좀 더 자연 친화적인 삶을 지향한 사람들, 혹은 그런 문화를 말합니다.

이 책에 쓰인 도판의 저작권

12 좌 : **〈무지개 뱀〉**, 지미 은지미누마, 아넘랜드. Penny Tweedie/Alamy Stock Photo
우 : **〈바위그림 : 여자와 아이와 물고기〉**, 아넘랜드. Penny Tweedie/Alamy Stock Photo

13 상 : **〈캥거루 바위그림〉**, 아넘랜드. National Geographic Creative/ Alamy Stock Photo
하 : **〈물감을 섞는 데이비드 말랑기〉**. Penny Tweedie/Alamy Stock Photo

16 상 : **〈'여왕의 계곡'에 있는 네페르타리 무덤〉**, 기원전 13세기. akg-images/ De Agostini Picture Library/S. Vannini
하 : **〈라메세움의 카데시 전투 부조〉**, 기원전 1274년. akg-images/ Rainer Hackenberg

17 상 : **〈풍자적 파피루스〉**, 기원전 1250년. 런던 대영박물관.
하 : **〈카르나크의 대열주실〉**, 기원전 1280~1270년 Jan Wlodarczyk/Alamy Stock Photo

20 상 : **〈길가메시 서사시가 기록된 홍수 서판〉**, 기원전 7세기. 런던 대영박물관.
하 : **〈니네베 네르갈 성문의 라마수 석상〉**, 기원전 8세기. akg-images/De Agostini Picture Library/C. Sappa

21 상 : **〈니네베 남서 궁전의 라키시 부조〉**, 기원전 700~692년. 런던 대영박물관.
하 : **〈신 아시리아 왕국의 원통형 인장〉**, 기원전 8~7세기. 뉴욕 메트로폴리탄 박물관

24 상 : **〈아테네의 4드라크마 은화〉**, 기원전 5세기. 개인 소장.
하 : **〈남쪽 소간벽(小間壁) 31번 부조〉**, 피디아스, 기원전 447~438년. 런던 대영박물관

25 상 : **〈에렉테움〉**, 므네시클레스, 기원전 421~405년. onepony/123RF Stock Photo
하 : **〈테세우스와 미노타우르스〉**, 도키마시아의 화가, 기원전 480년. 피렌체 국립고고학박물관

27 **〈전차 경주 모자이크〉**, 2세기, 루그두눔(현재 프랑스 리옹). 리옹 갈로로망 박물관

28 상 : **〈포틀랜드 화병〉**, 1~25년. 런던 대영박물관.
하 : **〈아라 파치스의 황가 행렬 부조〉**, 기원전 13~9년. Mondadori/Getty Images

29 상 : **〈제빵사 에우리사케스의 무덤〉**, 기원전 30년경. Vito Arcomano/Alamy Stock Photo
하 : **〈프리마 포르타의 아우구스투스상〉**, 1세기. 바티칸 미술관

32 상 : **〈테오티우아칸 조상〉**, 1~750년. 멕시코 국립 인류학 박물관.
하 : **〈태양의 피라미드〉**, 200년경. dimol/123RF Stock Photo

33 상 : **〈위대한 여신 벽화〉**, 200년경. 멕시코 국립 인류학 박물관.
하 : **〈깃털 달린 뱀 신전의 석조 두상〉**, 200년경. istock/ Getty Images

36 상 : **〈나가 왕과 여왕, 19번 동굴〉**, 5세기 말. Dola RC
하 : **〈기도실, 26번 동굴〉**, 5세기 말. ephotocorp/ Alamy Stock Photo

37 상 : **〈천장화 세부, 1번 동굴〉**, 5세기 말. Benoy Behl
하 : **〈연화수 보살, 1번 동굴〉**, 5세기 말. Eye Ubiquitous/ Alamy Stock Photo

38 **〈마다바 지도〉 세부**, 요르단 마다바의 성 조지 교회, 6세기 중반. akg-images/ Pictures From History

40 상 : **〈성묘 교회 내부〉**, 335년. Interfoto/Alamy Stock Photo
하 : **〈디나르 금화〉**, 695~96년. 런던 대영박물관

41 상 : **〈바위의 돔〉**, 691년 완공. akg-images/Erich Lessing
하 : **〈바위의 돔〉**, 691년 완공. Granger/REX/Shutterstock

42 **〈헤데비에서 주조된 은화〉**, 10세기. DeAgostini/ DEA Picture Library

44 **〈스카르티 룬 문자석〉**, 982년경(1797년 재발견). Maria Heyens/ Alamy Stock Photo

45 좌 : **〈용머리가 새겨진 금속 핀〉**, 950~1000년경. akg-images
우 : **〈칼자루〉**, 9세기. akgimages

50 좌 : **〈보크사이트를 깎아 만든 원반 굴리는 사람 모형 담뱃대〉**, 1200~1350년경. National Geographic Creative/Alamy Stock Photo
우 : **〈보크사이트를 깎아 만든 '빅보이' 모형 담뱃대〉**, 1200~1350년경. 아칸소 대학교

51 상 : **〈딸랑이를 든 개구리 담뱃대〉**, 1250년경. National Geographic Creative/Alamy Stock Photo
하 : **〈조개껍질 구슬과 함께 놓인 '버드맨' 사암 석판〉**, 1200~1350년경. National Geographic Creative

54 상 : **〈비슈누 상〉**, 앙코르와트, 12세기. akg-images/Pictures from History
하 : **〈코끼리 테라스〉**, 앙코르톰, 12세기 말. rstelmach/123RF Stock Photo

55 상 : **〈바욘 사원의 돌탑들〉**, 앙코르톰, 12세기 말~13세기 초. Sally Nicholls
하 : **〈우유 바다를 휘젓다〉 세부**, 앙코르와트, 12세기. akg-images/Pictures from History

58 **〈대광장의 원뿔 탑〉**. Images of Africa Photobank/Alamy Stock Photo

59 상 : **〈비눗돌 새 조각〉**, 13~15세기. Hemis/ Alamy Stock Photo
하 : **〈대광장의 좁은 통로〉**. Hemis/Alamy Stock Photo

62 좌 : **〈옻칠 탁자〉**, 명, 1426~35년. 런던 빅토리아 앨버트 박물관.
우 : **〈청화백자 화병〉**, 명, 1464~87년. 런던 대영박물관

63 상 : **〈행원아집도(杏園雅集圖)〉 모작**, 사환(謝環)의 조수, 1437년경. 뉴욕 메트로폴리탄 미술관.
하 : **〈칠보 단지〉**, 명, 1426~35년. 런던 대영박물관

66 상 : **〈알람브라 화병〉**, 1400년경. akg-images/ Album/Oronoz
하 : **〈사자의 안뜰〉**, 1375년경. Ian Dagnall/Alamy Stock Photo

67 상 : **〈대사의 방〉**, 1350년경. 그라나다 주 관광청.
하 : **〈두 자매의 방에 있는 돔 천장〉**, 1380년경. Paul Williams/Alamy Stock Photo

70 상 : **〈해부학 스케치〉**, 레오나르도 다빈치, 1510~12년경. GraphicaArtis/ Getty Images
하 : **〈성 프란치스코 수도회를 인준하는 교황 호노리오 3세〉 세부**, 도메니코 기를란다요, 피렌체 산타트리니타 성당 부속 사세티 예배당, 1483~86년. Mondadori Portfolio/Getty Images

71 상 : **〈다비드〉**, 미켈란젤로 부오나로티, 1501~4년. 피렌체 아카데미아 미술관.
하 : **〈분별〉**, 안드레아 델라 로비아, 1475년경. 뉴욕 메트로폴리탄 미술관

73 **〈시디 제이얀 하이다라 도서관 필사본〉**, 팀북투, 1550년경. Brent Stirton/Getty Images Reportage

74 상 : **〈상코레 모스크의 공동 보수〉**, 2000년경 촬영. Jordi Cami/Alamy Stock Photo
하 : **〈징게르베르 모스크〉**, 1327년 건설. John Warburton-Lee Photography/ Alamy Stock Photo

75 상 : **〈카탈루냐 아틀라스〉 세부**, 아브라함 크레스크, 1375. 프랑스 국립도서관.
하 : **〈시디 야히아 모스크〉**, 1440년경 건설. Bert de Ruiter/Alamy Stock Photo

78 상 : 〈**포르투갈 시나고그의 내부**〉, 에마뉘엘 더 비터, 1680년, 암스테르담 국립미술관.
하 : 〈**야경**〉, 렘브란트 반 레인, 1642년, 암스테르담 국립미술관

79 상 : 〈**자화상**〉, 유디트 레이스터, 1630년경, 워싱턴 국립미술관.
하 : 〈**델프트 공방의 그리스인이 만든 꽃 피라미드**〉, 1695년경, 암스테르담 국립미술관

82 상 : 〈**알라베르디 칸 다리**〉, 1602년 건설 시작. Jorge Fernandez/Alamy Stock Photo
하 : 〈**마스지드 이맘 모스크**〉, 이스파한, 1611~38년, dbimages/Alamy Stock Photo

83 상 : 〈**정원 양탄자**〉, 케르만 지역, 1625년경, 자이푸르 앨버트 홀 박물관.
하 : 〈**레자 아바시의 초상**〉, 무인 무사비르, 1673년, 프린스턴 대학교 도서관 개릿 컬렉션

86 〈**에도 지도**〉, 1849년, Geographic Rare Books & Maps

88 상 : 〈**에도 시대의 갑옷**〉, 18세기 말, 런던 대영박물관.
하 : 〈**'후지 산 36경' 중 개풍쾌청(凱風快晴)**〉, 가쓰시카 호쿠사이, 1830~32년, 뉴욕 메트로폴리탄 미술관

89 상 : 〈**요시와라의 벚꽃**〉, 기타가와 우타마로, 1793년경, Allen Philips/하트퍼드 워즈워스 아테니움 미술관.
하 : 〈**손오공 모양의 상아 네쓰케**〉, 슈교쿠, 19세기, 런던 대영박물관

92 상 : 〈**머리 장식**〉, 찰스 에덴쇼, 1880년경, 뉴욕 브루클린 미술관.
하 : 〈**포틀래치 의식 동안 전통 의상을 입고 에드윈 스콧의 독피시 하우스 앞에 모인 사람들**〉, 클링콴, 1901년, 알래스카 주립 도서관 윈터 앤드 폰드 컬렉션

93 상 : 〈**변신 가면**〉, 1850년경, 런던 대영박물관.
하 : 〈**까마귀와 최초의 인간들**〉, 빌 리드, 1983년, 밴쿠버 브리티시컬럼비아 대학교 인류학 박물관. © Bill Reid

96 상 : 〈**수정궁**〉, 조지프 팩스턴, 1851년, 런던 대영도서관

97 상 : 〈**오필리어**〉, 존 에버릿 밀레, 1851~52년, 런던 테이트 미술관.
하 : 〈**눈보라: 항구를 떠나는 증기선**〉, J.M.W. 터너, 1842년, 런던 테이트 미술관

100 상 : 〈**지옥의 문**〉 **세부**, 오귀스트 로댕, 1880~1917년, 파리 로댕 미술관.
하 : 〈**인상, 해돋이**〉, 클로드 모네, 1872년, 파리 마르모탕 모네 미술관

101 상 : 〈**푸른 소파에 앉은 소녀**〉, 메리 커셋, 1878년, 워싱턴 국립 미술관.
하 : 〈**에펠 탑의 건설 과정**〉, 귀스타브 에펠, 1888년, 파리 카르나발레 박물관

104 상 : 〈**미하엘러플라츠의 로스 저택**〉, 아돌프 로스, 1909~10년, akg-images/Erich Lessing
하 : 〈**베토벤 프리즈**〉 **세부**, 구스타프 클림트, 1902년, Imagno/Getty Images

105 상 : 〈**고개 숙인 자화상**〉, 에곤 실레, 1912년, 빈 레오폴트 미술관.
하 : 〈**카를스플라츠 전차역**〉, 오토 바그너, 1898년, Graphiapl/Dreamstime.com

108 좌 : 〈**전함 포템킨**〉, 세르게이 에이젠슈타인의 영화, 1925년, Universal History Archive/UIG via Getty Images
우 : 〈**음악**〉, 마르크 샤갈, 1920년, akgimages. Chagall ®/© ADAGP, Paris and DACS, London 2018

109 상 : 〈**모스크바 1**〉, 바실리 칸딘스키, 1916년, 모스크바 트레티야코프 미술관.
하 : 〈**0, 10: 최후의 미래파 회화전**〉, 페트로그라드, 1915년, 상트페테르부르크 러시아 미술관

112 상 : 〈**혁명 기념탑**〉, 1938년, imageBROKER/Alamy Stock Photo
하 : 〈**멕시코와 미국의 국경선에 선 자화상**〉, 프리다 칼로, 1932년, Christie's Images, London/Scala, Florence. © Banco de México Diego Rivera Frida Kahlo Museums Trust, Mexico, D.F./DACS 2018

113 상 : 〈**디에고 리베라와 프리다 칼로의 집**〉, 후안 오고르만, 1932년, Neil Setchfield/Alamy Stock Photo
하 : 〈**멕시코의 역사**〉, 디에고 리베라, 1930년경, Photo Art Resource/Bob Schalkwijk/Scala, Florence. © Banco de México Diego Rivera Frida Kahlo Museums Trust, Mexico, D.F./DACS 2018

116 상 : 〈**회화 작업 중인 잭슨 폴락**〉, Martha Holmes/The LIFE Picture Collection/Getty Images © The Pollock-Krasner Foundation ARS, NY and DACS, London 2018
하 : 〈**아담**〉, 바넷 뉴먼, 1951~52년, 런던 테이트 미술관. © The Barnett Newman Foundation, New York / DACS, London 2017

117 상 : 〈**화실의 헬렌 프랑켄탈러**〉, 『라이프』 잡지 화보, Gordon Parks/The LIFE Picture Collection/Getty Images © Helen Frankenthaler Foundation, Inc./ ARS, NY and DACS, London 2018
하 : 〈**솔로몬 R. 구겐하임 미술관**〉, 프랭크 로이드 라이트, 1959년 개관, Interfoto/Alamy Stock Photo

120 상 : 〈**그레이트풀 데드의 음반 '아옥소목소아' 표지**〉, 릭 그리핀, 1969년, © Rick Griffin
하 : 〈**장미**〉, 제이 드페오, 1958~66년, Burt Glinn/Magnum

121 상 : 〈**매혹당한 마법사**〉, 제스, 1965년, © the Jess Collins Trust, used by permission
하 : 〈**'미스터 내추럴' 엽서**〉, 로버트 크럼, 1967년, © Robert Crumb

124 상 : 〈**주여, 이 치명적인 사랑을 이겨내게 도와주소서**〉, 드미트리 브루벨, 1990년, 베를린 이스트사이드 갤러리.
하 : 〈**포장된 독일 국회의사당**〉, 크리스토와 잔클로드, 1971~95년, © Wolfgang Volz/LAIF, Camera Press

125 상 : 〈**베를린 유대 박물관**〉, 다니엘 리베스킨트, 1999년, Michael Kappeler/ Getty Images
하 : 〈**역사의 천사**〉, 안젤름 키퍼, 1989년, © Anselm Kiefer

128 상 : 〈**게이머**〉, 이지영, 2011년, © JeeYoung Lee
하 : 〈**새빛둥둥섬**〉, 해안건축, 2011년, Yooniq Images/ Alamy Stock Photo

129 상 : 〈**집 속의 집 속의 집 속의 집 속의 집**〉, 서도호, 2013년, © Do Ho Suh
하 : 〈**Out of Sight**〉, 최정문, 2009년, © Jeongmoon Choi

132 상 : 〈**호시냐 빈민촌의 육교**〉, 오스카 니마이어, 2010년, Yann Arthus-Bertrand/Getty Images
하 : 〈**수영 경기장**〉, 아드리아나 바레자우, 2016년, © Adriana Varejão

133 상 : 〈**경관 속에 매달린 벌레**〉, 에르네스토 네토, 2012년, Photo by Eduardo Ortega, Courtesy the artist and Tanya Bonakdar Gallery, New York
하 : 〈**우리는 모두 하나**〉, 에두아르도 코브라, 2016년, Brazil Photos/Getty Images

한눈에 용어 찾아보기 INDEX

6.25 전쟁 126
80년 전쟁 76

개신교 76, 77
곤차로바, 나탈리아 108
과나바라 만 132
교토 86
구겐하임 미술관 117
굽타 왕국 34
그라나다 64~65
그레이트 짐바브웨 56~58
그레이트풀 데드 120
그리스 15, 22~25, 28, 29, 71, 100, 104
그리핀, 릭 120~121
그린란드 42
기를란다요, 도메니코 70
긴즈버그, 앨런 115
길레스피, 디지 115

나왈라 가반뭉 10
나이저 강 72
나일 강 14, 16
남한 126, 129
내일의 박물관 131
네덜란드 76, 78, 79
네덜란드 동인도회사 78
네토, 에르네스토 133
네페르타리 16
노르웨이 42
뉴먼, 바넷 116
뉴욕 114~117
니네베 18~21
니마이어, 오스카 130, 132
니콜라이 2세 106

단테 알리기에리 100
더 도어즈 120
더비터, 에마뉘엘 78
던컨, 로버트 121
데이비스, 마일스 114, 115
덴마크 42, 43
델라 로비아, 안드레아 71
도쿄 86
도쿠가와 가문 86
독일 123~125
독일 국회의사당 124
독일 제국 124
드가, 에드가 98, 100
드페오, 제이 120, 121
디아스, 파르피리오 111~112
디지털미디어시티 127
디킨스, 찰스 94
딜런, 밥 118

라오스 52
라이트, 프랭크 로이드 117
라파엘 전파 96, 136
람세스 2세 14~17
러시아 106~108
런던 94~97
레닌, 블라디미르 106, 107
레오나르도 다빈치 70
레이스터, 유디트 79
레자 아바시 83
렘브란트 반 레인 78, 79
로댕, 오귀스트 100
로마 24, 26~29
로마 제국 15, 29
로스, 아돌프 104
루브르 미술관 99
루터, 마르틴 76
룩소르 사원 15
르누아르, 피에르 오귀스트 101
리드, 빌 93
리베라, 디에고 112, 113
리베스킨트, 다니엘 125
리우데자네이루 130, 132

마르크스, 카를 107
마스지드 이맘 모스크 82
마키아벨리, 니콜로 69
막시무스 경기장 26, 27
만국박람회 96, 97
만사 무사 74, 75
말랑기, 데이비드 13
말러, 구스타프 104
말레비치, 카지미르 106, 109
말리 75
매켄지, 스콧 120
명나라 60, 62, 78
메디나 72
메디치 가문 68, 69
메루 산 54
메소포타미아 18
메카 82
멕시코 110~113, 135
모네, 클로드 100, 101
모스크바 106, 108, 109, 112
모스크바 예술극장 108
모스크바 국립 유대 극장 108
모잠비크 56
몽골 60
몽크스 마운드 48
무슬림 38~41, 65, 72, 80, 82
무인 무사비르 83
무함마드 38, 40, 41, 72, 80, 82
미국 25, 101, 112, 116, 118, 119, 126, 129
미켈란젤로 부오나로티 68, 70, 71
밀레, 존 에버릿 96, 97
밀크, 하비 118

바그너, 오토 105
바레자우, 아드리아나 132, 133
바사리, 조르조 71
바위그림 12, 13
바위의 돔 39~41
바이킹 42~45
발레 뤼스 108
배리, 찰스 95
배절젯, 조지프 95
베르길리우스 28
베를린 122~125
베를린 장벽 122, 124
베토벤, 루트비히 반 104
베트남 52, 119
베트남 전쟁 119
보티첼리, 산드로 68
볼셰비키 106, 107
북경 60, 62
북한 126
분리파 102, 104, 105
불교 34~37, 54, 55, 61, 79, 89
브라질 130~133
브레즈네프, 레오니드 124
브루벨, 드미트리 124
블랙팬서 118
비야, 판초 112
비잔틴 제국 136
비트겐슈타인, 루트비히 102
비트루비우스 71
빅벤 95
빅토리아 여왕 96
빈 102~105, 114

사우디아라비아 38, 72
사파비 왕국 80, 81
사하라 사막 59, 72
사환 62
상코레 모스크 74
샤갈, 마르크 108
새빛둥둥섬 128
새커리, 윌리엄 97
샌프란시스코 115, 118~121
서도호 129
서울 126~129
성묘교회 39, 40
성 바실리 성당 109
성전산 38, 39
세잔, 폴 116
센나케리브 왕 19
셰익스피어 97
소련 107~109
소크라테스 23
솔로몬 왕 56
송가이 제국 73
쇼나족 56, 59
수리야바르만 2세 52, 54
수정궁 96
슈거로프 산 130
스벤 왕 44
스웨덴 42, 43
스콧, 에드윈 92
스타니슬랍스키, 콘스탄틴 108

스탈린, 이오시프 107, 108
스페인 64~67, 76, 77, 110
스피노자, 바뤼흐 77
시디 야히아 모스크 74, 75
시리아 16,
시에라네바다 64
시케이로스, 다비드 알파로 112
실레, 에곤 105
싸이 128

아메리카 원주민 48, 49, 119
아문-라 16
아바스 1세 80
아브드 알말리크 40
아슈르바니팔 왕 19, 20
아시리아 왕국 18~21
아우구스투스 26~29
아이슬란드 42
아잔타 34~37, 55
아즈텍 30~33, 110, 112
아크로폴리스 24, 25
아테네 22~25
아프리카누스, 레오 73
알라바르디 칸 다리 82
알람브라 64~66
알래스카 90
알베르티, 레온 바티스타 71
암스테르담 76~79
앙코르와트 52~55
앙코르톰 53~55
애버리지니 10, 12, 13
영국 28, 34, 42, 74
영락제 60, 61
에덴쇼, 찰스 92, 93
에도 86~89, 94
에셔, M.C. 67
에이젠슈타인, 세르게이 108
에펠, 귀스타브 101
에펠 탑 101
엘 리시츠키 106
예루살렘 21, 38~40, 78
오고르만, 후안 113
오로스코, 호세 클레멘테 112
오스망 99
오스트레일리아 10~13
오스트리아 102, 103
오스트리아 헝가리 제국 102, 103
올브리히, 요제프 마리아 102, 105
우타마로, 기타가와 89
웨스트민스터 궁 95
웨지우드, 조사이어 28
유대교 38, 39, 64
유대 박물관 125
은지미누마, 지미 12
이란 80
이스라엘 21, 38, 40, 41, 64
이스파한 80~82
이슬람 21, 38, 40, 41, 64, 65~67, 80, 82
이지영 128
이집트 14~18, 26
이탈리아 62, 68, 71, 101
인도 34, 35, 37
인도네시아 78
일본 78, 86~89, 101, 105, 126, 128

자금성 60, 61
자야바르만 7세 53, 55
정화 61
제스 121
제1차 세계대전 103, 106
제2차 세계대전 116, 123, 125, 126
제퍼슨 에어플레인 120
조플린, 재니스 120
중국 56, 60~63, 79, 83, 87, 89, 128
짐바브웨 56
징게르베르 모스크 74

체르니코프, 야코프 106
최정문 129
칭기즈 칸 60

카를스플라츠 전차역 105
카이사르, 율리우스 26
카호키아 48~51
칸딘스키, 바실리 109
칼라트라바, 산티아고 131
칼로, 프리다 112, 113
캄보디아 52
캐나다 90, 92
커셋, 메리 98, 101
케르만 83
케이팝 128
코르코바두 산 130
코브라, 에두아르도 133
코파카바나 해변 132
콘스탄티누스 황제 40
콜럼버스, 크리스토퍼 42, 61
크럼, 로버트 121
크레스크, 아브라함 75
크리스토와 잔클로드 124
크메르 왕국 52~55
클림트, 구스타프 104, 105
키퍼, 안젤름 125
킹, 마틴 루터 118

태양의 피라미드 32
태국 52
터너, J.M.W. 96, 97
터키 41, 78
테노치티틀란 110, 113
테베 14~17, 22
테오티우아칸 30~33, 112
템스 강 95
팀북투 72~75

파리 15, 89, 98~101, 103, 108, 112
팔레 가르니에 98
팩스턴, 조지프 96
페르시아 23, 24, 56, 81~83
페리클레스 23
폴락, 잭슨 116
폴리클레이토스 29
푸진, 오거스터스 95
프랑스 48, 77, 108
프랑켄탈러, 헬렌 116, 117
프로이트, 지크문트 102
플뢰게, 에밀리 105
피디아스 23, 24
피렌체 68~71
피카소, 파블로 112, 116
피코 델라 미란돌라, 조반니 68

하이다과이 90, 91
한강 128
한국 87, 126, 128
합스부르크 가문 103
해안건축 128
혁명 기념탑 112
헤데비 42~44
헤롯 왕 38
헤르츨, 테오도어 102
헨드릭스, 지미 120
호네커, 에리히 124
호라티우스 28, 29
호쿠사이, 가쓰시카 88
홀로코스트 125
후지 산 88
히에로글리프 17
히타이트 왕국 16
히틀러, 아돌프 124, 136
힌두교 52, 54, 55, 81

작가 소개

애런 로즌 지음

케임브리지 대학교에서 박사 학위를 받았고, 버클리 대학교에서 객원 연구원으로 있었다. 예일, 옥스퍼드, 컬럼비아 대학교에서 강의했고, 런던 킹스칼리지에서 부교수로 종교 전통과 예술에 관해 가르쳤다. 현재는 미국 로키마운틴 대학교의 종교학 교수로 학생들을 가르치며 다양한 분야의 학문적 · 대중적 저술을 발표하고 있다. 저서로 『유대교 미술 상상하기』 『21세기의 미술과 종교』 등이 있으며, 『나의 창의성은 어디 있을까?』를 공동 저술했다.

루시 달젤 그림

런던에 기반을 둔 일러스트 작가 겸 아티스트이다. 2006년 영국 플리머스 대학 디자인학과에서 일러스트레이션을 전공한 후 출판, 광고, 편집 분야에서 일하며 전속작가로도 활동했고 현재는 외부에서 의뢰받은 일과 개인적인 예술 작업을 병행하고 있다. 변화하는 주변의 도시 환경에서 영감을 받는다.

신소희 옮김

서울대학교 국어국문과를 졸업하고 출판 편집자 및 번역가로 일해 왔다. 옮긴 책으로 『위험한 독서의 해』 『분리된 평화』 『아웃사이더』 『안달루시아의 낙천주의자』 『소로와 함께 강을 따라서』 『그린 맨션』 『르네상스의 비밀』 등이 있다.

지은이의 말

나를 전 세계로 데리고 다니셨던
친아버지 클리퍼드 로즌에게.
내가 미술에 눈을 뜨게 해주신
양아버지 제임스 해먼드에게.
그리고 친할아버지와 외할아버지의 기억에 바칩니다.

학자로서 우리는 자신의 전문 영역을 찾아내 거기에 집중하라고 배웁니다. 그리하여 결국 깊지만 좁은 구덩이를 파게 되지요. 이 책을 쓰는 동안 나의 전문 영역을 한참 벗어나는 분야들을 얕고 넓게 파는 일이 얼마나 즐거운지 새삼 다시 느낄 수 있었습니다. 이 책에서 다룬 장소에 머물며 공부한 적이 있는 친구들에게도 많은 정보를 얻었지요. 특별히 다음 친구들에게 감사하고 싶습니다. 필립 섀퍼, 키르티 바스카르 우파디아야, 레나타 호멤, 김현영, 아나이린 엘리스에반스, 게리 워딩엄, 나우시카 엘메키, 지브란 칸, 레이철 펜들러, 자일스 월러, 데이비드 더브라윈. 이 책의 도판들을 찾아준 샐리 니컬스는 작업 과정에서 노련한 조언들을 제공했습니다. 템스 & 허드슨 출판사의 로저 소프, 애나 리들리, 루시 브라운리지는 각각 다른 단계에서 현명하게 작업을 이끌어주었고, 조애나 니마이어의 능숙한 디자인도 큰 도움이 되었습니다. 하지만 이 책이 실현될 수 있었던 것은 그 무엇보다도 루시 달젤의 놀랍도록 섬세하고 뛰어난 일러스트 덕분이었죠. 이 책을 쓰면서 과거의 나 자신이, 그리고 언제나 날카로운 호기심과 끝없는 관대함으로 내게 영감을 주는 아내 캐럴라인이 조숙했던 청소년 시절에 어떤 책을 읽고 싶었을지 마음속에 그려보곤 했답니다.

맺음말을 쓰다 보니 11시 11분이군요. 내 동생 휘트니가 소원을 빌곤 하던 시각입니다. 내가 비는 소원은 항상 똑같답니다. 휘트니, 네가 지금 여기 있다면 얼마나 좋을까. 너무도 짧았던 너의 삶에서 넌 그 누구보다도 큰 용기와 사랑을 보여주었단다.

세계 예술 지도(원제 : A Journey Through Art)

1판 1쇄 2018년 9월 5일
3쇄 2021년 10월 1일

지 은 이 애런 로즌
그 린 이 루시 달젤
옮 긴 이 신소희

발 행 인 주정관
발 행 처 북스토리㈜
주 소 서울특별시 마포구 양화로 7길 6-16 서교제일빌딩 201호
대표전화 02-332-5281
팩시밀리 02-332-5283
출판등록 1999년 8월 18일 (제22-1610호)
홈페이지 www.ebookstory.co.kr
이 메 일 bookstory@naver.com

ISBN 979-11-5564-168-2 03600

※잘못된 책은 바꾸어드립니다.

이 도서의 국립중앙도서관 출판시도서목록(CIP)은
서지정보유통지원시스템 홈페이지(http://www.seoji.nl.go.kr)와
국가자료공동목록시스템(http://www.nl.go.kr/kolisnet)에서 이용하실 수 있습니다.
(CIP제어번호 : CIP2018010658)